La soledad de Perico

Biografías y Memorias

Pedro Delgado
Ainara Hernando Nieva

La soledad de Perico

ESPASA

PEFC Certificado

Este libro procede de bosques gestionados de forma sostenible

PEFC

PEFC/14-38-00305

www.pefc.es

Espasa es un sello editorial de Editorial Planeta, S. A.
Avda. Diagonal, 662-664, 08034 Barcelona (España)
www.espasa.com
www.planetadelibros.com

Imágenes del interior: Archivo personal de Pedro Delgado
Adaptación de la cubierta: Booket / Área Editorial Grupo Planeta
Fotografía de la cubierta: Por cortesía de Pedro Delgado
Primera edición en Colección Booket: marzo de 2025

Depósito legal: B. 3.650-2025
ISBN: 978-84-670-7639-4
Impresión y encuadernación: CPI Black Print
Printed in Spain - Impreso en España

Pedro Delgado
Más de medio millón de kilómetros sobre la bicicleta. Más de dos mil días de competición (once Tours de Francia, once Vueltas a España y dos Giros de Italia). Veintiún años como ciclista federado, desde 1975 hasta 1994 (trece de ellos como profesional). Principales victorias: Vuelta a España 1985 y 1989. Tour de Francia 1988. Veintinueve carreras como profesional (ciento veinte en el resto de las categorías). Un año después de colgar la bici, en 1995, empezó a colaborar con distintos medios de comunicación (RTVE, Cadena Ser, Onda Cero y *Marca*).

Ainara Hernando
Más de medio millón de kilómetros tras ciclistas. Más de dos mil entrevistas realizadas a lo largo del mundo. Trece Vueltas a España. Un Giro de Italia. Un Tour de Francia. Diez Mundiales. Ha conducido en la 2 de TVE *El camino del Cid, diario de una ciclista*, y transmitido en directo carreras para Onda Cero. También las escribe con pasión en *Ciclismo a fondo* y en *La Razón*. *La soledad de Perico* es su tercer libro tras *Por amor al ciclismo* y *Cuando fuimos los mejores*. El (abultado) número de zapatos en su armario sigue siendo una incógnita.

A Victorina Robledo y Ana Nieva, nuestras madres.
Por haber sido el principio de todas las historias.

Índice

5 de enero de 1973

Queridos Reyes Magos:

Espero que hayáis tenido un buen viaje desde Oriente. Como todos los años, he tratado de ser un niño bueno y os vuelvo a pedir este año, porque quizás el anterior se os olvidó cuando os escribí, la bicicleta que tantas ganas tengo de que me traigáis. Es lo único que deseo, sueño y necesito.

Por si acaso no os acordáis de mí, os refresco la memoria: soy Pedrito, el de Pío XII, que os escribió ya el año pasado para pediros la bicicleta como regalo porque Josele, el del barrio, nos la dejó el verano anterior a toda la pandilla para aprender, y resulta que ya he aprendido, y muchos de mis amigos ya tienen una bicicleta propia, y todos hacen excursiones en verano hasta el río a bañarse juntos y yo no puedo. No puedo porque no tengo bicicleta, y por eso es lo que más deseo.

Una bicicleta para poder ir hasta el río. En Segovia el río está a cuatro kilómetros o así. Vosotros con los camellos lo tenéis fácil, pero yo andando no puedo ir si los otros van en bici. Soy el único que se queda aquí y me paso las tardes aburrido y solo.

Por eso necesito la bicicleta. Porque, aunque me haya chocado ya contra todos los árboles del barrio, a mí me encanta pedalear. ¡Es muy divertido!

Todo este año me he portado muy bien, como siempre.

He acompañado a mamá al mercado todos los sábados para ayudarla con la compra, rezo todas las tardes el rosario y voy a misa cada domingo sin falta. Por eso también he pedido al niño Jesús que os ayude a traer la bici y subirla hasta el quinto piso, por si acaso no po-

déis con ella vosotros tres solos por las escaleras, ya que aquí no tenemos ascensor.

Tengo tantas ganas de tener una bicicleta Me da igual cuál.

Para que no os perdáis, que sepáis que sigo viviendo en la misma casa, el quinto piso de la calle Caño Grande, número 19, del barrio de Pío XII, en Segovia.

¡Por favor, no os olvidéis de mí como el año pasado! ¡Traedme la bicicleta, por favor!

Pedrito

El Acueducto crujía
porque sus piedras labradas
de contento y de placer
por su Perico bailaban;
aquel que de pequeñito
entre sus arcos jugaba,
entre ellos se escondía,
entre ellos se forjaba.

Manuel Pastor

1
11 de mayo de 1985

Tengo que ir por la línea central de la carretera.

Al principio es una recta de 250 a 300 metros.

Tengo que mantenerme en la línea central.

No se ve nada, absolutamente nada. Pero no puedo parar.

Pedaleo a toda velocidad, con todas las fuerzas que me permiten las piernas.

Ahora tengo que buscar la línea de la izquierda. La primera curva es hacia ese lado, y es muy abierta.

Solo espero que no haya un coche aparcado, porque de ser así...

No, no puedo ponerme a pensar en esas cosas. «Ahora no, Pedro. Tienes que mantener la concentración». Cualquier despiste puede ser fatal.

Tengo la sensación de haber saltado al vacío. La niebla es tan tupida que no veo nada, y la bajada es muy rápida. Estaré rodando a unos 70 kilómetros por hora, demasiado rápido para lo poco o nada que se ve. Cualquier cosa que me pueda topar en este camino, una piedra en la carretera, un coche mal aparcado en la cuneta..., no me va a dar tiempo a reaccionar. Cuando lo vea, será demasiado tarde.

«No pienses en eso, Pedro. Solo pedalea. Pedalea todo lo rápido que puedas y mantén la concentración en la carretera».

Qué vértigo. Estoy haciendo la bajada prácticamente con los ojos cerrados. Proyectando en mi cerebro la bajada que he realizado tantas veces.

«¡Venga! ¡Venga! La siguiente curva es a la derecha. Abierta. Así que cuando comience la de la izquierda, cuenta cinco segundos y busca poco a poco la raya de la derecha».

La niebla lo envuelve todo. Ha convertido el mundo a mi alrededor en un mar de bruma grisácea, espesa y cegadora a la vez. El cielo. Casi tengo la sensación de palparlo desde aquí arriba, desde la cumbre de Navacerrada por la que acabo de atacar justo al comenzar el descenso con un aguanieve que deja la carretera muy peligrosa.

Sigo avanzando. Pero ahora lo que me está golpeando, implacable, la cara, las piernas y los brazos es duro como una piedra. Es granizo. Y eso que estamos en el mes de mayo. Ya es primavera, pero aquí arriba no hay piedad ni perdón para nadie.

No soy capaz de vislumbrar ni distinguir nada, absolutamente nada, con este manto gris que lo cubre todo desde la cumbre, desde donde me acabo de lanzar cuesta abajo. Me siento engullido por esta tupida niebla. Es como si el mundo se hubiese apagado; oscuridad absoluta, silencio absoluto.

«¡A tope! ¡A tope, Pedro!».

Es una suerte conocer tan bien la bajada del puerto de Navacerrada y tenerla bien interiorizada en mi memoria. Sé perfectamente que ahora tengo que ir por la parte central y servirme de esas líneas pintadas en la carretera para guiarme. Curva a la izquierda otra vez. Ahora a la derecha. ¿Cuántas veces habré pasado ya por aquí? Entrenando, corriendo, en coche. Pero hoy es diferente. Hoy no se ve nada, aquí metido como voy, navegando por este mar de nubes cuesta abajo. No puedo ni siquiera mirar atrás. No sé si alguien me sigue. Tampoco quiero mirar detrás, podría ser fatal echar un vistazo por breve que pueda ser.

Delante viaja Pepe Recio, del Kelme; a él sí le han dejado marchar subiendo Cotos, no como a mí, por más que lo he intentado. Ahora, a por él. Diez metros, 20 no más, y ya viene otra curva a izquierdas; voy buscando esa raya del arcén, que me guía para esperar el siguiente giro, porque como tarde un poco más de la cuenta, se puede cerrar de pronto y chocar contra el pretil.

«¡A tope! ¡A tope, Pedro!».

Lo único que puedo hacer es dar a los pedales.

Que no haya ningún coche mal aparcado, por favor. Que no lo cuento.

Lo que no he conseguido subiendo lo estoy logrando ahora, en la bajada.

Pongo durante unos segundos toda mi atención en los oídos. A ver si escucho algún ruido del grupo del líder, de Robert Millar, de mi compañero Pello Ruiz Cabestany o de Pacho Rodríguez, que están en posiciones de podio. Mañana acaba la carrera en Salamanca. Es mi último cartucho. Me concentro totalmente en los sonidos. A ver qué se oye a mi alrededor. ¿Vendrá alguien a mi rueda? No me atrevo ni a girar la cabeza porque cualquier lapsus, cualquier distracción, puede ser fatal. Chocarme contra cualquier cosa que se presente o, sobre todo, perder la noción de en qué parte de la carretera voy podría ser muy peligroso. Debo permanecer concentrado.

Ahora a la derecha. Poco a poco. Suavemente.

Escucho un silencio sepulcral. No se oye nada. No viene nadie. Estoy completamente solo.

Yo y la bicicleta.

Yo y la niebla.

Yo y estas líneas discontinuas del asfalto que me dicen cuándo debo girar. Cuándo seguir recto.

Ahora viene una recta muy prolongada que luego va a girar un poquito a la izquierda. Y a la derecha.

Sí, completamente solo.

«¡A tope, Pedro!, "Perico"», como me ha empezado a llamar algún periodista ya desde hace unas semanas durante esta Vuelta de 1985.

«Sigue pedaleando igual que entonces, hace casi veinte años con aquella sillita...».

* * *

—¡Pedrito!, ¿quieres dejar de hacer el tonto con la silla esa?

Yo sé que mamá lo dice con ternura, se le nota en la voz, pero es que no puedo parar de dar pedales. Bueno, de hacer que los doy. Es que me siento como poseído aquí, en esta sillita marrón, de madera, dada la vuelta en plan caballito, amarrando mis manos al respaldo como si fuese el manillar de esta bicicleta sobre la que «pedaleo» en mi mente. Mi bicicleta.

—Mamá, pero mírame, ¡soy ciclista! ¡Como los que salen en la tele!

—Lo sé, lo sé..., pero venga, que es sábado, ¡que hoy toca baño!

—Pero mamá, espera, mira, ¡como los ciclistas de la Vuelta a España!

Yo sé que está mal desobedecerla, nunca lo hago, pero es que esto..., ¡ah! La imaginación vuela por momentos. Subo a toda velocidad. Bajo a mil por hora. Vuelo con ella. Mi bici, ¡miradme todos! Soy un ciclista. Es que no puedo parar de sacudir mis piernas, igual que esos que salen en los resúmenes todas las tardes. Mi corazón se acelera con lo que estoy «viviendo». No puedo pararlo. No puedo pararme. Pedaleo tan rápido como ellos, esos hombres que van en bicicleta recorriendo todo el país. ¡¡Uah!! Soy uno más en la fuga, como ese que dicen que se llama..., ¿cómo era?, José Pérez Francés, que iba ganando, pero al final otro..., ¿cómo se llamaba?, ¡Felice Gimondi!, ese, ese que fue mucho más rápido en ese puerto..., Orduña. Y que llegó a esa ciudad..., Vitoria, y hoy ha ganado él solo. Así, así como yo, porque pedalea rápido. Rápido. ¡¡Muy rápido, como yo!!

—¡Así, mamá! ¡Mira! Soy un ciclistaaaa. —Levanto los brazos hasta el cielo y miro hacia arriba, al techo de la cocina—. ¡¡Soy un ciclistaaaa!! —grito otra vez fuera de mí.

—Sí, hijo, ya lo sé, pero es hora de bañarse. ¡Venga, arrea!

Me es imposible bajarme de aquí, de esta silla que cada vez me queda más pequeñita, ya lo sé, pero me encanta. Algo tiene. Es la mía, y ya está. La que me gusta. La que, del revés la coloco, me pongo encima y me hace sentir tan único y tan especial. Tan fuerte emulando pedaladas como si estuviese ahí, dentro de esa tele, en la Vuelta a España. Muevo los pies una y otra vez, fuerte, rápido. Sin poder parar.

—¡Mamá, que estoy escapado!

—¡¡Julio!! —Mi madre se marcha de la cocina al salón en busca de papá a base de un grito seco—. Dile algo a Pedrito, que ya está otra vez encima de esa endemoniada silla creyéndose ciclista, y se tiene que bañar. ¡Que ya es hora!

Papá está tan ensimismado como yo. Desde que llegó a casa esa televisión hace un par de meses nos tiene a todos hechizados. A él lo que más le gusta es el fútbol y el boxeo. No se pierde un combate. Él también se cree uno de ellos simulando golpes y derechazos a diestro y siniestro. Cuando se pone a verlos, es mejor no estar cerca de él porque te acabas llevando un codazo. ¡Cómo sacude!

En casa ha sido toda una revolución, especialmente el mes pasado, cuando todos juntos, la abuela incluida, estuvimos viendo el espectáculo ese que acabó ganando una cantante española, Massiel, con *La, la, la.* No paraba de cantar.

Yo sigo aquí, encima de mi silla, pedaleando, cuando veo que los dos se asoman a la puerta de la cocina.

—Venga, hijo, ya has oído a tu madre. Que pronto empieza el rosario y para entonces tienes que estar duchado —me dice papá.

Termino por hacerle caso y bajo de mi bicicleta imaginaria. Solo.

* * *

Completamente solo como ahora. En medio de esta soledad inmensa, tan cegadora como el mar de nubes que me envuelve mientras bajo el puerto de Navacerrada en busca de Pepe Recio. Sigo trazando curvas y visualizando en mi mente cuál es la siguiente.

Aunque en realidad no sé adónde voy, tampoco sé qué me voy a encontrar, tan perdido como estoy en esta Vuelta de 1985. Me habían fichado para ganarla y aquí ando, navegando entre esta niebla que me ciega y me envuelve, buscando una victoria parcial, pues la general está muy lejos. Y eso que vine aquí para ganar esta carrera. Para eso me había contratado el Orbea-MG. «El ciclista mejor pagado del pelotón», repiten constantemente todos los titulares de los periódicos. «Tiene que empezar a justificar de una vez por todas lo que cobra», escriben en sus páginas a diario.

Con lo bien que empecé. En los Lagos de Covadonga, sexta etapa, la primera jornada de alta montaña, gané y me puse líder, de amarillo. Así me quité los fantasmas de los recuerdos del año anterior, cuando llegué aquí arriba vestido de amarillo. Tras una semana con ese color, que conseguí en Rasos de Peguera, y aquí, en estas mismas rampas, me hundí y lo perdí. Un poco antes vi venir el infierno que se me avecinaba cuando mis propios compañeros, entonces en el Reynolds, me sacaron de punto. Me dejaron totalmente fundido en el Alto del Fito. Primero fue Julián Gorospe, tirando a tope para que no atacase nadie, y yo detrás. Penando.

—Suave, Julián, ¡suave! —le suplicaba.

—No, que yo voy bien.

—¡Pero es que yo no!

—Que sí, hombre. Pedro, tú tranquilo. Tú, a rueda, que ya te llevamos nosotros.

—Que no puedo. Ve más despacio.

Pero ni caso. Y le dejé hacer. Me fie de él, en lugar de entender que mi cuerpo no podía más.

Después, José Luis Laguía me dio la puntilla:

—¡Venga! ¡Vamos! —no paraba de jalearme cuando cogió el relevo a Gorospe.

—Ya sé que tú vas muy bien, Joselu, pero yo no me siento muy fino. —Y no cesaba.

—Pero ponte a rueda.

—¡Pero es que a rueda subiendo no vale para nada!

Y a rueda salvamos el Fito. Dejaron el grupo de favoritos en diez corredores, pero yo estaba tocado. Esperaba recuperar en el llano antes de los Lagos, y cuando nos plantamos en la Huesera, Reimund Dietzen movió la carrera y me quedé.

De todo eso me fui acordando cuando subimos un año después por las mismas cuestas. De mi juventud y de toda esa euforia que llevaba dentro. Me había faltado la veteranía de imponerme sobre Gorospe y Laguía. Debí haberles dicho entonces un «me parece estupendo que estéis tan bien, pero id más despacio».

* * *

No voy a negar que esta mañana estaba muy nervioso en la salida. El recuerdo de 1984 me pesaba. Dejé que los demás, en especial Robert Millar, se desgastaran y controlaran la ascensión. Él era sin duda el más fuerte. Marcó el ritmo y cargó con el peso de la carrera en los momentos cruciales. Yo me dosifiqué todo lo que pude y cuando me di cuenta de que mi compañero en el Orbea, Pello Ruiz Cabestany, venía a mi lado y aguantaba perfectamente, decidí jugármela. Era el momento, pero no en la Huesera, como todo el mundo esperaba —ciclistas y aficionados apiñados en esas rampas imposibles del 18 %—; sabía que el momento era inmediatamente después.

Respiré hondo y aceleré a ver qué pasaba. Veía caras con claros signos de fatiga y miradas perdidas. Mis piernas habían respondido perfectamente y me animé a probar de nuevo, esa vez dándolo todo. De pie en la bicicleta pedaleaba todo lo que me permitían mis piernas. El desarrollo de 42 de plato y 23 de piñón lo movía con cierta soltura.

«¡Dale, Pedro! ¡Dale fuerte!».

Estoy solo con mi sufrimiento. Yo con mi dolor de piernas, que me reclaman que afloje un poco, pero sé que es el momento, no debo escuchar esa voz. Yo y mi fortaleza. Yo y mi soledad, aunque esté rodeado de aficionados que me gritan. A veces me estorban y rompen esa concentración, ese misticismo de tú contra la montaña, tú contra tus rivales. Algún aficionado se te arrima demasiado, te echa agua por encima y no quieres agua, ni nada. Eres todo adrenalina y a veces no lo aguantas. Te vuelves y le gritas, agitando el brazo: «¡Basta! Déjame con mi soledad camino de la gloria».

Así conseguí mi primera victoria de etapa en esta Vuelta a España y, con ella, el liderato. Allá, donde el año anterior, roto, la perdí y caí derrotado.

La euforia de este triunfo y vestirme de amarillo duró poco. Al día siguiente, en otra etapa de montaña más llevadera, lo perdí, cediendo 4 minutos en la meta de Alto Campoo.

Y eso que en los primeros puertos de ese día iba «con una pata». Qué inconsciente fui. Estaba tan crecido que cada vez que se movía alguien subiendo los puertos previos yo iba a por él.

«¡Atacad lo que queráis, que aquí estoy yo para responder! ¡Soy el líder! ¡Soy el más fuerte de la Vuelta!», era lo único que me faltaba por decir. Era lo que desprendían mis pedaladas en cabeza del pelotón. Iba queriéndome a mí mismo hasta que, de pronto, mis piernas empezaron a decir otra cosa. Del sol que brillaba al inicio y lucía mi amarillo en todo su esplendor al gris en el que se tornó el cielo. Y yo también. Plomizo. ¡Buf! ¡Qué juvenil!

Me creía imbatible saliendo de Cangas de Onís y la cruda realidad llegó camino de la última ascensión, donde todos los esfuerzos extra los pagué. Allí comenzó a torcerse todo, al inicio de Alto Campoo, para ya no reencontrarme conmigo mismo nunca más.

* * *

Ahora vago en esta niebla en la que sigo deambulando bajando Navacerrada en busca de mi última oportunidad. Al menos ganar la etapa que llega a casa, a las destilerías DYC de Segovia, delante de mi gente.

Otra curva a la derecha.

Yo, que venía a ganar esta Vuelta, y hace veinticuatro horas creí por un instante que iba a hacerlo sin problemas, y ahora así estoy, con el alma en los pies. Hundido. Al menos mi compañero Pello sí responde y me toma el relevo al frente de la general.

Así pudimos salvar los muebles como equipo, pero, a partir de ese momento, para mí la Vuelta se me cruzó poco a poco, aunque entonces no fuese aún muy consciente de ello, pues quedaba mucha carrera.

Llegamos a la etapa de Panticosa, y la polémica. Otro puerto que no era nada duro, pero yo estaba obligado a ser inconformista con mi clasificación. Dentro del equipo, Pello generaba dudas. Y Txomin Perurena, mi director, me insistía en que luchase por ganar tiempo:

—Perico, tú tienes que moverte y tratar de recuperar tiempo, aprovechar todos los finales en alto que haya —me decía.

Y así lo hice.

Tampoco fue un ataque a lo loco, aunque pareciese lo contrario en televisión. A falta de 3 kilómetros me acerqué a Pello.

—¿Cómo vas? —le pregunté.

—Bien —me respondió, escueto.

—Voy a atacar. ¿Cómo lo ves?

—Claro, ataca.

Aproveché un movimiento de Fabio Parra y contraataqué. Y me fui. Fueron 18 segundos los que recuperé sobre los favoritos, entre ellos mi compañero de equipo, y también al escocés Millar. El caldo de cultivo para la prensa ya estaba hecho.

«¿¡Cómo es posible que un corredor ataque a su propio compañero, que es el líder de la carrera!?».

«¡¡Perico Delgado pone en peligro el amarillo de Cabestany!!».

«¡¡Ataques entre españoles!!».

José María García, el periodista de moda en las ondas deportivas y muy involucrado con la Vuelta, me lanzó unos buenos dardos. Yo, que a veces no me sé callar, tuve que contestarle en directo en el programa que hace a media tarde:

—A ver, José María, que tú sabrás mucho de periodismo, pero de ciclismo déjame a mí, que creo que sé más que tú.

«Pero este niñato ¡¿quién se habrá creído que es?!», escuché decir al rey de las ondas. Y ya no me dejaron responder más. Pasó un minuto, dos, tres…, y el micro cerrado. No me permitieron defenderme.

Este incidente no me hizo perder la concentración para seguir intentando recuperar el máximo tiempo y meterme de nuevo en la lucha por la general.

Al día siguiente, Pello no pudo seguir a Robert Millar en el Coll de Fadas. Yo me quedé con él para no alimentar más la polémica. Con el escocés se marchó un grupo de corredores muy peligrosos como Kelly, Álvaro Pino, Pacho Rodríguez… Gente demasiado importante. Quedaban 80 kilómetros hasta la meta de Tremp, que fueron como una contrarreloj por equipos. Logramos perder tan solo 30 segundos, pero no pudimos mantener el amarillo, que fue a parar a las espaldas de Robert Millar.

Yo esperaba las montañas de Andorra, especialmente la cronoescalada de Pal, para empezar a recortar, pero… fue un desastre. Bicicleta ligera para trepar lo más rápido posible. Máxima concentración. Calentamiento típico subiendo tramos de otros puertos de la zona con bomba y tubular para solucionar algún percance si se daba el caso. Lo típico por si tienes un pinchazo y no quedarte tirado en medio de la carretera.

Me gusta apurar al máximo el tiempo de calentamiento antes de tomar la salida. Eso de estar más tiempo del debido en la rampa de salida no va conmigo porque en ese *impasse* me quedo frío y tengo la sensación de perder tono muscular. ¡Y más en Andorra! Con ese día que salió, fresco y gris.

Arrancó la crono. Me lancé por la rampa y a pedalear a tope. A las primeras de cambio, por la megafonía del coche escuché un grito:

—¡Pericooooo! ¡¡Que llevas la bomba y el tubular!!

Qué desastre soy. La bomba me resultó fácil quitarla, pero el tubular no había manera. Estaba atado y bien atado con la correa.

Elegí una bicicleta ligera y acabé haciendo la cronoescalada con un tubular de recambio extra amarrado.

«¡Qué desastre, Pedro!».

Tuve la sensación de haber hecho una buena crono hasta que me dijeron el tiempo. Perdí 1'17" respecto a Pacho Rodríguez, que ganó la etapa, y 1'07" respecto al líder, Millar. No pude creérmelo. ¿Cómo es posible que me hubiera dejado tanto? No hubo remontada. No existía. Estaba a casi 5 minutos del escocés. Y hasta la penúltima etapa de la Vuelta no habría montaña, la de Segovia. Adiós a la Vuelta.

★ ★ ★

Llevo la carrera cruzada. A ver si hoy, al menos, consigo esa victoria de etapa que vengo buscando desde hace tiempo, con la meta en casa, por mis carreteras de siempre.

Ya estoy saliendo de ese giro suave. Ahora sé que me toca buscar la parte central, e inmediatamente después, a la derecha de esa misma línea continua porque la curva que viene ahora es a la derecha.

«¡A tope! ¡A tope, Pedro!».

Y de repente se hace la luz, el mundo cobra vida y el paisaje explota con cientos de colores.

Acabo de salir del mar de nubes que me envolvía. Vivo.

¿Qué estoy viendo?

¡Si es Pepe Recio! ¡Está aquí mismo!

Un kilómetro más de niebla y lo habría pasado sin que me hubiese visto el pelo. Me lamento.

Le miro, él se percata de que acabo de llegar y se pone a mi rueda. Supongo que es una frustración para él; se había ido en Cotos en busca del triunfo de etapa y de pronto aparezco yo. Pero también quiero esta victoria en casa. Para redimirme por esta Vuelta que iba a ganar y que ahora, lejos de la general, solo pienso en lograr una victoria de etapa y salvar los papeles.

—¡Venga, Pepe! Vamos a relevos —le grito.

Pero me encuentro con un gesto negativo dibujado en su rostro. Ladea el cuello de un lado al otro. No.

—¡Vamos, Pepe! —le insisto una y otra vez. No hay forma. Sabe que llegamos a mi ciudad, en un terreno que conozco perfectamente, y con el Alto del León inmediatamente; prefiere guardar fuerzas.

—¡Cuidado con este, que quiere ganar! —le escucho a Rafa Carrasco, el director del Kelme, que le grita desde el coche a Recio.

Llegan las primeras rampas del Alto del León. Aún quedan más de 65 kilómetros para la meta. Y aunque esté tan lejos, sé que es el único sitio donde le puedo dejar. Él es más rodador y rápido que yo. No me queda más remedio que probarlo. Espero a mitad de puerto, donde están las rampas más duras para soltarle. Primero un pequeño ataque para probarle y luego un cambio de ritmo sostenido…

Nada. No hay manera, no puedo con él. Voy a ser incapaz de dejarle. Sé que es un ciclista muy correoso.

Le animo a que me dé algún relevo para mantener la ventaja sobre el grupo de los favoritos.

—Si eso, ya al final… —me responde, sin intención de colaborar.

Como última oportunidad, a 2 kilómetros de la cima, lo vuelvo a intentar. Nada. Aguanta el envite y comprendo que va a ser imposible. Empiezo a pensar qué hacer; la opción de victoria mía va a ser mínima. Tal vez mejor un honroso segundo puesto y al menos hacer trabajar detrás a Millar y a Pacho en favor de Pello.

Se acercan las motos justo al pasar la pancarta del puerto y nos dan el tiempo: 3'15" respecto al grupo de Millar.

La carrera debe de ir parada por culpa de la niebla en la bajada de Navacerrada, algo que a mí tanto me ha favorecido. Seguro que en cuanto se reagrupen, volverán a coger ritmo.

Entonces escucho la voz de Recio, que me grita a la vez que se pone a mi altura:

—¡Venga, Perico! ¡Vamos a relevos y por lo menos que no nos cojan detrás!

Y entonces me adelanta y se pone a tirar. Y a los pocos metros yo le doy continuidad. Y luego, él de nuevo, y así vamos haciendo camino. Entre relevo y relevo voy pensando en el último repecho a 2 kilómetros de la llegada, saliendo de Segovia a DYC, como la última oportunidad de sorprender a mi compañero de viaje. Será complicado, pero lo más importante es ir a tope, para ver si le fallan las fuerzas en ese lugar.

★ ★ ★

Qué poco me ha querido y cuánto me ha maltratado este año la Vuelta desde Alto de Campoo. Inmerso en un agujero negro sin salida. Porque cualquier cosa que me pasaba en esta edición era para ceder tiempo. No solo era el tiempo cedido en la cronoescalada de Andorra, sino camino de Benidorm: en plena lucha con los abanicos acabé por los suelos.

Cuando la carrera no te quiere, no te quiere. Una expresión típica de resignación en el ciclismo, porque por muy bien que estés y muchas ganas que le pongas, a veces no hay manera de enderezarla. Vas recibiendo señales de vez en cuando y da igual lo que hagas: sientes que día a día se te escapa de las manos. Tú y tus circunstancias.

Solo, caído, magullado y cortado. Cortado en los abanicos que se formaron de salida, y cuando estábamos a punto de entrar con el grupo cabecero, sufrí una caída. Otra vez solo. Siempre que había un momento crítico en la carrera, yo estaba inmerso en la cara negativa. Una curva mal tomada y al suelo. El codo, el muslo y la pierna derecha magullados. Sangre y dolor. Vaya leñazo. Me levanté y me subí a la bicicleta de nuevo, pero la carrera ya se había ido del todo.

Estaba solo. El dolor era más mental que físico, pues sentía que la Vuelta me quería fuera de la carrera; no sabía si me estaba obstinando demasiado, y las consecuencias las sufrí con paciencia, sin querer desalentarme, pero...

Pedaleé en persecución del pelotón delantero. Me daban la primera referencia: 2 minutos.

«Esta Vuelta no me quiere», insistí de nuevo para mis adentros.

En la lejanía del horizonte distinguí las figuras de Anastasio Greciano, de Jokin Mujika, otra vez mi salvador, y de Ricardo Zúñiga. Venían en mi ayuda. Eso y un pinchazo de Dietzen en cabeza me salvaron. Cuando nos plantamos en las primeras rampas del Coll de Rates ya estaba integrado en el pelotón.

Aunque, en realidad, ¿qué importa ya? Esta Vuelta no me quiere. La carrera ya se me ha ido del todo. Soy quinto, a 4'38" insalvables.

Así de mentalizado afronté la última crono en Alcalá de Henares.

Cuarenta y tres kilómetros de pura soledad. Para mí y mis pensamientos.

Todo estaba perdido. Desde Alto Campoo todo se había torcido.

«Bueno, Pedro, concéntrate en acabar la etapa y no exprimirte mucho. Que llegue pronto mañana, la etapa de mi tierra, la de Segovia. Con Morcuera, Cotos, Navacerrada y el Alto del León. Etapón», pensé para darme ánimos mientras iba disputando la crono.

«Sería maravilloso ganar la etapa en casa».

—¡¡Españoles, valientes, que no gane el Pendientes!! —Se oyeron los gritos de algunos aficionados en las cunetas, que me despertaron de mis pensamientos. Qué manía le habían cogido a Millar por su adorno en la oreja. «El escocés del pendiente», así lo llaman.

«Venga, Pedro, que mañana puede ser tu gran día», me esforcé en reconducirme a mí mismo. «Al menos pelea la etapa en la tierra que te ha visto nacer», perseveré en pensar cuando me dieron los tiempos: 2'15" perdidos con mi compañero Pello, que ganó la etapa y metió tiempo a Millar, 40 segundos. Insuficientes. Ni para quitarle el amarillo ni para asustarle siquiera. Y yo a más de 6 minutos, o por ahí.

* * *

Es 11 de mayo. El cielo está encapotado aquí, en la salida de Alcalá de Henares. Por delante, los típicos puertos de la sierra de Guadarrama y la llegada de siempre en las destilerías DYC. Mis carreteras. Doscientos kilómetros para una última oportunidad y centrado a pelear la etapa.

Se sale a mil por hora y todo el mundo quiere estar en la escapada, pero el Peugeot, el equipo de Millar, no da concesiones. Quieren controlar la carrera y no dejan que nadie se marche para adelante, incluso corredores que están perdidos en la clasificación general. De momento, todo esto me favorece, pues muchas veces se forma un grupo, el pelotón se para y como no estés en ese grupo, la opción de ganar la etapa se evapora del todo.

Llega la Morcuera y la batalla no cesa. La carrera va totalmente rota. Veo rostros cansados, los ojos hundidos de la fatiga del día y de toda la Vuelta, el ritmo que se está viviendo es endiablado. Y, de pronto, parón. Todo el mundo necesita respirar y a mitad de la Morcuera ya nadie quiere atacar, ni nada. Se ha hecho una selección de los mejores clasificados y, estando tan lejos la meta, todos queremos coger un poco de aire.

Debo aprovechar los puertos, que para eso soy escalador y también buen conocedor del terreno. Y apunto al puerto de Cotos como objetivo para moverme.

Llegan las primeras rampas de Cotos y decido esperar. Mejor en la segunda mitad, cuando lleguemos al empedrado. Donde más daño puedo hacer. Ese tiene que ser mi momento. Me bajo los manguitos para refrigerar un poco el «motor», que, a pesar del frío que hace, con lo rápido que va la etapa el calentón es importante.

De repente, Robert Millar desaparece de mi vista, se está descolgando y levanta el brazo. Pinchazo. Pascal Simon se para con él. Y Pacho Rodríguez aprovecha y arranca.

«Espera un poco más, Pedro. Aún no ha llegado el tramo empedrado. Estos ataques son para los hombres de la general; tú buscas otra cosa. Deja que se marquen entre ellos y espera tu oportunidad».

La fina lluvia que cae, por momentos, parece aguanieve. Millar no tarda mucho en llegar a nuestra altura. Pero él solo. Ha quemado todas sus naves, ya no le queda ningún compañero.

Vaya día de perros se está preparando.

A mitad de Cotos empieza a moverse gente importante de la carrera. Arranca Vicente Belda. Y Dietzen también. Millar les responde.

«Venga, Pedro, ahora», remacho.

Y arranco.

Y Millar se pega a mi rueda enseguida. ¡Vaya con el líder!

Lo pruebo otra vez. Si quiero ganar la etapa, es ahora.

El traqueteo de los manillares en la zona del adoquinado es importante. Esa rugosidad e inestabilidad hace que sea el momento de probarlo de nuevo.

Al poco de mi ataque, siento una rueda detrás; me giro y…, ¡maldita sea, otra vez Millar viene a por mí!

Levanto el pie, esperando un contraataque. Es Dietzen quien lo vuelve a intentar, y arrastra a Belda y a Pacho, entre otros. Millar va a por ellos.

Sigo un poco a distancia al escocés, pues veo que es mi momento.

Cuando paran, arranco con todas las fuerzas sin mirar atrás. ¡Es ahora o nunca!

Al rato, siento que alguien ha llegado. Sigo tirando un rato y, cuando me vuelvo…, otra vez Millar. Pero si voy a más de 6 minutos. ¡Qué hace saltando a por mí! Si hay otros mucho más peligrosos que yo.

¡Qué rabia!

Le habrán dicho que adonde llegamos hoy es donde vivo y quiere tenerme como referencia. No sé. Llegar a mi tierra ya suele ser motivo suficiente para tener tantos ojos que me vigilan.

El parón que sobrellega lo aprovecha Recio para atacar. Todo el mundo empieza a mirarse y consigue irse.

Aunque hay unos pequeños escarceos, estos no se acercan a Recio y se va. Poco a poco le vamos perdiendo de vista en la ascensión.

No va a ser mi día. Hoy tampoco.

El pesimismo se va apoderando de mí. Aun así, lo pruebo tres o cuatro veces más, pero sin mucha convicción. Y si no es Millar, es Pacho o Dietzen quienes van a por mí. Ellos terminan por arrastrar al líder y muere otra vez mi sueño de ganar delante de mis paisanos.

En los 7 kilómetros de falso llano entre Cotos y Navacerrada intento sorprenderles de nuevo, pero con el mismo resultado.

Me doy cuenta de que a estas alturas de carrera cada uno corre para defender su clasificación, bien sudada a lo largo de las tres semanas, pues quien me está controlando ahora muy de cerca es el alemán Dietzen.

Y mientras tanto, Recio cada vez más lejos, y con él, el sueño de victoria queda en una lejanía ya inalcanzable.

A medida que nos acercamos a Navacerrada, las condiciones meteorológicas se acentúan más. La niebla se hace más cerrada: a 100 metros ya no se ve. El aguanieve se ha convertido en granizo y en nieve. El frío es muy intenso y me subo los manguitos consciente de que en la bajada vamos a pasar mucho frío.

¿Cómo era aquello que decía Ángel Arroyo?: «Si no puedes atacar subiendo, habrá que probar bajando».

Tengo las manos ateridas por el frío, la espalda dolorida del granizo que nos está cayendo. Apenas ya no queda nada de este falso llano y al llegar al aparcamiento que hace las veces de techo de este puerto, se cierra la niebla y prácticamente no se ve más allá de los 20 metros.

«Si no puedes subiendo, pruébalo bajando».

Cojo un poco de aire.

Pierdo unas cuantas posiciones.

«Si no has podido subiendo, pruébalo bajando».

«Vamos, Pedro, ¡¡ahora!!».

Esprinto como loco justo antes de empezar la bajada. Por el rabillo del ojo me parece volver a ver a Millar, que viene a por mí.

—¡Recio, a un minuto! —escucho a la gente.

Y de repente, todo se apaga. Todo desaparece.

Solo estoy yo. Porque la espesa niebla lo envuelve todo…

* * *

No se ve nada y tengo la sensación de no escuchar nada, salvo mi respiración y el ruido de la bicicleta bajando a tumba abierta.

Busco la línea central de la carretera. Sé que al principio es una recta de unos 250 a 300 metros. No se ve nada, pero no paro. Ahora no. «Pedalea con toda la velocidad que puedas, Pedro. A tope. Esta bajada la conoces perfectamente, y bájala como si fuese con los ojos cerrados. Mantén la concentración».

Ahora tengo que buscar la línea de la izquierda, que la primera curva es hacia ese lado y muy abierta.

«Verás como haya un coche mal aparcado. No lo cuento». Prefiero no pensar en eso. Estoy haciendo la bajada casi con los ojos cerrados; menos mal que la tengo muy bien interiorizada.

No escucho ningún ruido por detrás, no sé si vendrán todos a mi rueda o no, pero no me atrevo ni a girar la cabeza porque cualquier distracción puede ser fatal.

Qué sensación de vértigo. De salto al vacío. No se ve nada en medio de todo este mar de nubes. «Pero no aflojes, Pedro. Ahora no. Hay que seguir adelante».

«¡A tope, Pedro, a tope!», no paro de animarme.

Busco constantemente las líneas continuas y discontinuas de la carretera, que son mi guía.

Súbitamente, la niebla desaparece y el paisaje se llena de formas definidas y colores. Árboles, carretera, coches, motos y… un ciclista que estoy a punto de chocar con él.

* * *

Es Pepe Recio.

—Vamos, Pepe, ¡a relevos! —no paro de insistirle.

Quedan 40 kilómetros para la meta. Los relevos de ambos son fluidos y bien coordinados. La etapa tiene que ser de uno de los dos. Él es más rápido, pero sé que a 2 kilómetros de meta hay un repecho de 500 metros que hace mucho daño si las piernas llegan castigadas.

—A 3'15" del grupo de Robert Millar —nos dicen desde la moto que lleva la pizarra de información de la carrera.

En algún momento tendrán que ponerse a tirar, Pacho Rodríguez seguro que probará a atacar para intentar ganar esta Vuelta de la que ahora le separan tan solo una decena de segundos.

Seguimos pedaleando con intensidad. Subimos el Portachuelo (a 30 kilómetros de meta). Nos dan 4'30" respecto a Millar. Pienso que en algún momento, detrás, los hombres de la general se pondrán a tirar, y eso le vendrá bien a Pello, que irá a rueda y tratará de sorprenderles en el repecho cerca de meta.

A 20 kilómetros son ya 5 minutos.

Desde los coches y motos que están a nuestro alrededor se desata la euforia.

—¡A tope! Que la estáis armando. ¡A tope!

«¡Ostras! Como siga así la cosa...».

«Pero ¿qué está pasando ahí detrás? ¿Van parados?».

—Venga, Pepe, ¡a tope! —le chillo a Recio.

Ahora los relevos son más intensos. Con rabia por ambas partes, empezamos a dejarnos llevar por un histerismo que nos llega desde los coches.

Por detrás de nosotros escucho un alboroto indescriptible. Los cláxones de los coches, de las motos. Gritos entre vehículos. Entre los directores, Rafa Carrasco y José Luis Pascua junto a Jordi (el hermano de Pello), que va en el coche de Orbea, y del «Butano» —como llamaban a José María García—, que va dando referencias prácticamente cada kilómetro por la radio. Intento abstraerme de todo. Demasiado bonito para ser verdad. Un coche se nos acerca… Es Carrasco. Vendrá a darle alguna instrucción a Recio.

—¡Venga, Pericooooo, que la vamos a liaaaar!

—¿Cómo? —contesto.

—¡Que vas a ganar la Vueltaaaaaa!

«¿Pero qué dice? No puede ser posible».

—Lleváis 5'50" de ventaja con el líder.

«¿¡¡Que me estoy jugando ganar la Vuelta a España!!?».

Giro la cabeza y le grito a Carrasco:

—¿Pero a cuánto estoy en la general?

—Estás a 6'13". ¡¡A veintitrés segundos de ser líder!! ¡¡Vamos, Perico, que vais a hacer historiaaaaaa!!

Carrasco ha entrado en un delirio total y no para de jalearnos. ¡Ni que fuese yo su corredor! Un segundo después se echa encima de Pepe Recio y le envenena.

—¡A muerte, Pepe, a muerteeeee!

Ahora ya no se puede parar.

* * *

Yo no podía parar. No ahora, no entonces cuando hacía que pedaleaba con mi sillita creyéndome escapado en la Vuelta a España. Ni tampoco después, en el colegio. Yo solo quería andar en bicicleta a toda costa. Se lo repetía una y otra vez al profesor de gimnasia. ¿Por qué no hacemos ciclismo en clase?

—Solo si me prometes que un día ganarás la Vuelta a España, Pedrito —me respondía él.

Y a mí se me iluminaba el rostro.

—¡Vale!

Aunque en clase nunca aparecieron bicicletas, sí me dejaba saltarme las clases de educación física en temporada ciclista, y si ganaba alguna carrera, me ponía sobresaliente en la calificación. Y casi una veintena de años después estaba saldando mi deuda. Mi parte de la promesa.

★ ★ ★

De todas formas, ahora hasta Segovia el terreno es muy favorable. Podremos sacarle muy poco más, y Millar tendrá que reaccionar.

—¡A muerte, chavales, que la estáis liandooo! ¡A muerte!

A Rafa Carrasco ya no hay quien le calle. Pero ¿y si tiene razón? Ya estamos en el repecho final dejándonos la vida los dos. Recio se pone a mi rueda.

—Tranquilo, Pepe, que la etapa es para ti seguro. Yo no te la voy a disputar —le digo sin reparos.

Mi meta acaba de cambiar. ¿Y si acabo ganando la Vuelta? Recio, pasada la subida, da unos relevos impresionantes, hasta entrar en las destilerías DYC. Entonces se pone a rueda a 500 metros de la llegada, esprinta y gana la etapa con los brazos en alto.

La meta se convierte en un ruido ensordecedor. Un griterío a mi alrededor que invade los cinco sentidos. Está atestada de público, todos gritando mi nombre, son voces de euforia mezclada con locura. Dentro de la zona vallada, la gente me zarandea de un lado a otro y no para de felicitarme. Hay vallas, pero están solo para colocar la publicidad. Todo el mundo se ha echado al asfalto, rodeándome.

—¡¡Perico, campeón!!

—¡¡Perico, que has ganado la Vuelta!!

—Vamos a esperar a que lleguen… —procuro mantener la calma.

La euforia que se vive en esos momentos es increíble, pero trato de no dejarme arrastrar por ella, intento aislarme de esta euforia, porque sé que si gano, va a ser por poco. Al final siempre hay una reacción en el pelotón, porque, aunque Pepe y yo hayamos volado, el grupo suele ser más rápido en los kilómetros finales. Sacar más de 6'13"… Es demasiado tiempo. ¡Anda ya!

Me pongo algo de abrigo mientras esperamos. Llevamos ya unos 3 minutos aquí en la meta parados, que se me han hecho interminables, y empiezo a quedarme frío.

—¡¡Perico!! ¿Cómo lo estás viviendo? ¡Que vas a ganar la Vueltaaaa!

Me siguen gritando, pero yo miro al infinito, a la carretera, que se pierde a lo lejos entre las cabezas de la gente, y adivino, entre todo el gentío agolpado, un grupo de ciclistas. Resulta difícil diferenciarlos.

«¿Ahí vendrá Millar? Seguro. Sí, tiene que ser él».

La euforia de hace unos segundos se convierte en choque con la realidad.

Si es que sería muy fuerte ganar la Vuelta de esta manera.

Cruzan y les echo una ojeada rápida buscando el maillot amarillo de Robert Millar. No le veo. Solo distingo a Sean Kelly y a Álvaro Pino. No he visto al escocés.

«Ostras, pues Millar aquí no está». Subidón.

Pero los segundos no corren, se hacen eternos.

Otro corredor asoma al fondo, pero lleva el maillot del Skil. No es Millar. ¡Bien!

Ni rastro de él.

La euforia vuelve a ganar enteros.

«Joé, qué despacio va el reloj del arco de meta. Cuatro minutos y parece que he llegado hace una hora». Están siendo los minutos más largos de mi vida.

—¡Pericoooo, que has ganado! —Sigo escuchando a la gente y a mis paisanos, que están como locos.

—Falta mucho todavía. Hay que esperar.

—¡Van 5'14"! —comenta Simón Rufo, el periodista del *As*, a sus compañeros del *Ya*.

—Ya pasan de los 6 —siento a un periodista colombiano.

Todos contienen la emoción, parece que empujan a que el tiempo corra más deprisa.

Y de pronto algo sucede. Yo no veo nada cuando se desata el delirio entre el público y toda la gente que me rodea.

—¡¡Le acaban de dar el tiempo a Pedro Delgado!! ¡A partir de ahora hay nuevo líder en la Vuelta Ciclista a España! ¡¡Es Pedro Delgado!!

Finalmente, llega un grupo de ciclistas a 6 minutos largos y ahí veo pasar a Robert Millar.

—¡¡Has ganado la Vuelta!! ¡¡Has ganado la Vuelta por 36 segundos!! —me empiezan a decir todos los periodistas.

La locura se ha instaurado en estas destilerías DYC. Un aluvión de «alcachofas» me sepulta. Todos los periodistas me acercan los micrófonos. Rafa Carrasco me coge y me alza en sus brazos. Sonrío, lo celebro, pero me contengo todo lo que puedo.

—Todavía queda mañana, y hasta que no se llega a la última meta esto no se ha acabado. —No quiero emborracharme de este frenesí desmedido que tiene todo el mundo, que igual mañana me arrepiento.

Trato de calmar al personal, pero es imposible. La alegría a mi alrededor está totalmente desbordada. Esto es increíble y prefiero aislarme para no contagiarme de esta bendita locura. Aunque el griterío es impresionante, trato de no escuchar lo que dicen para escaparme a mi soledad y digerir todo lo que está pasando.

—¿Pero quién te lo va a quitar ya? —me replican.

—¡La verdad es que ahora estoy soñando! —sigo diciendo a los periodistas.

«No me lo puedo creer. ¡¡He ganado la Vuelta!!».

Empujones de unos con otros. Todos quieren tocarme. ¡Qué alboroto se ha formado!

—Yo ya estaba un poco entregado —declaro—. Carrasco y Jordi, el masajista del equipo, nos iban dando las referencias. Bueno, lo único que nos decían es que íbamos muy bien, que sacábamos tiempo y que atrás iban bastante parados.

Ya no sé ni qué decir a los periodistas.

—¡¡Esto es una auténtica locura, una auténtica locura!! ¡¡Una gran explosión de entusiasmo el que hay —gritan ellos para sus retransmisiones en directo— en torno a Pedro Delgado!!

Y gritos y más gritos. Todo el mundo y mis paisanos allí congregados no paran de corear mi nombre:

—¡¡PERICO!! ¡¡PERICO!! ¡¡PERICO!!

Un fervor absoluto desatado en torno a mi persona que aún me cuesta creer que sea verdad.

«¡La que acabo de liar!».

«¿Estaré soñando?».

Noticia tenía ya de que
en Francia los franceses
hacían una carrera
uno de los doce meses.
Al Tour dirige sus miras,
y dispuesto a dar batalla,
factura la bicicleta Pedro
y se encamina a las Galias.

2
21 de julio de 1987

Siento la lengua como una lija. Áspera, seca, muy seca.

Echo un pequeño trago de agua para sentir esa bendita humedad en mi boca reseca. Una boca que lleva un buen rato pidiendo a gritos agua. ¡Agua!

¡Puaj! Está caliente.

Normal, con el calor que hace. Hoy pocas veces he podido echar un trago de agua fresca. Es coger desde el coche el bidón frío y a los pocos minutos ya está que arde. Pero tengo que dosificarla, que, aunque la meta esté cerca, más vale tener agua calenturienta que nada.

Aprieto los dientes. Siento de nuevo mi paladar seco y me paso por momentos la lengua para recoger esas gotas de sudor que resbalan desde la frente. Caen como si fuese una cascada imparable hasta la punta de la nariz, y de ahí me rozan los labios y con la punta de la lengua sacio en cierta medida esa sed brutal que me acompaña desde los últimos kilómetros.

Por delante de mí, a unos metros tan solo, marcha el colombiano Lucho Herrera, que está siendo mi referencia hoy. No me he querido cebar a su rueda, y sí tenerle a la vista, me está ayudando en esa lucha contra Stephen Roche, el maillot amarillo. Tan pronto se me va como llego a su altura.

«Pedro, tú a tu ritmo».

Voy ya sin agua. La sed me está matando por momentos y me hace perder la concentración en el esfuerzo. Solo pienso en beber y beber.

Busco entre el público los kilómetros que faltan para llegar a la meta. Dos a la cima.

Siento las piernas flaquear.

Dejo marchar de nuevo al colombiano. Yo, a mi ritmo. Se está escapando, pero no me importa. «Perico, esa no es tu guerra. No estás aquí para luchar por la victoria de etapa, aspiras a algo más grande». Tengo que regularme.

Acompaso mi pedaleo con la respiración en un enésimo último esfuerzo.

Pedaleo en agonía desde hace unos kilómetros.

La meta está cerca. Ya se empieza a oír a lo lejos la megafonía con la inconfundible voz de Daniel Mangeas, el *speaker* del Tour.

Doscientos metros. Cien más. Miro para atrás y me parece entender que Roche está lejos. ¿Seré líder del Tour? ¿Estaré soñando?

Exprimo todo el aliento que me queda. Mi cabeza me sigue ordenando que no deje de pedalear con todas mis fuerzas, pero a estas alturas ya no tengo ninguna.

Cruzo la línea de meta del Alpe d'Huez y todo se desata a mi alrededor.

—¡Eres líder! ¡¡ERES LÍDER!!

Los gritos son un estruendo atronador en cuanto suelto los pies de los pedales automáticos de acero, un gesto que aún estoy aprendiendo, pues es el primer año que los usamos.

Me bajo de la bicicleta. Mis piernas me tiemblan ligeramente a causa del esfuerzo y busco apoyarme en ella para disimular esa fragilidad de mis extremidades y encontrar otro punto de apoyo en mi cuerpo extenuado.

Gritos. Empujones. Más gritos y más empujones.

Busco a mi auxiliar para que me dé algo de beber y me haga un poco de espacio para respirar.

Me quedo un rato apostado a unos metros de la línea de meta mientras el segundero avanza, lento otra vez. Igual que en Segovia dos años atrás, cuando parecía que el tiempo no pasaba, que se había detenido ese maldito reloj, y que de un momento a otro aparecería Millar y todas las ilusiones de ganar la Vuelta se esfumarían. Me siento *ajigolao,* casi hasta mareado.

A lo lejos, en esa larga recta final en cuesta, no aparece la figura enjuta con rostro blanco y lechoso de Stephen Roche. Todos están en plena cuenta atrás.

Un segundo parecen dos. Dos es como si fueran diez. No pasa el tiempo.

20, 21, 22, 23 segundos…

Los periodistas desplazados allí comienzan a gritar.

—¡De amarillo! ¡¡Perico, de amarillo!! —me ensordecen.

Debo de estar soñando.

Pero no. Este dolor de piernas me atenaza y por momentos hace que me cueste sostenerme en pie, aunque haya pasado ya minuto y medio desde que he cruzado la meta. Me dicen que todo es verdad. No tengo necesidad de pellizcarme. El dolor punzante que siento en las cervicales y en las lumbares me revelan que estoy despierto. Que esto es verdad. Y esta sed insaciable.

Apenas encuentro el aire para respirar. Me quito el sudor de la frente.

—Delgado, *nouveau maillot jaune!!* —se escucha en la megafonía de la línea de meta.

—¡¡PERICO, LÍDER DEL TOUR DE FRANCIA!! —no paran de gritar los periodistas, que se empujan para coger la mejor posición frente a mí.

Euforia. A mi alrededor todo es un estallido de emociones, pero trato de no dejarme llevar por ellas. Nunca lo he hecho. Los pies en el suelo, ahora más que nunca, porque dejarse llevar por todo ese entusiasmo lo único que va a hacerme es gastar energías extras.

Veinticinco segundos que valen por un maillot amarillo.

Por fin es mío. Cinco años después de aquel sueño tan claro que vislumbré y acaricié también en Alpe d'Huez y que se estaba convirtiendo en una obsesión inalcanzable. El Tour de Francia. Tantas batallas luchadas, todas perdidas. Hasta ahora.

Ahora yo soy el amo y señor de este maillot. Mi primer maillot amarillo del Tour.

Pero tengo que contenerme, por mi bien. Seguir en mi burbuja y en mi soledad interior. Por fin el sueño es real, pero callo. Queda mucha carrera todavía.

—Estarás contento, ¿no? —pregunta un periodista. Debe de ser que no se me nota demasiado. Mejor.

—Hombre, es bonito tener el jersey amarillo del Tour. Pero hay que tratar de sacar más tiempo de cara a la contrarreloj final. El favorito sigue siendo Roche.

Trato de poner un poco de calma entre toda la excitación suscitada. Pero no hay manera.

—¡¡ESPAÑA LIDERA EL TOUR DE FRANCIA CATORCE AÑOS DESPUÉS!! —berrean.

En efecto, primero fue Federico Martín Bahamontes en 1959; catorce años después, en 1973, Luis Ocaña.

—Cada catorce años gana un español, y es 1987. ¡Es tu momento, Perico!

—Y Ocaña con el dorsal 51, el mismo que llevas tú. El mismo con el que han ganado también el Tour Eddy Merckx y Bernard Thévenet.

«El que se pone de amarillo en Alpe d'Huez gana la carrera». Así lo dicen las estadísticas.

—¡¡Perico, este es el tuyo!!

—Bueno, vamos a esperar, que queda la Plagne, Morzine y el Joux Plane. Y la crono. Ahí necesito llegar con más tiempo de ventaja sobre Roche, porque él sigue siendo mucho más favorito que yo —no me canso de repetir frente a micrófonos, cuadernos que apuntan mis frases distorsionadas y grabadoras. No sé para qué me empeño en poner algo de cordura frente a la enajenación de todos.

De repente, unas cuantas manos me empujan hacia el podio, me suben por la parte trasera y en cuestión de segundos escucho mi nombre.

—¡Pedro Delgado! *Maillot jaune!*

Qué bien suena con ese acento francés. Ese soy yo. Salgo y me colocan un maillot grande amarillo y reluciente. Abierto por la espalda. Me lo ajusto por las mangas y alguien me lo encaja por detrás con el velcro. El ramo de flores por un lado, un banderín amarillo por el otro y el león de peluche, que me lo engancho al sobaco bien fuerte. Que no se escape. Como este precioso amarillo que ahora luzco y que estiro con una mano. Alzo los brazos al cielo para las fotos, la solapa de la gorra para arriba, y suelto un resoplido de liberación.

Líder del Tour de Francia.

Palabras mayores. Cuántos años soñando con esto, desde que lo vi tan claro en 1983. Aquí arriba, en este mismo lugar que ahora me viste de amarillo, tal y como soñé entonces. ¡Por fin!

Otro resoplido más.

* * *

Intento respirar, pero aquí dentro me cuesta.

La habitación de este modesto hotel me asfixia, me siento encerrado. Necesito salir, aunque tengo reparos en hacerlo, por aquello de que «las carreras se ganan en la cama» o «cuanto más descanses, mejor». Esa es una de las mejores frases del ciclismo, pero mi cuerpo y tal vez mi mente necesitan airearse, aprovechar este espectacular entorno en los Alpes para asimilar todo lo que me está pasando.

La tarde está tan bonita y tranquila en nuestro primer día de descanso... Tan llena de luz, con el sol atronando desde el cielo y rodeado de montañas con sus cimas nevadas en pleno mes de julio, aquí arriba, en el Alpe d'Huez... Este paisaje que permite perder la vista hacia esas montañas lejanas y que casi te parece poder tocar con los dedos. Es la primera vez, creo, que duermo en un lugar a tanta altura, en medio de todas estas montañas, en los Alpes, en esta estación de esquí a la que llegamos ayer.

Qué sitio tan espectacular. Y yo aquí, encarcelado entre estas aburridas cuatro paredes del Hôtel des Cimes donde pernoctamos, y con una sensación de asfixia inexplicable. Necesito salir de aquí. Ya hemos rodado en bici por la mañana. He bajado a Bourg d'Oisans, luego he dado una vueltita en el valle y más tarde he vuelto a subir este puerto con esas curvas en herradura.

Hemos atendido a la prensa —hasta Eddy Merckx y Jacques Anquetil han venido a la conferencia—, y poco más tengo por hacer. Necesito que me dé un poco el aire.

Y despejarme, y evadirme y, qué sé yo, respirar. Necesito estar solo, pero no en esta habitación que me ahoga.

Yo y mi soledad.

Asimilar todo lo que está pasando.

Siento un cosquilleo por dentro diferente. Son nervios.

Cojo mi bici y me pierdo por la estación de esquí, entre hoteles y telesillas que cuelgan de los cables, y mis ojos no pueden evitar escaparse hacia las montañas del fondo. A los picos más altos. Qué belleza de lugar. Y mira que ayer, pedaleando en el final de etapa, las podía entrever de lejos, pero no es lo mismo. El público, el esfuerzo y toda la concentración no te dejan tiempo para disfrutarlo en su plenitud. Qué sitio tan majestuoso. Esto sí que no lo había visto en mi vida.

Recuerdo haber pasado por los Alpes en el Tour del Porvenir, pero lo más duro que subí entonces fue el Joux Plane, y el paisaje nada tenía que ver con lo de aquí arriba.

Lleno mis pulmones de aire y lo suelto en un resoplido liberador.

«Segundo en el Tour de Francia de 1983. Pedro, estás debutando en esta carrera y eres segundo en la clasificación general a solo un minuto de Laurent Fignon. Todo esto es nuevo, y la que estoy liando. Esto sí que no me lo esperaba, y mucho menos después de cómo lo empezamos, los miedos con los que vinimos, los casi 10 minutos perdidos en la etapa del pavés con el final en el velódromo de Roubaix».

Tardaron en llegar las montañas, pero ellas lo cambiaron todo. Vuelvo a coger aire y lo suelto de golpe.

«Segundo, Pedro. Segundo del Tour… Y puedes ganarlo. Esta carrera puede ser tuya».

En algún momento tendré que dar la vuelta e ir cuesta abajo, hacia el hotel.

Cuesta abajo, como en el Peyresourde.

* * *

Arranco.

Miro de reojo y veo que nadie me sigue.

Toda esa fatiga que estaba acumulando de un día tan largo sobre la bicicleta, ese miedo de sufrir un desfallecimiento en cualquier momento de esta etapa eterna, primera de montaña en este Tour de 1983, en los Pirineos, con algo más de 200 kilómetros, y ese temor a una pájara que me atenazaba. Todo este cansancio que sentía dentro por todos los puertos que llevamos subidos y de repente, ¡bam!, todo desaparece. Siento mis piernas como pistones de un motor. Ni fatiga, ni miedos ni cansancio. ¡Pero si voy mejor de lo que creía!

Faltan 2 kilómetros para coronar el puerto. Tengo por delante de mí a Patrocinio Jiménez, que lleva casi toda la subida en fuga. Y por delante de él, Robert Millar.

En cada pedalada siento que voy recortando las distancias. Prácticamente corono con el colombiano. Primera curva y sigo con la sensación de que me echo encima de él. Salgo de la curva esprintando. Ya estoy. Otra curva, y le paso. A los pocos segundos echo la vista atrás y ya no está. Perdido. ¡Ostras! A por la victoria. Giro la cabeza hacia el frente, a esa carretera que quiero comerme y no sé cómo.

Al fondo diviso al primero. Es Millar, no está lejos. ¡Vamos a por él!

Me quedan unos 15 kilómetros, justo los que tiene este puerto de bajada, para poder pasarle.

Tengo que darlo todo. Casi no hay curvas cerradas y toca pedalear todo lo rápido que me permitan las piernas y el desarrollo.

Pero con esta multiplicación va a ser imposible. Solo 7 coronas; el pequeño, un piñón de 13 dientes y el plato grande, 53. Como todos, claro. No soy capaz de ir más rápido. La distancia entre los dos no varía. Le voy viendo al fondo en las numerosas rectas que tiene este descenso.

Quiero que la bicicleta corra más, pero esta bajada no es muy técnica. ¡Sin embargo tengo que coger a Millar!

Sigo dándole a los pedales con toda la celeridad que puedo, pero es insuficiente. No logro recortarle un solo metro. No sé qué hacer…

Una imagen me viene a la mente. «Espera, Pedro… ¿Te acuerdas? Ese tío que se recostaba sobre la bici, el ruso ese del Tour del Porvenir de hace unos años… ¿Cómo era? Sí, Pedro, tienes que acordarte. ¡El que nos daba leña en todas las bajadas de los puertos que había! Que se ponía en esa postura tan rara. ¿Cómo se llamaba?…».

«¡Averin! Ese. ¡¡Aleksandr Averin!!»

Tengo que probarlo. Cabeza sobrepasando el manillar. A ver así…, volcado hacia adelante. Mi rostro casi rozando la rueda. Puedo oler hasta el asfalto. Voy a flexionar un poco más los codos, que seguro que cojo más velocidad con la espalda inclinada.

A ver, que viene una curva. Vuelvo a mi posición horizontal, la trazo y de nuevo una recta infinita para volver a poner todo mi peso vencido en la rueda delantera de la bici. Ya veo la figura de Millar otra vez, ahí está, ahora más cerca.

El peso de la gravedad me empuja, tengo que estar con todos mis sentidos alerta para mantener el equilibrio en esta posición. Solo debo tener precaución en las curvas, salir esprintando y volver a esa postura imposible que me acerca al rival.

Siento una cámara de televisión a mi lado que me enfoca mientras yo sigo bajando sin cambiar de postura, a toda velocidad, cuerpo echado hacia delante, espalda en diagonal, pecho pegado al manillar.

—*Oh, la, la!*

—¡Bravo, joven!

—*Oh, la, la!*

—¿Qué hace?

—*Ooh! Qu'est-ce que c'est!!*

—¡Es un loco!

—*Le fou!*

—¡Es el loco de los Pirineos!

—*Le fou des Pyrénées!*

Son los ecos de los comentaristas de la retransmisión en directo, totalmente escandalizados conmigo. Como es lógico, ni me entero del susto del locutor. Lo mío es bajar lo más rápido posible. Mantenerme concentrado en la carretera. Yo solo contra el peligro.

Sea como fuere, cabeza encima de la rueda delantera, más cerca del suelo que del cielo. Más cerca del infierno que de la gloria. «No lo pienses, Pedro». Vista clavada en el frente, voy buscando a Millar entre las curvas que quedan; apenas las hay ya. Este es un descenso de dar pedales más que de técnica. Pero me estoy quedando sin kilómetros, sin terreno. Ya estoy entrando en Bagnères-de-Luchon.

A lo lejos distingo a la perfección la meta y al escocés alzando los brazos. Seis segundos tardo en cruzar esa misma línea. Los mismos que me han faltado para adelantarle.

Segundo. No sé si estar contento con este puesto que nunca había soñado al arrancar esta carrera, pero también siento que si hubiese corrido con menos miedo, el vencedor habría sido otro.

Esta etapa..., con el respeto que tenía a los puertos, el Tourmalet, el Aubisque, el Aspin y el Peyresourde, todos largos y duros, y resulta que estaba mucho mejor de lo que pensaba. El temor a hundirme me ha tenido bloqueado todo el día.

«Fuera miedos, Pedro. ¡Se acabó! Tienes que confiar más en ti. En cuanto has atacado, los rivales se han quedado. ¡Les duelen las piernas igual que a ti!».

Aunque como para no tenerlos. Los miedos, digo. Viniendo de donde venimos. Todavía no sé ni cómo hemos sobrevivido…

* * *

—¡Pero ¿¡qué se os ha perdido allí?! —nos miraba y preguntaba con asombro Enrique Martínez Heredia—. ¿Estáis locos? ¿A qué vais al Tour? —No se lo podía creer. Él ya había probado lo que era eso cinco años antes, en 1978.

—¡¡Pero que eso es un matahombres!! —le secundaba Alberto Fernández. Él, que venía de hacer décimo el año anterior en la ronda gala.

—¡Es una locura ir allí! No tenéis nada que ganar y todo que perder…

—Con la de carreras que hay en España, ¿qué necesidad tenéis de ir a Francia? —exclamaba incrédulo Paulino Martínez, ciclista del Teka.

Yo, con toda mi timidez, a verlas venir. Callado en medio del pelotón de esta Vuelta a Aragón a la que le queda una etapa y que espero terminar ganando. Prefiero no abrir la boca desde que todos se han enterado de que nuestro próximo objetivo es el Tour de Francia y no paran de hacernos este tipo de comentarios. De reírse de nosotros. Menos mal que está Ángel Arroyo con su chispa habitual, que responde por todos.

—¡¡No vais a volver vivos!! —secunda también Bernardo Alfonsel. Otro. Veterano. Los del Kelme, los del Teka. Todos saben ya lo que es correr el Tour. Y dicen que no piensan regresar.

—¡Os va a quitar la ilusión por montar en bici! —escucho detrás de mí. Debe de ser de nuevo Heredia, que no se cansa de repetirlo.

—¡¡Que eso es un matahombres!!

Sigo sin abrir la boca. Termino ganando la carrera, sí. Pero el Tour lo siento lejos; estamos a finales de mayo y eso es en julio.

Todos esos comentarios poco alentadores los dejamos de escuchar en el pelotón, pues nos llevan a correr a Francia (el Midi Libre y el Tour d'Aude). Allí no parecía que se «comiesen a nadie». Ya habíamos corrido otras veces en el país galo, y si bien iban rápido, los abanicos los vivíamos con mucho miedo, pues nos metían codos, hombros y cabeza para quitarnos de nuestra posición; había días que les pegábamos unos buenos «calentones», especialmente Laguía y Arroyo.

Regresábamos a España y los consejos de los veteranos volvían a aparecer en el pelotón, especialmente en el Campeonato de España, última carrera antes de ir a Francia. Ese ruido de fondo queda amortiguado por el triunfo de nuestro compañero Carlos Hernández. Pero apenas hay tiempo para celebraciones. Rápido para casa a hacer la maleta y al día siguiente, destino Francia. A lo desconocido, a ver si volvemos vivos, que, por lo que dicen, no va a ser sencillo.

La verdad es que a mí el Tour no me echa para atrás, pero tampoco es que sea una carrera que hubiese soñado con ella. Ni fu ni fa. A ver, sé que existe, ya he corrido en Francia el Tour del Porvenir y hasta gané una etapa, y dicen que la ronda gala es una de las grandes. Cierto…, pero la veo como una carrera más. Vale que Francia no es el mejor sitio del mundo, pero si hay que ir, pues se va.

Unos meses antes, José Miguel Echavarri nos había advertido. Había negociado con el Tour de Francia, porque ningún equipo español quería ir ese año de 1983, pero convenció a la organización de que necesitaban al menos una escuadra de nuestro país para que tuviese repercusión aquí. Al final lo consiguió. Y entonces se dirigió a nosotros:

—Vamos a ir al Tour, pero quiero saber que sois vosotros los que me vais a pedir ir y que no vais porque os lo ordeno yo. La aventura va a ser de todos, porque aquí los que dais pedales sois vosotros.

—¡Pues a mí me han dicho que allí, cuando te paras a mear, te dan con el manillar en el culo! —le respondió Arroyo, ante la carcajada de todos.

Creo que José Miguel optó por llevar a gente joven. Porque si no, no sé qué hacía yo con un billete de avión directo a París entre mis manos. Los veteranos ya estaban con la mosca detrás de la oreja por todo lo que habían escuchado en el pelotón sobre la crueldad y lo salvaje del Tour. Por caché y veteranía, deberían haber ido otros, pero yo creo que Echavarri pensó: «Mira, para lo que vamos a hacer allá, mejor gente joven e inexperta que no sepa a lo que se va a enfrentar y que aprendamos todos de golpe. Ya que no tenemos un caballo ganador..., pues a curtirnos».

Y allí estábamos, en Créteil, donde arrancaba el Tour, a las afueras de París, justo al lado del aeropuerto de Orly, donde yo había aterrizado un par de días antes.

Todo el equipo Reynolds al completo: Arroyo y Julián Gorospe como jefes de fila, José Luis Laguía, Anastasio Greciano, que era el más veterano del equipo; todo optimismo —«bien, lo vamos a necesitar», por lo que nos decían—; Jesús Hernández Úbeda, Enrique Aja, Celestino Prieto, Carlos Hernández y Jaime Vilamajó.

Ah. Y yo.

Pedro Delgado Robledo, veintitrés años. Vengo de ganar en Aragón y de correr la Vuelta a España, en la que, aunque caí enfermo, acabé decimoquinto. Y aquí estoy. Con todo mi potencial. «La promesa», no se cansan de repetirme. A la sombra de Arroyo y Gorospe, y con todo por ver. Todo por aprender. Eso dice José Miguel.

Eso, y que para ganar el Tour hay que ser de Castilla y saber lo que es pasar hambre.

Pues de ahí vengo yo. De las dos cosas, quiero decir. Segovia y el cinturón bien apretado cuando era pequeño. Y las mil y una vueltas a los puestos del mercado cada martes con mi madre buscando las naranjas más baratas.

Diez ciclistas, dos mecánicos, dos masajistas, dos directores, José Miguel y Eusebio Unzué, y un joven francés de ojos rasgados y mirada feliz que se llama Francis Lafargue, al que acabamos de conocer y que habla bastante bien el castellano. Dicen que nos va a abrir las puertas con el idioma, para los hoteles, con la organización, con el resto de los equipos…, y que será algo así como «el chico para todo». Que le pidamos lo que sea, que para eso está él.

Cuatro gatos con un autobús que tiene el motor en la parte delantera. Aunque viendo a los demás equipos, tampoco parecemos tan humildes como somos. A excepción del Renault de Laurent Fignon. Esos sí que tienen flota y personal para asustar.

Esos años, cruzar la frontera significaba hacerse el silencio en el autobús o en el coche, las bromas de Pepelu Laguía desaparecían y Gorospe se quedaba inmediatamente callado nada más pasar la aduana. No les gusta nada correr en Francia. En cuanto pisan el país se les cambia la cara. Con lo alegre que es Pepelu…, y es venir a Francia y automáticamente se queda mudo. Y es que se nota tanta hostilidad en el pelotón hacia nosotros… Nadie frena, y es el español quien tiene que hacerlo.

«África empieza de los Pirineos para abajo», escuché en más de una ocasión. Nos hacen de menos constantemente. Se puede sentir esa superioridad con la que nos miran. Sus coches son mejores, su comida es más apetecible, dicen, sus carreteras están en mejor estado. Su ropa es superior, igual que sus bicicletas. Y nosotros, los españoles, somos los mangantes, los informales, los indigentes. Así nos ven y así te hacen sentir desde el momento en que muestras el pasaporte y pisas este país, donde te sientes ciudadano de segunda categoría.

Entre eso y todo lo que nos han hablado del Tour de Francia aquí estamos, en la salida de Nogent-sur-Marne, punto de partida de la primera etapa en línea casi como si nos enviasen al matadero. Muertos de miedo.

Intentamos relajarnos un poco sentados en los coches, protegiéndonos del sol y el calor tan criminal que está haciendo estos primeros días, apurando antes de que nos avisen para ir a la salida. De pronto aparece José Miguel corriendo hacia nosotros y gesticulando muy agitado con los brazos:

—¡Eh! ¿Pero qué hacéis aquí? ¡¡Si han salido ya!!

—Ostras, tú —le digo a Arroyo, al tiempo que le veo salir disparado a por la bici. Le imito sin perder un solo segundo.

—¡¡Venga, corred, corred!! —se desgañita Echavarri con nosotros.

Empezamos a adelantar los coches de los equipos; al fondo está el coche rojo de dirección de carrera y justo delante, la cola del pelotón.

Arroyo y yo nos miramos sin cruzar palabra. Al menos estamos todavía en la salida neutralizada. «No será carrera ya», pienso mientras pedaleamos lo más rápido que podemos. En las neutralizadas se va tranquilo. Los corredores hablan entre sí. Trazamos la primera curva…

¡Pumba!

Un tío caído. Patas arriba. Lo esquivamos.

—¡Qué nervios tiene aquí la gente! —escucho que me dice Arroyo con sorna.

«Qué mala suerte», pienso yo.

Tomamos otra curva, esta a izquierdas. Ya estamos casi a cola del pelotón. Al salir de dicha curva, otros dos corredores se están levantando. Volvemos a cruzarnos las miradas y un gesto. Con eso nos entendemos.

A relevos, los dos a muerte para incorporarnos al pelotón.

Qué sofoco.

—Si esto es la neutralizada, ¿cómo va a ser cuando sea carrera? —le grito a Arroyo como puedo.

¿Pero en qué lugar del mundo se cae la gente en la neutralizada?

Madre mía… Cuánta razón tenían Heredia, Alberto Fernández y demás. Esto va a ser mucho peor de lo que nos contaban.

Cuando por fin logramos enlazar, vemos un cartel… ¡Kilómetro cero! ¿Que ahora empieza la carrera de verdad?

—Pero ¿dónde nos hemos metido?

A los pocos kilómetros está el primer premio de montaña, mi terreno, pero con asombro veo que todo el mundo sube con plato grande a mil por hora y no paran de pasarme ciclistas. ¡Increíble! ¿¡Pero adónde hemos venido!?

Todo el mundo quiere ir delante: ¡si hasta se suben a las cunetas para avanzar posiciones! Y a gritos todos los ciclistas. Aquí nadie para. ¿¡Qué locura es esta!? Por mi lado pasan varios colombianos, las manos apretadas en el manillar, cuello encogido y en tensión. Tienen tanta cara de miedo como la que llevamos nosotros.

Otro latigazo. Es una auténtica tortura. Las metas volantes o puntos calientes, como les llaman, están bonificados. Cuando faltan 5 kilómetros para ese punto se desata la locura en cabeza de pelotón, que lo estira dejándolo en fila de a uno, y dando gracias cuando paran pasado ese punto, pues a veces se mantiene esa locura de velocidad más kilómetros.

Sobrevivimos a la primera etapa. No sé cómo, pero logramos llegar a la meta en el pelotón. Tumbado en la cama del hotel, duchado y agarrotado por la tensión, pienso que llegar vivo a la meta del día siguiente se va a convertir en mi principal objetivo. Acabar entero cada día. Que no es poco, con lo vivido en esta primera etapa. Y mañana contrarreloj por equipos, 100 kilómetros. ¡Madre mía! Están locos estos franceses. ¡¡100 kilómetros!! Habrá que pensar en positivo: al menos nadie nos meterá los codos.

A pesar del dolor de piernas y de cuerpo que nos deja el esfuerzo en esa etapa, estamos contentos, hemos sido décimos, ¡no hemos sido los últimos! Los 5'50" perdidos son lo de menos, no hemos venido a ganar el Tour.

La preocupación de Echavarri está en el día después, la etapa del pavés. Nos pone sobre aviso del peligro de este tipo de recorridos.

Aunque tampoco creo que sea para tanto: en Segovia hay calles empedradas y aunque no sea un plato de buen gusto, ahí vas. A mí me inquieta más lo mucho que se me van a mover las gafas en esos tramos y poder perderlas. Igual acaban volando por los aires, y yo, sin ellas y con todos los problemas que tengo en los ojos…

Me acuerdo entonces de Francis Lafargue. Ese francés sonriente que se ha unido a nuestra expedición en el Reynolds. Voy a buscarle, con toda mi timidez y vergüenza:

—Oye, Francis, ¿tú podrías comprarme una goma para ajustar las gafas por detrás para la etapa de mañana? Es que como las pierda, estoy jorobado. Desde pequeño tengo muchos problemas de conjuntivitis. ¡Incluso un médico me aconsejó que era mejor que dejase el ciclismo porque me podría quedar ciego y todo!

—Claro que sí, Pedro. Yo te la busco.

El «Infierno del Norte» le llaman a la París-Roubaix, esa clásica de la que yo no sé nada, pero dicen que han calcado los últimos 100 kilómetros de esta etapa. Todo el mundo habla con pavor de ella. Yo escucho, pero sigo sin entender tanta preocupación.

—Que no se os olvide —repetía sin cesar antes de salir José Miguel Echavarri— que la clave es entrar en cabeza en los primeros tramos de pavés.

Vale. Tampoco será tan difícil eso, ¿no? Como en todas las demás carreras. Además, la etapa no es muy larga, 152 kilómetros. Y el primer paso adoquinado lo tenemos a los 10.

Arrancamos en la neutralizada y ya se nota una tensión extra. Más de la cuenta. Caídas, enganchones, corredores rodando por las aceras. Y a mil por hora. Todo el mundo metiendo codos para defender sus posiciones. Gritos, insultos en todos los idiomas entre todos. En una rotonda veo volar a Carlitos Hernández por encima de ella y, milagrosamente, librando la caída. Esto se está convirtiendo en una batalla campal. En pleno zafarrancho de combate, con la adrenalina a flor de piel y en el cuerpo metido el veneno de kamikaze, no sé cómo lo hago, pero entro de los primeros en el primer tramo de adoquines.

«Objetivo cumplido», pienso, con una sonrisa para mis adentros.

La sonrisa se queda inmediatamente en mueca; todo se torna en saltos sobre mi bicicleta. Como si estuviese encima de un toro mecánico. La bici no para de dar botes. ¡Esto es un camino de cabras! Agarro con fuerzas el manillar, en cualquier momento se me va a escapar de las manos. Los bidones saltan por los aires. Ciclistas que me adelantan gritando por la derecha y la izquierda. No sé cómo lo hacen, con lo estrecho que es esto.

Lo de adoquinado era un decir... ¡Esto son unos pedruscos enormes! Tirados en la carretera de cualquier manera. Nunca he visto una cosa igual. Cuadrados, tres o cuatro veces más grandes de los que hay en Segovia. Mal colocados, donde puede entrar sin problemas el tubular. Voy a matarme aquí...

Bueno, ya salimos del primer tramo. Y con vida. Pero cuando tocamos el asfalto me doy cuenta de que ya he caído a la parte intermedia del pelotón. Con lo que me había costado entrar de los primeros y sobrevivir..., para esto.

Aquí nadie para, todo el mundo sigue a mil. El pelotón, totalmente fragmentado, con distintos grupos todos en fila de a uno e intentando llegar a la altura del que va por delante. Giro la cabeza a ver qué pasa detrás. Grupitos de más corredores y enfilados. Igual que por delante de mí. ¡Vaya panorama! Todo el mundo quiere estar lo más adelante posible.

Ya viene el segundo tramo de piedras y yo sigo en estado de *shock,* aún sin recuperarme del primero. Otra vez mi bicicleta se vuelve a convertir en un toro bravo cuando lo montan y al que no le apetece tenerme como montura.

Vuelvo a coger el manillar con toda la fuerza que tengo en las manos para que no se me escape. Miro con envidia a la gente que me pasa. Pero ¿cómo lo hacen para ir tan rápidos por aquí? ¡Yo no soy capaz ni de controlar mi bicicleta! Mi objetivo es no caerme en este camino de cabras. Veo que algunos van por la parte central; otros, por los costados, por la tierra. Yo intento por uno, luego por el otro, pero no soy capaz de ir a la misma velocidad que los ciclistas que me adelantan.

Después de intentarlo en varias ocasiones desisto. Ya me da igual todo, pero no quiero caerme, pues he estado en varias ocasiones a punto de dar con mis huesos contra esas piedras. Además, no paro de encontrar bidones en mitad de la carretera que hacen aún más peligrosa la travesía.

Me siento tan vulnerable… Tan impotente…

«Vamos, Pedro. Hay que sobrevivir como sea», me digo una y otra vez.

Salimos del adoquín y los del grupo en el que aguanto se ponen como locos a tirar. Quieren coger al que rueda un poco por delante de nosotros. Ya no sé dónde voy mejor, si en el pavés o en el asfalto.

Pasan los kilómetros y los sectores adoquinados. Casi prefiero ir solo, lejos de la agresividad y del caos, pero siempre hay un grupo que te atrapa y te arrastra. Me instalo en uno más o menos numeroso, entregado a mi destino en este «Infierno del Norte» que me está machacando duramente. Ahora entiendo por qué lo llaman así.

Toda la fatiga que siento me hace pasar los siguientes tramos sin ser capaz de sujetar el manillar con la fuerza del principio.

«Mira, si me caigo, tal vez tenga la excusa perfecta para abandonar y poner fin a este calvario, a este Tour que me está matando poco a poco».

Me percato de que voy más cómodo en los tramos empedrados, apoyado en el manillar, sin agarrarlo con la fuerza bruta. Empiezo a entender que hay que dejar los brazos un tanto inertes para que sirva de amortiguación y así minimizar el efecto rebote de la rueda delantera en el adoquín contra mi cuerpo.

En este rodar por el infierno donde estoy metido me encuentro con mi compañero Hernández Úbeda. Rodeado de extranjeros y en esta tierra hostil es como un regalo. Un consuelo.

Por fin llego al velódromo de Roubaix. Meta. Siento que he bajado a los infiernos y he salido con vida. Casi a 10 minutos de los primeros. Con un dolor de cuello, de riñones, de brazos y de muñecas que no había sufrido en toda mi vida. Estoy completamente destrozado por dentro. Muerto. El gesto de mi rostro está borrado por el polvo que me cubre entero, de pies a cabeza. Solo las marcas de sudor o del agua que me he ido echando indican algo de vida debajo de toda la tierra acartonada en mi piel que me emborrona la mirada. Tengo un aspecto fantasmagórico.

Estoy tan dolorido que no quiero ni masaje, solo quiero estar tumbado en la cama. No puedo siquiera moverme debido a las agujetas que tengo por todos los rincones de mi cuerpo.

Bajo a cenar y, cuando me dispongo a coger los cubiertos, descubro que las falanges de los dedos me duelen solo con intentar agarrar el tenedor. No sé si es por las agujetas del traqueteo del día o por las ampollas en todos mis dedos, y hasta en la palma de mi mano. El culo me duele horrores. Aunque no soy la excepción. Por no hablar de las cervicales, que no han dejado de molestarme después de la etapa.

—Menuda batalla campal. ¡Parecía la guerra de Vietnam! —dice Arroyo mientras peleamos por encontrar fuerzas para abrir la boca y meter algo de alimento en nuestros maltrechos cuerpos.

Él ha llegado con los primeros, pero nada más entrar en el velódromo, un corredor se ha enganchado a él y se han caído. Menudo porrazo tiene encima, está lleno de vendajes. No sé si podrá tomar la salida mañana.

El encuentro con el «Infierno del Norte» ha sido brutal. Era cierto lo que nos decían. Esto no es una carrera de bicis, no sé cómo denominarlo, es… una pesadilla: la agresividad de todos contra todos, rodar en ese terreno, bidones volando, pinchazos, caídas por doquier… Por no hablar del mismo nivel de agresividad que hay entre los coches de los directores de equipo y motos que te pasan rozando, con el ensordecedor ruido de los cláxones para adelantarte o auxiliar a alguno de sus corredores.

Me siento hundido, masacrado.

—¡Venga, ánimo chavales! ¡No os desaniméis! —José Miguel Echavarri no para de subirnos la moral. O al menos lo intenta—. ¡Que lo habéis hecho muy bien! ¡Que habéis llegado a la meta! ¡Esto es historia del ciclismo!

Ese es el triunfo de cada día. Y el reto, a la vez. Aguantar una etapa más. Pero todos estamos asustados, menos Arroyo, a quien todo esto le parece divertido. ¿Adónde hemos venido?

En el pelotón nos miran mal y nos increpan. Es como si, a veces, nos echaran de la carrera. Los franceses, los belgas y los neerlandeses meten codos y nos gritan que nos apartemos, que molestamos y que provocamos todas las caídas. Y cuando se producen, la culpa es nuestra, aunque estemos en la otra punta del pelotón. Nuestra y de los colombianos. Al menos encontramos consuelo en ellos, que están igual de angustiados que nosotros. Se puede palpar la hostilidad que hay en carrera hacia los españoles. No nos ven de su misma casta. Para ellos somos ciclistas de segunda. Marginados por completo. Con miradas de desprecio que parece decirnos: «Idos a casa».

Y luego está este maldito calor que derrite incluso el asfalto. Es terrible. En esta carrera no hay momentos tranquilos, aunque haya finalizado la etapa. Hay tortas hasta por el agua una vez pasamos la línea de meta. ¡Es increíble! El Tour saca lo peor de cada uno. Le ha sucedido incluso a Anastasio Greciano, con lo bonachón, alegre y calmado que es. Un día le veo nada más llegar a meta que se ha liado a manotazos con todos porque no lograba alcanzar el puesto de Perrier, donde nos dan el agua.

Los guantazos que hay cada día son tremendos ahí. Llegamos ciento cincuenta tíos de golpe, muertos de sed y con la tensión de los últimos kilómetros en las venas, y Tasio no ha podido contenerse. Yo, a veces, meto el codo como mucho y ya está, pero le veo a él liándose a tortas con dos belgas y un neerlandés. «*¡¡Quitaooooos!!* ¡¡Me cago en…!!». Así me lo he encontrado al llegar, a grito *pelao* y con los ojos inyectados en sangre.

Solo hay un avituallamiento sólido en carrera. El líquido abre el control a partir del kilómetro 50, hasta que restan 25

«Pedalea rápido, Pedro, todo lo rápido que puedas».

«Espera, Pedro, ¿te acuerdas? Ese tío que se recostaba sobre la bici...».

... Alzo la cabeza y veo a Millar cruzar ya la meta, victorioso, y yo, ¡segundo!

Echo pie a tierra. Se mezcla la rabia y la euforia por el resultado, mientras los pocos periodistas españoles desplazados se arremolinan junto a mí. ¿Dónde estaban hasta ahora?

—Aprovecho que estáis todos aquí para deciros que estamos muy descontentos con vosotros, porque no hacéis más que darnos palos. Así que yo solo voy a hablar con Chico Pérez. Es al único que he visto en estos diez días interesado en qué nos pasaba.

Y me quedo tan ancho. Porque estoy harto. Y porque he perdido esta etapa que la he tenido tan cerca..., y todo por no haber arriesgado un poco antes.

«Fuera miedos, Pedro. ¡Se acabó! Tienes que confiar más en ti». Si no es por los 10 minutos que me dejé en el pavés, además de la piel de mis manos, ahora estaría de los primeros en la general.

Me vengo arriba. Al día siguiente ataco. Y al otro también. Estoy eufórico. Mi mentalidad cambia totalmente. Observo al pelotón, a los hombres de la general, veo mucha gente muy madurita. ¡Oye!, que a estos les puedo ganar.

Cada día ataco, y no lo hago porque lo haya pensado o me lo hayan dicho, es que siento un cosquilleo en las piernas que me lleva hacia adelante. Y me gusta el baile. Y cuando estás en la pista, pues... ¡bailemos!

Aunque hay que usar la cabeza, que dentro de mí se mueven muchas ideas. Que lo que hago lo hago pensado, no a lo loco, y me repito constantemente que los únicos que fracasan son los que no arriesgan. Mi mentalidad cambia. Yo podré ser un derrotado, pero no quiero ser un fracasado. Y así seguiré hasta que el cuerpo aguante. En esos momentos de dudas y decisiones estás solo, el director está lejos. En la falta de fuerzas estás solo, pero debes encontrar la firmeza y la confianza en esa soledad.

Ahora lo que toca es una cronoescalada. Ya hemos sobrevivido a la locura, al pavés, al primer bloque de montañas con los Pirineos, que ha amansado a ese pelotón que nos metía el manillar constantemente. Ahora hay hueco en el pelotón. En estos días he pasado de ser el 66.º, a 13'1" de Sean Kelly, a quinto clasificado, a 6'42" del francés Pascal Simon. ¡No me lo puedo creer!

El Puy de Dôme, un volcán en pleno Macizo Central.

La tarde noche anterior, después de cenar, fuimos a ver la ascensión final. Ángel Arroyo, Francis Lafargue, Carlos Vidales (el mecánico), José Miguel y yo. Quince kilómetros desde Clermont-Ferrand, los 6 últimos durísimos.

Francis había llamado por la tarde para avisar de que iríamos a verlo, y cuando nos plantamos al inicio de la ascensión, en una explanada con un enorme *parking,* una valla cerrada frenó nuestra marcha. Esa carretera era privada. Junto a ella, una pequeña caseta con un guarda.

Francis se baja del coche para decirle que ha sido él quien ha avisado de que vendríamos unos ciclistas del Tour, del equipo Reynolds, antes de las nueve, para inspeccionar la subida, que, por cierto, veo plagada de gente en las cunetas. ¡Y eso que hasta mañana por la tarde no pasaremos por aquí!

El conserje le dice que no se preocupe, que enseguida va a subir un coche, el del dueño del restaurante que hay arriba, en la cima, y que nos pongamos detrás.

En cuestión de minutos aparece un furgón lleno de barras de pan.

—Ese debe de ser —exclama José Miguel, al tiempo que pega el morro de nuestro coche al suyo.

Al poco, el propietario del restaurante se baja del coche con una llave en la mano para abrir y nos hace gestos.

—*Désolé, désolé!*

Y un montón de cosas más que no entendemos. Menos mal que está Francis. Le vemos desde nuestros asientos que habla con él. Al poco tiempo se acerca a nosotros.

—Que no nos deja, que dice que hay demasiada gente ya, que esto es privado y que no podemos.

—¡Venga ya!

—Eso dice...

Toda la gente apostada en los bordes de la carretera empieza a abuchear al dueño del restaurante. De pronto, a Echavarri se le ocurre una idea. Habla con Francis de nuevo:

—Tú arrímate todo lo que puedas a la valla y cuando él pase, la levantas, que yo acelero y así puedo pasar pegado a él. Nos colamos a toda leche.

Todo pasa en cuestión de segundos. El señor arranca mientras la gente le sigue abroncando, Francis extiende sus brazos todo lo que puede y al fondo vemos a un gendarme que se acerca. El dueño del restaurante también lo ha visto.

—¡Tengo un coche pegado que no puede subir! No puede, señor agente. ¡Prohíbaselo! No está permitido.

—Tranquilo, señor, yo me encargo.

Desde nuestros asientos podemos notar cómo Lafargue tiembla cuando el gendarme se le acerca.

—No se preocupen, suban ustedes sin problema, que yo me encargo —le dice, ante el asombro de Francis.

Y entonces viene, recupera su asiento en el coche y empieza a gritar él solo:

—¡Malditos franceses! ¡Ese cabr... que no nos dejaba pasar! ¡Serán cabr... estos franceses!

No podemos aguantar el estallido de carcajadas que nos invade a todos.

—¡Pero, Francis, si son de los tuyos!

Tomo prestada la bicicleta ligera de Julián Gorospe, que se marchó en la primera etapa de los Pirineos. Una motivación más para seguir dándolo todo.

Arranca la crono. Las sensaciones son buenas, pero sé que es larga y además la parte final es una pared. Trato de tener una buena cadencia y no abusar de desarrollo los primeros kilómetros. Busco ir sentado y a la mínima subir una corona. El calor es asfixiante. Siempre que la trazada me lo permite, me voy hacia las sombras de los árboles y respiro si cabe un poco más profundamente para mitigar ese aire calenturiento.

Las gotas de sudor se van colando entre la cinta que llevo en la cabeza. Paso la mano a la altura de las cejas para evitar ese escozor del sudor en los ojos.

Llego al falso llano de mitad del recorrido. Las sensaciones siguen intactas. De vez en cuando me pongo de pie para descargar un poco la tensión de las lumbares. Esta bicicleta de Julián me queda como un guante.

Recibo alguna referencia, me dicen que llevo tiempos similares a Arroyo, de los mejores. No sé si creerlos. Yo me siento bien, pero desde el coche animan muchas veces y no sabes realmente si es cierto lo que te dicen. La crono es un ejercicio solitario. La soledad en medio de ese griterío que hay a mi alrededor. Unas veces me exprimo al máximo, otras les doy un ligero respiro a las piernas, que empiezan a sentir la dureza de estas primeras rampas impresionantes.

No quiero dejarme llevar por la euforia que se desata desde el coche. Muchos de esos gritos van quedando amortiguados por el vocerío del público.

Subo, trepo, jadeo encima de la bicicleta con mi cinta. Ahora tengo que ir todo el rato pedaleando de pie, el desarrollo no da para más. Llevo el 23 de piñón por el 42 de plato, y las piernas en ocasiones me parece que van a explotar. Esta rampa no acaba nunca. Siento los latidos de mi corazón en las sienes, en el pecho y en ocasiones hasta en la boca. Esto es durísimo. «¡Aguanta, Pedro!».

El sudor me cae a mares por la cara, alguna gota de sudor sigue filtrándose en mis ojos. El escozor que me produce trato de transformarlo en rabia. «¡Pedalea más fuerte, Pedro!».

Aprieto los dientes y paso la pancarta del último kilómetro. El público se aleja de mí, es zona vallada y oigo desde el coche que Arroyo acaba de marcar el mejor tiempo en meta y que, en ese punto, tengo el mismo tiempo: son los últimos 1.000 metros.

Acelero.

Novecientos metros.

Ochocientos metros. «¡Vamos, Pedro! ¡No hay dolor!», me digo queriendo engañar a mis piernas.

Quinientos metros. Mi cuerpo no puede ya más. No tengo fuerzas para apretar más.

Tengo que hacer alguna ese para suavizar esa pendiente maldita.

Cruzo la línea de meta...

Trece segundos peor que Arroyo. Primero y segundo. ¡Guau!

Toca esperar. Pero las referencias son siempre a nuestro favor. Se desata la locura en el equipo. Nos confirman que Ángel es primero y yo segundo. Los novatos de este Tour han ganado una etapa.

Me pongo cuarto en la general, a 1'45" del líder, Pascal Simon. Arroyo ya es quinto, a 4'24".

La estamos armando gorda en este Tour. Yo, que me conformaba con salir vivo de aquí, ahora creo que hasta podemos optar a cualquier cosa.

Este día compartimos hotel con el Ti-Raleigh, uno de los equipos referencia del pelotón internacional. Lo han ganado todo en el ciclismo: el Tour de Flandes, la París-Roubaix, la Amstel Gold Race, mundiales y hasta el Tour de Francia, con Joop Zoetemelk hace tres años. Son dioses rubios y con ojos azules. Esquivos, superiores. De esos que la primera semana nos miraban por encima del hombro y nos hacían sentirnos tan pequeños, tan miserables, tan... ciudadanos de segunda.

Durante la cena, José Miguel Echavarri les invita a champán por nuestro doblete en la etapa, y cuando estamos brindando,

Peter Post, el director del equipo, se levanta de su mesa y se acerca a la nuestra. «¿Pero a este qué mosca le ha picado? Estos neerlandeses soberbios y bordes que nos miran por encima del hombro». Y nos tiende la mano a Arroyo primero y a mí después.

—*Quelle journée!! Quel Tour!!* —nos elogia—. El ciclismo español..., *c'est* grande!! *Félicitations!!*

Se pelea un poco con el castellano para hacerse entender:

—¡Muy bien, grandes corredores, gran futuro y gran porvenir!

Inmediatamente después de volver a su mesa, José Miguel Echavarri se acerca. Se le nota que no cabe en sí de la felicidad. Los ojos le brillan, casi a punto de estallar en lágrimas.

—Chavales, ¡Peter Post! Tomad nota: este tío no se levanta a felicitar ni a Dios. Lo que acaba de hacer con vosotros no se lo he visto yo hacer a nadie. Esto tiene un precio que no os podéis imaginar. ¡Tenéis que daros con un canto en los dientes! Esta tarde os habéis ganado el respeto de todo el Tour de Francia.

Empezamos a sentir ese poderío. Ya no éramos unos pardillos ni ciudadanos de segunda. ¡Ahora somos la élite del ciclismo! Y podemos ganar este Tour, ¡¡claro que podemos!! Nos hemos convertido en gente a vigilar, ya no somos los españolitos tontos que provocan caídas, ahora somos rivales que se hacen respetar.

Llegan los Alpes, los conocía un poco del Tour del Porvenir de 1979. Pero casi todos los puertos del libro de ruta los desconocía. Mi preocupación seguía siendo cómo afrontar etapas muy por encima de los 200 kilómetros, me seguía dando bastante respeto y miedo a un desfallecimiento, con lo bien que nos estaba yendo. En el Alpe d'Huez me han dicho que me agarre fuerte, es la etapa de la que todo el mundo habla. Pero ese día, antes de ese final... ¡hay siete puertos más! Entre ellos el Glandon, que tiene 25 kilómetros de ascensión, 228 kilómetros en total cuando crucemos la meta.

«¡Hoy muero!».

«Guarda todo lo que puedas, Pedro».

La etapa va más o menos tranquila, a un ritmo que no mata, pero vas dejando las fuerzas poco a poco; a estas alturas de carrera todos vamos muy cansados, a todos nos dan miedo jornadas en bicicleta tan largas y con un calor de justicia como hace hoy. En estas circunstancias, y con tiempo para pensar, me viene a la memoria la novela *Tuareg,* de Alberto Vázquez-Figueroa, donde el protagonista, en medio del abrasador calor del desierto, se mentaliza que es una roca para poder soportar el calor y la sed. Pues yo, protagonista de estas etapas maratonianas y con semejante calor, me imagino que soy la bicicleta, que no tiene ni sed ni calor. Así voy interiorizando esta larguísima cabalgada por los Alpes.

Pascal Simon, el líder, desde que se cayó en la segunda semana, no ha logrado recuperarse y se ha retirado del Tour con el omóplato roto. Pero sí que están Peter Winnen, Jean-René Bernaudeau, Lucien Van Impe, Laurent Fignon..., pesos pesados. Ni se me pasa por la cabeza atacar. Además, hay dos Renault; del Ti-Raleigh, otros dos. Y yo estoy solo, muy solo, en estos parajes hostiles y cautivadores por los paisajes. Arroyo se ha descolgado por problemas estomacales.

«Reserva fuerzas, Pedro, ¡que dicen que el Alpe d'Huez es todavía peor con sus curvas de herradura!».

«Guarda, guarda, guarda... No des una pedalada de más».

Empezamos la subida final. Me fijo en que cada kilómetro te va «diciendo» lo que queda hasta la cima. Buena referencia, pues así sabes lo que falta.

Vaya inicio, ¡buf! Justo lo que me habían dicho. ¡Tremendamente duro! ¡Qué rampas!

«No hagas esfuerzos de más, Pedro. Reserva, aunque tengas fuerzas, que luego en el final te puede pasar factura, como te sucedió en el Puy de Dôme. Guarda, no vaya a ser que revientes, que no sabes hasta dónde te va a llegar la gasolina».

Del grupo salen Bernaudeau y Winnen; yo no me muevo. Que lo hagan otros. Se va Edgar Corredor. Los colombianos, al igual que nosotros, ha sido llegar las montañas y sentirse ciclistas. Me dejo llevar y a ver qué sensaciones voy teniendo.

«Nada de ataques, Pedro, quedan aún 10 para la meta, esto es muy largo y está siendo durísimo».

Los gritos de los aficionados me hacen perder la concentración en ocasiones. Nunca había visto tanta gente en las cunetas, desde que ha arrancado la subida no paran de animarnos y por momentos se hace un pasillo que hace que tengas la sensación de chocar contra ellos. Te dejan sordo. Pero intento meterme dentro de mí mismo. En mi mundo. En mi soledad. En mi sufrimiento. No debo dejarme llevar por la euforia. «Céntrate, cálmate, Pedro, que el cuerpo, ante la falta de movimientos, te está pidiendo guerra, pero tus piernas ya sienten el paso de esta etapa interminable».

Tengo que subir un piñón más. Y ahora bajarlo en las curvas de herradura. ¡Ostras! Cuidado con Fignon, que tiene pinta de ir bien.

Pero sigo centrado en mi propio esfuerzo. A toda la gente que hay agolpada, en realidad, la siento más por el ruido que porque me fije en ella. Mis ojos solo prestan atención al desarrollo de Fignon y del belga Van Impe. Su rueda es la que hay que vigilar, ha ganado un Tour y cinco veces la general de la montaña, y va a por su sexto título. Me miro también a mí, y luego al fondo, a lo que queda. La gente no me deja ver las indicaciones de lo que resta. Los ánimos del público están repartidos entre el joven héroe local Fignon y el veterano belga Van Impe.

Las curvas son muy llanas, te hacen bajar una o hasta dos coronas. Al instante tengo que subir a la más grande, que viene otro rampón. ¡Qué dolor! Acostumbrado a las siete revueltas de Navacerrada, pensaba que esos giros iban a ser lo más duro del mundo, ¡y qué va!: lo peor viene después de las curvas porque tengo que meter el piñón grande de 23 dientes; no hay otra cosa.

Bajar una corona en la curva para volver a subir inmediatamente te va minando poco a poco.

Estos cambios de desarrollo y pendiente, muscularmente, me hace gastar muchísimo, y con lo largo que es esto…

Nadie se atreve a tomar el mando; aun así, el grupo de los elegidos se va seleccionando. Los puertos, la distancia, el calor, están pasando factura a todos.

Aturdido del griterío a mi alrededor, veo una pancarta. Quedan 3 kilómetros. ¿Ya? Pero esto ha suavizado mucho, ¿no? Si estamos casi arriba y sigo con una bala en el bolsillo.

Lo intento tímidamente, pero responden de manera inmediata. Espero un contraataque, pero este no sucede. Unos nuevos escarceos, pero la respuesta es tan rápida que dejo hacer, esperando un ataque de los «buenos», que tampoco ocurre.

Entro en séptima posición, detrás del francés y del belga. Tengo una sensación de insatisfacción por no haber llegado vacío, por no haber sido más ambicioso. Aunque no me puedo quejar. Mi cerebro me dice que para ganar este Tour hay que ir pasito a pasito.

Tanto me habían hablado de lo duro que era, que me recordaba a los avisos de la etapa del pavés, que al final me he quedado con cosas dentro.

¡Si no he llegado vacío! Y tenía que haberlo intentado porque mañana tenemos descanso y me lo podía permitir.

Soy segundo de la general del Tour de Francia, a 1'8" de Laurent Fignon, nuevo maillot amarillo. Todavía queda montaña. «Pasito a pasito, Pedro, no te dejes llevar por la euforia».

Esta carrera la voy a ganar yo, lo palpo. La voy a liar. El Tour de Francia es mío.

* * *

Cada vez que hago una respiración profunda me llega aún más el olor a rancio de la habitación. Por momentos, este modesto hotel me asfixia, me siento encerrado.

La tarde está tan bonita, tan soleada y tranquila en nuestro primer día de descanso de mi primer Tour que casi es un pecado no salir a respirar este aire de las montañas y sentir la naturaleza en su esplendor en este momento mágico que estoy viviendo.

Regalarme un instante íntimo en estas montañas sobrecogedoras y sus cimas nevadas en pleno mes de julio aquí arriba, en el Alpe d'Huez.

Necesito que me dé un poco el aire.

Despejarme, y evadirme, y, qué sé yo, respirar. Necesito estar solo, pero no en esta habitación que me ahoga.

Yo y mi soledad.

Asimilar todo lo que está pasando.

Siento un cosquilleo por dentro que nunca había sentido.

Cojo mi bici y me pierdo por la estación de esquí, entre hoteles y telesillas que cuelgan de los cables, busco un sitio tranquilo en la parte alta de la estación.

Lleno mis pulmones de aire y lo suelto en un resoplido liberador.

Segundo en el Tour de Francia. Pedro, estás debutando en esta carrera y eres segundo en la clasificación general a poco más de un minuto de Laurent Fignon.

Esto es un sueño. No me creo que sea segundo en la general del Tour. De hecho, en mis nuevos sueños me veo ganador.

Solo quedan cinco días para llegar a París. Puedes hacer algo grande. Algo que se recuerde para siempre.

Pedro tiene ese polvillo mágico que hace
brillante a un hombre aún con sus fracasos,
porque a Perico se le quiere
hasta cuando no gana.

José Ramón de la Morena

3
20 DE JULIO DE 1983

Madre mía, cómo se me está poniendo la carrera. Es que la voy a ganar. La salida ha sido brutal en Alpe d'Huez, sobre todo cuando han empezado los puertos, el Glandon, la Madeleine... Esto ha sido una auténtica locura. Y ahora vamos camino del tercer puerto del día, Aravis.

En este falso llano a Fignon solo le queda Marc Madiot como compañero de equipo. Y queda después la Colombière y el Joux Plane. Y conmigo tengo a Ángel Arroyo. O uno o el otro la vamos a armar en este Tour de Francia, seguro.

En un momento dado, Fignon tendrá que responder a los ataques de Van Impe, de Stephen Roche, de Peter Winnen, de Bernaudeau. Y no va a poder salir a todos. Se va a quedar muy solo.

«Pero tú tranquilo, Pedro, deja que sean otros. Tú aquí pasas un poco más desapercibido. Que sean otros los que participen de esta fiesta».

Al ritmo que está tirando Marc Madiot, creo que está quemando su último cartucho. Veamos a ver quién se mueve de esta veintena larga de corredores para preparar el ataque.

Ostras.

No sé qué me pasa.

Tengo el estómago con una sensación rara.

Acabo de coger el avituallamiento y no sé si es porque me lo he comido todo de golpe pero ahora tengo una impresión de tener el estómago hinchado.

Bueno, ya irá bajando con los kilómetros...

Pero no se me pasa, estamos a punto de arrancar el puerto y sigo con el estómago hinchado.

Tengo ganas de vomitar, pero soy incapaz de hacerlo.

Y es que no puedo seguir el ritmo de los demás. No lo entiendo. ¡Si de piernas voy bien! Es el estómago.

Con una sensación de pesadez... que me está matando.

No puedo seguir este ritmo. Es que no puedo. ¡No lo entiendo!

¡¡Buff!!

Este estómago... Pero si hace unos pocos kilómetros iba estupendamente. Con unas ganas locas de liarla. Y ahora es todo lo contrario.

Voy inflado.

No puedo conmigo mismo.

Uf, no me lo puedo creer. Se me está yendo. Se me va la carrera en esta mierda de puerto de Aravis, que es muy tendido. ¡Si no es duro! En circunstancias normales podría ir sin ningún problema, y más en la forma en la que estoy estos días.

No sé qué me pasa, pero... voy fuera de punto, no puedo seguir.

No me queda más remedio que resignarme, pero es que..., uf..., es que no puede ser. El Tour se me va. Se me va.

Si lo tenía ganado, si es que lo estaba tocando con los dedos.

Fignon solo, a los demás no los he visto tan finos, yo tenía además a Arroyo conmigo...

No puedo seguir. Y faltan tantos kilómetros para meta que no puedo hacer ni el esfuerzo de aguantar un poco más.

* * *

¡¡Aaauuuh!! Un bramido de dolor me sacude y no puedo evitar gritar en voz alta.

—¡Mama, me duele muchísimo la tripa!

Ya son unas cuantas semanas así, ni me acuerdo de cuándo empezaron estas molestias. Siento un dolor intenso que no cesa. A veces se me hace insoportable.

Y yo intento no quejarme mucho porque tengo a mamá harta con todos mis problemas de salud, cada dos por tres me pasa algo. Pero es que ya no lo puedo aguantar.

—¡¡Mamaaaaá!! —vuelvo a llamarla ya retorciéndome.

Desde la cocina apenas puede oírme con el hilillo de voz que me sale desde la cama tumbado. Cuando me ve, su gesto cambia. Aunque en realidad siempre es el mismo cuando algo me ocurre. Otro disgusto que le doy.

Me coge a cuestas como puede para levantarme y, sin perder más tiempo, nos vamos a ver al médico de siempre. Ya es casi como de la familia, de todas las veces que he tenido que ir a verle. Y eso que solo tengo doce años. ¿Por qué me pasa todo a mí?

Primero fueron las vegetaciones, luego los oídos y después la bronquitis que me hace toser cada dos por tres tan fuerte. Y ahora este dolor en la parte derecha del estómago que no me deja vivir.

—¡¡Auuuuh!!

Vamos corriendo al médico. Me ahogo y apenas puedo caminar por los pinchazos que me da la barriga.

No sé qué me pasa.

Pero me duele muchísimo.

No puedo casi ni andar. No puedo conmigo mismo.

Cuando llegamos a la consulta, el doctor Velasco me ausculta la tripa.

—No es el estómago, señora Robledo —le dice a mi madre—. Pedrito tiene hepatitis.

—¡¡Hepatitis!! —repite mi madre sin salir de su asombro.

—Sí, señora Robledo. Pedrito tiene el hígado inflamado. Mire, mire, toque aquí. —Le guía él a mi madre para que compruebe que la parte derecha de mi barriga parece un balón de fútbol—. Además, el amarillo de sus ojos…

—¿Y qué vamos a hacer? —pregunta mi madre, asustada.

—No se preocupe, señora Robledo. La hepatitis tiene cura. ¡Que estamos en los setenta! Solo habrá que tener un poco de paciencia, ¿eh, Pedrito? —Se gira y me atusa el pelo al tiempo que me lo dice—. El practicante irá a su casa cada día por la mañana a ponerle las inyecciones. Todos los días durante una semana. Así empezará a bajar la inflamación y a encontrarse mejor.

—Qué bien —dice mi madre, pero el doctor alza la mano, como queriéndola interrumpir antes de que cante victoria.

—También tendrá que guardar reposo absoluto durante tres meses.

—¡¡Tres meses!! —abro los ojos.

—¡¡Tres meses!! —repite mi madre casi a la vez que yo.

—Sí, así es. Y cuando digo reposo absoluto, es total y completo. Pedrito, debes guardar cama, sin moverte. Y las comidas, señora Robledo, tienen que ser sanas: arroz blanco y verduras como dieta durante todo ese tiempo. Así conseguiremos que sane más rápidamente y la hepatitis se vaya. Es la única forma.

No sé si alegrarme. No ir al colegio durante ese tiempo es un plan maravilloso, pero quedarme en casa, sin poder salir a jugar con mis amigos del barrio tampoco suena muy bien. ¿Pero qué voy a hacer durante tres meses postrado en la cama?

Me despierto por las mañanas viendo a mi hermano Julio ir al colegio. Qué bueno es esto de estar enfermo y no ir al cole, no madrugar... Pero... no mucho después del portazo de mi hermano marchando a clase escucho otro sonido.

¡¡Rrrriiiiinngggg!!

¡Oh no! Ya viene el practicante para ponerme las inyecciones. El ritual de todos los días. Qué miedo.

El señor se pone delante de mí con las jeringas de cristal y le veo cómo las desinfecta quemándolas con alcohol. Ese olor me da escalofríos. Mis músculos se ponen tensos. Espera unos segundos, los mismos en los que me pide que me tumbe boca abajo en la cama. Me bajo un poco los pantalones y…

¡Zas!

Cuando menos me lo espero, el pinchazo.

—¡¡Ay!!

Aunque ya lleve unos días con el tratamiento, no me acostumbro. Qué pánico y cómo duele.

¿Y ahora qué? Son las diez de la mañana, todo el día por delante y nada que hacer, salvo estar tumbado aquí, en la cama.

Empiezo a inventarme durante gran parte de la mañana aventuras de vaqueros e indios. Montando en mi caballo blanco, Centella. ¡Qué bien me lo paso! Y mi hermano Julio en el cole y yo en casita. ¡Qué guay!

Pero mi imaginación tiene un límite y mis aventuras en el lejano Oeste no encuentran más… aventuras, y no se me ocurre nada para llenar ese tiempo vacío. Miro el techo blanco en busca de inspiración, pero nada. Ya no sé en qué postura ponerme. Sin darme cuenta he dado una cabezada y vuelvo a pensar en qué hacer. ¡Buaf! Qué larga es la mañana aquí solo en la habitación. Los primeros días me los pasaba durmiendo y feliz de no ir al cole, pero llevo ya dos semanas largas encerrado en la habitación y me aburro, me aburro mucho. Especialmente por la mañana. La tarde, con el bullicio de cuando llegan mis hermanos del colegio y el griterío proveniente de la calle, se me hace más soportable. Escuchas a los amigos jugar al fútbol, reconoces voces, aunque incapaz de entender qué dicen, salvo el… ¡¡goooool!!

Vaya jolgorio se escucha ahí abajo, en el patio. No puedo evitar levantarme unos instantes de la cama y asomarme a la ventana.

Ahí están todos: Pipo, Josele, Pepito…, jugando, riendo, saltando, chillando.

Vaya broncas que hay. El vecino Félix, que cuida los rosales, nos riñe y nos persigue porque los destrozamos cuando jugamos a fútbol. Ahí están todos, puedo verlos desde mi ventana, desde este quinto piso, de un lado para otro corriendo detrás de la pelota, pegando balonazos a las plantas. Y el vecino a gritos.

—¡Que os vayáis de aquí, chavales, u os doy con la vara! ¡No lo repito una vez más! —grita zarandeando en el aire el bastón.

Qué largos se me hacen los días. Y ya no me duele nada. La inflamación ha bajado del todo a la tercera semana, pero aquí tengo que seguir. Eso ha dicho el médico.

Qué aburrimiento.

Y el jaleo ahí abajo sigue, todos los días.

Qué envidia, la calle, el aire libre.

Las mamás y los niños, los abuelos. Todos están ahí abajo, en el patio.

Y yo aquí preso.

Esto va a ser eterno. Menos mal que mi hermano Julio va al quiosco y cambia los tebeos que tanto me gustan de Supermán, del Capitán Trueno..., que me acompañan en esas mañanas eternas y ayudan a estimular mi imaginación con nuevas aventuras en las que yo soy el superhéroe. Salvar al mundo de los malos.

Lo que pasa es que un cómic de estos para todo el día no me dura nada. Un suspiro. Empiezo a variar, que si Mortadelo y Filemón, Carpanta, Jabato..., pero el día es... muy..., muy largo.

Como me gustan tanto las aventuras de vaqueros e indios, me han comprado una novela de la colección de Estefanía. No tiene dibujos, excepto la portada. Es más gruesa, no se puede leer en un rato. Que no esté ilustrada me echa un poco para atrás, pero como no tengo otra cosa qué hacer, me pongo con ella.

Me encantó. A la hora de comer aún no me la había terminado y estaba muy interesante. A partir de entonces me he aficionado a esta lectura.

En el último mes de mi larga convalecencia, mi madre trae entre sus manos un libro:

—¡Mira, Pedrito! —Asoma por la habitación—. He ido al colegio a por tus deberes de hoy y tu profesora de Lengua me ha dado esto para ti, un libro para que te entretengas.

Lo tomo entre mis manos. *Viaje a la Luna,* pone en la portada, de Julio Verne.

Es gordo y pesa, tiene más de cuatrocientas páginas y sin prácticamente dibujos. No sé. Al verlo tan grueso me echa para atrás, pero pienso que tampoco tengo más que hacer.

A ver de qué va...

> Volar sobre la cara oculta de la Luna, ver la Tierra desde el espacio, flotar sin gravedad o buscar vida extraterrestre. Todo esto y mucho más espera a Impey Barbicane y a sus compañeros, los primeros viajeros espaciales. ¿Puede haber mayor aventura?

★ ★ ★

Lo que acabo de comer en el avituallamiento cae en mi estómago como una piedra, no logro digerirla, es como si tuviera una bola ahí dentro que mi cuerpo no logra asimilar. Algo me pasa.

No sé el qué, pero algo me pasa.

No tengo fuerzas para pedalear con fuerza.

Los kilómetros van pasando lentamente. Descolgado. Solo, en este territorio montañoso que tanto me hace disfrutar en bici, pero ahora... Trepo poco a poco la Colombière, pero voy vacío y sin ganas de comer, ya desahuciado. Y aún me queda el Joux Plane antes de llegar a la meta de Morzine. Pero la carrera, mis sueños, las aspiraciones, todo se ha ido ya. Se acabó.

Desde el coche de equipo me dan agua con limón y noto una pequeña mejoría.

Pero al poco tiempo, la misma sensación. El vientre sigue hinchado, no digiero nada. No puedo seguir la rueda de nadie. Las piernas no responden como lo hacían hace poco.

Me alcanzan desde atrás mis compañeros Tasio, Carlos Hernández y Hernández Úbeda, y se quedan conmigo para acompañarme. Pero poco puedo y pueden hacer por mí.

Qué infierno.

Igual que la primera parte de la *Divina Comedia,* el libro que me recomendó el profesor de Filosofía que tuve en COU que me trajera y que tanto me está costando leer.

Por uno como este pasa Dante, y después el Purgatorio, antes de llegar al Paraíso, se supone. Pero a mí no me espera ninguno.

Quién pillara el viaje a la Luna que me prestaron en el cole cuando pasé la hepatitis con doce años. Esos tres eternos meses en la cama. Al menos eso me llevé, la afición por la lectura.

Para comedias, la mía con lo que me está pasando. Aunque de *divina* no tiene nada.

Me retuerzo encima de la bici en las últimas rampas del Joux Plane.

Esto debe de ser el Purgatorio, como escribió Dante Alighieri.

Cruzo por fin la línea de meta.

Me aflojo los rastrales. Paro. Sacar el pie del pedal me cuesta. Aflojo todo lo que puedo la correa. Por mi espalda corre un sudor frío. Por fin libero el pie izquierdo y, según toca el suelo, siento que la pierna apenas me sujeta. Apoyo los dos brazos en el manillar para sentirme más seguro. Mis compañeros ya han llegado poco más tarde que yo. Preguntan por dónde se va al hotel. Hoy es un buen día, pues no hay traslado y dormimos en la misma ciudad de meta. Pero esa alegría se convierte de nuevo en dolor de piernas y del alma, al escuchar que está «cerca», a 3 kilómetros.

He perdido 25’35”.

—No tienes nada que reprocharte. Has llegado a ser segundo y has caído luchando. —Es Echavarri quien me habla; ha estado esperándome hasta mi llegada para sujetar mi rostro entre sus manos y animarme.

Le comento a Tasio que tranquilo, que, entre que estoy con el depósito totalmente vacío y los ojos nublados, les puedo perder de vista a las primeras de cambio.

Vuelvo a ponerme el rastral e, imbuido en una especie de neblina en mis ojos, recorro los 3 kilómetros, que se me hacen eternos.

Por fin llegamos al hotel. Vuelvo a parar, y como no me apreté los rastrales, saco el pie sin problema. Luego el otro. Me quedo a horcajadas sobre la bici. La cabeza cabizbaja. Las piernas apenas me sujetan en pie, me tiemblan. Tengo que apoyarme en Manu Arrieta, nuestro masajista, que estaba esperándonos en el hotel, porque no puedo ni siquiera bajarme de la bicicleta.

Me siento un ciclista vencido. Han sido cerca de 250 kilómetros, todo el día entre montañas, rodando casi toda la segunda mitad descolgado con mis compañeros, incapaz de probar bocado. Sigo sin encontrar respuesta de qué me ha pasado. Pocos kilómetros antes del desfallecimiento estaba proyectando mi ataque y al cabo de un rato me empiezo a quedar, sin ninguna explicación.

Vuelvo a intentar pasar la pierna por encima del sillín para desprenderme de esa máquina de tortura que ha sido para mí hoy la bicicleta. Tengo que hacer un esfuerzo adicional. Pensarlo, interiorizarlo, porque de una manera espontánea no puedo.

Después de un par de intentos, lo consigo. Al andar siento también los músculos acalambrados, brazos y piernas por igual.

Qué duro es esto. Ahora toca subir a la habitación. El hotel es modesto, no hay ascensor. El sufrimiento no acaba nunca. Esa cama con la que estoy soñando las tres últimas horas es esquiva.

Estoy pensando si quitarme las zapatillas para subir al segundo piso por las escaleras por cuestiones de seguridad. Evitar un resbalón con las calas, pues en el estado en el que estoy…, si pierdo el equilibrio, no tengo los reflejos ni las fuerzas para evitar la caída.

Intento deshacer el nudo de las zapatillas, pero las manos, como las piernas, tienen un tembleque que no consiguen cumplir mi simple objetivo. Lo intento una segunda vez, pero, entre la falta de fuerzas en los dedos y que el cordón está húmedo del agua que me he ido echando, no hay manera. Mando todo a la mierda y subo a duras penas por las escaleras.

Me sujeto como puedo al pasamanos. Mano derecha al de la derecha, mano izquierda al de la izquierda. Este último esfuerzo de llegar a la habitación me está exigiendo a mí mismo un arresto para el que no estaba preparado. Subo como los ancianos, pausadamente; hasta que no tengo los dos pies en el mismo escalón no afronto el siguiente por la flojedad de piernas que tengo, no me fío mucho de que pueda soportar mi peso solo en una. Estoy al límite, me siento realmente K.O.

¡Por fin la habitación! Jesús Hernández Úbeda, mi compañero y escudero fiel hoy a lo largo de esta eterna etapa, ya está duchado cuando entro. No me dice nada, lo sabe todo. Mi rostro, mis ojos y mi debilidad los conoce bien de haberlos sufrido él en otras ocasiones. Caigo desfallecido sobre la cama.

—No te relajes tanto. Es mejor que te duches cuanto antes —me aconseja.

Ya lo sé, pero es que no me puedo mover, no puedo ni contestarle. Poco a poco, y casi a cámara lenta, me voy activando. Las zapatillas, visto lo anterior, ni intento desatarlas y literalmente me las arranco de los pies. Este esfuerzo me pide de nuevo un descanso, pero trato de no abandonarme y evitar desmayarme de nuevo en la cama, que es lo que me sugiere el cuerpo, así que aguanto con la cabeza gacha, los antebrazos apoyados en las piernas para cargar si es posible alguna energía en un cuerpo pusilánime que me cuesta reconocer.

Poquito a poco sigo despojándome del resto de la ropa.

Hernández Úbeda sonríe al verme.

—¡Tranquilo, hombre! Hoy te haré la colada. Y para que veas mi buena voluntad, te he abierto la maleta. Que no sé si serías capaz de hacerlo tú —me dice con sorna.

¡Ostras! Es verdad: la colada, aunque ni había pensado en ello, y en el estado catatónico en el que me encuentro, no habría podido hacerla. Además, mañana hay contrarreloj y usamos diferente equipación, pero abrir la maleta ha sido todo un detalle.

Lavar la ropa al compañero de habitación depende muchas veces de quién pase primero de los dos la línea de meta: al que entra detrás le toca doble colada. Una forma como otra cualquiera de mantener un pique sano dentro del equipo e inicio de comentarios más tarde en la cena y sacar conclusiones de la fatiga con que llegábamos al hotel. Lógicamente, como yo estaba disputando la carrera y mis compañeros se sacrificaban por mí en este Tour, tanto por mí como por Ángel Arroyo, nuestro acompañante de habitación no entraba en este juego.

Con tan buenas noticias me animo por fin a irme a la ducha.

¡Qué rica está esta agua calentita! Me tonifica y activa. Mi cuerpo se había quedado frío por la falta de energía corporal debido al esfuerzo, y aunque me habría gustado quedarme un buen rato, las piernas siguen sin darme estabilidad y tengo que finalizar cuanto antes.

Sentado en la cama me voy poniendo el chándal; me meto en ella con él puesto a ver si entro en calor. Aunque el bocata está en la mesilla de noche, no tengo hambre y solo quiero estar tumbado, sin masaje, sin cenar, solo quiero descansar, descansar hasta mañana de un tirón.

Echado voy asumiendo poco a poco la nueva situación. Estoy exhausto, no tengo fuerzas ni para respirar profundamente. Cierro los ojos. Pero ¿qué me ha pasado? Solo sé que fue muy repentino.

¡Estoy muerto!

Qué duro es esto. Hay días qué mandaría todo a paseo, y hoy es uno de ellos. Ya he vivido días como estos como aficionado, pero esto es otro nivel. Seguro que habrá otras jornadas por el estilo esperándome, pero estoy muerto. Quiero estar tumbado y no moverme durante el resto de la tarde, por el resto de mi vida. Solo estar tumbado.

Qué enorme debilidad siento.

* * *

¡Zas! Un pinchazo de repente me sacude y me saca de mis pensamientos de la bicicleta de Josele. ¡Zas! Otra vez. Ya estamos de nuevo.

—Mamá, me duelen los oídos —le digo, casi al borde de que se me salte una lágrima de los ojos mientras tiro ligeramente de su larga falda, que le cubre hasta los tobillos, para que me preste atención. Ella aparta por un momento la mirada de las manos, donde sostiene los reales con los que pagar el kilo de naranjas. Después de cinco o seis vueltas que llevamos ya dadas, por fin se ha decidido a comprarlas aquí: son un céntimo más baratas que en el puesto de al lado.

—¿Otra vez, Pedrito?

Noto que me mira entre disgustada y triste. Ella nada puede hacer contra estos aguijonazos de dolor que, cada dos por tres y así, de repente, me zumban por dentro de las orejas. No puede hacer nada frente a esto ni contra nada de todas las cosas que me pasan.

Y son unas cuantas. Primero vinieron aquellas vegetaciones que no me dejaban respirar por la nariz. Bueno, eso en realidad me lo han contado, que me tuvieron que operar casi de recién nacido. ¡Tres kilos pesé al venir al mundo en el hospital 18 de Julio de Segovia! Mi madre no para de repetirlo una y otra vez. Lo poquita cosa que era. Así sigo, claro. Y las toses que enseguida me vienen porque me ahogo, las bronquitis que tanto le agobian a mamá. Y luego está lo de la tartamudez, también. La erre que no me sale como a todos los de clase, y eso a mí me da mucha vergüenza.

Vamos, que casi siempre prefiero quedarme callado y no hablar, porque sé que se van a reír de mí. Esa letra se usa para todo y a mí, no entiendo por qué, no me sale. No hay forma. Y mira que lo intento.

—¡Pedrito! —escucho de fondo que me llaman cuando estamos entrando en el patio de las viviendas de Pío XII; es Pipo, que anda con todos los demás de la pandilla—. ¿Te vienes a jugar con nosotros un rato?

Yo miro a mamá esperando que me dé permiso.

—Venga, pero un rato solo, que a las siete es el rosario por la radio y no puedes faltar. ¡Y ten cuidado de no mancharte! —me dice mientras saco la peonza del bolsillo de mi pantalón con la moneda de dos reales que tengo atada al final de la cuerda.

A eso de las siete menos diez empiezan a escucharse algunos gritos desde las ventanas.

—¡Pablitooooo! —Se oye desde el segundo de nuestro mismo portal.

—¡Jorgeeeee! —Escuchas que gritan desde un quinto piso en el bloque de enfrente.

—¡Carlitoooos, que ya es la hora de subiiiiiir! —Te viene a los oídos, que a mí tanto me siguen molestando, desde otra ventana.

Entonces yo miro hacia la mía, me sale siempre matemático, y en cuestión de minutos aparece mamá, a pleno pulmón también:

—¡Pedritooooo! ¡Para arribaaaaaaa!

Y echo a correr como alma que lleva el diablo. O como un rayo, que si vamos a rezar, no puedo pensar en Lucifer, dice muy a menudo papá.

Volando subo las escaleras de dos en dos, que me encanta —a veces intento tres como primer salto—, hasta presentarme en el quinto piso, nuestra casa. Toco el timbre, me abren la puerta y entro en la cocina. Hoy nos toca tener el Cristo nosotros. Rezar mirándole a él. Es una figura que vamos rotando con otros vecinos que son también feligreses. Esta semana lo tenemos nosotros y después nos tocará pasárselo al vecino de la puerta de al lado. Mamá pone la radio, y, en silencio todos, ella, papá si no está de viaje con el camión, la abuela Paulina, mis hermanas Marisa y Victoria, mi hermano Julio, el último que llega remoloneando a la cocina, y yo hacemos el mismo gesto de cada día: juntar las manos. Y a rezar.

Es la rutina de cada día, como la de los domingos es ir a misa. Y cada año, toda la familia junta hasta la iglesia de San Marcos el 25 de septiembre, allí donde está la Virgen de la Fuencisla, la patrona de Segovia. Lo de ir..., bueno, puedo. Pero volver, que es cuesta arriba, ¡uf!, me ahogo con mi bronquitis. Empieza a darme esta tos tan fuerte que me viene de vez en cuando y ya no puedo seguir. O las piernas, que se hinchan sin saber muy bien por qué. Menos mal que todavía papá lleva el carro de Julito. Y, empedrado arriba, sube que te sube, me llevan ahí, con Julito a cuestas de mamá. No sé cómo lo haremos cuando crezca. Papá tendrá que llevarme en brazos, porque esta bronquitis, les he escuchado decir, puede que se me quede para siempre.

Los domingos, después de la misa, viene el paseo dominical todos juntos. Desde la iglesia, al Azogüejo, pasando a los pies del Acueducto. Luego, la Calle Real arriba hasta la Plaza Mayor, vuelta al Acueducto y, en algunas ocasiones, el añadido de Fernández Ladreda, hasta la iglesia de San Millán, y de ahí a casa, a Pío XII, nuestro barrio. Toda la ciudad se congrega entre estas calles. Esto me cuesta mucho menos, y no me asfixio porque no hay tantas rampas y voy siempre de la mano de mamá.

Al llegar a casa, a comer, y ya me dejan bajar toda la tarde a jugar. ¡Por fin! Hoy echaremos partido de fútbol. Entre nosotros, toda la pandilla aquí abajo, en este patio que cada vez se nos queda más pequeño con todos los chavales que bajan a la misma hora. Nosotros ponemos dos piedras a un lado y otras dos en el otro lado del patio sobre la tierra y ya tenemos portería. Y los árboles que acaban de plantar hace unas semanas son unos jugadores estáticos de los que, si eres hábil, sacas provecho con un autopase. Así te rebota la pelota a ti sin que se lo esperen. Después utilizas los árboles como defensas de tu propio equipo. Te colocas de espaldas a ellos, como si te cubriesen, para que el rival no te quite la posesión. Al principio pensamos que nos iban a estorbar, pero qué va. Son parte del juego y de la técnica.

* * *

Llega otra contrarreloj en este Tour del debut y debacle ahora mismo: la cronoescalada de Morzine-Avoriaz. Tengo un sentimiento encontrado: aquí gané la etapa del Tour del Porvenir de 1979, y ese recuerdo me da moral, pero los más de 25 minutos perdidos ayer me restan confianza. Prácticamente no cené nada la noche anterior por la sensación de indigestión que aún tenía de la etapa. No tenía el cuerpo para llevarme nada al estómago.

Es otro día de muchísimo calor, y eso que estamos en plenos Alpes. Disputo la crono a tope, como siempre, pero con poca confianza en mí mismo. Me sorprendo con un séptimo puesto, más si cabe con todas las circunstancias físicas y mentales que he atravesado las últimas horas.

Al llegar al hotel, después de la crono, se acerca Manu Arrieta con unas botellas de cristal en la mano.

—¡Esto ha sido! —dice agitando una.

No entiendo nada.

—Eso ha sido ¿el qué?

—Lo que ha causado tus problemas estomacales.

Manu, que es un tragaldabas, la abre y me dice que la huela. El olor no es muy agradable, pero no termino de entender.

—Hace como una hora me entró entre sed y hambre y me acordé de estos batidos que trajimos de España para que tomaseis en carrera. Como todavía sobraban bastantes y se está acabando el Tour, me dio por probar uno, y cuando eché un trago, lo tuve que escupir de lo malo que estaba. Pensé: «No creo que sepan tan mal», si no, ya habría salido en la conversación días atrás. Cogí otro y su sabor era más agradable, un poco a vainilla. Se podía tomar. Ya con la mosca detrás de la oreja, fui abriendo otros y me encontraba que unos estaban bien, pero otros tantos estaban malos. ¡Esto! Esto es lo que ha causado tus problemas estomacales ayer y seguramente a Arroyo en la etapa de Alpe d'Huez.

¡Claro! Los batidos que trajimos de España. ¡Ahora lo recuerdo! Fue lo último que tomé justo antes de empezar a sentirme mal en el Aravis.

Era un complemento alimenticio que habían traído desde Pamplona, un montón de cajas. Lo daban en los hospitales para alimentar a los enfermos que no podían tomar nada sólido, y tenía vitaminas.

De hecho, yo ya había bebido batidos de esos durante etapas anteriores y no me habían sentado mal.

Así que fue eso. Cuestión de mala suerte lo de mi pájara. El autobús en el que viajaban estos batidos no tenía hueco donde meter tantas cajas para conservarlos al fresco, y como no ponía nada especialmente en cuanto a cómo mantenerlos con sus propiedades, ahí viajaban, pero el calor que está haciendo en este Tour hizo que muchos se pusieran malos. Y uno de esos me tocó a mí en el avituallamiento. Comentándolo en la cena, hubo otros corredores, como Hernández Úbeda, que recordaban alguna indigestión en plena etapa, pero, claro, aunque no sea un plato de gusto llegar a media hora de cabeza, para Úbeda no significaba nada para la clasificación.

De tenerlo todo a perderlo todo, así de rápido. He pasado de pensar que la iba a armar en este Tour a casi no poder terminar ni la etapa en medio de las montañas, mi terreno.

Y ahora, a casi media hora.

Y todo por un dichoso alimento en mal estado.

Al menos estamos en un hotel y no en un colegio mayor, como ya nos ha tocado más de un día. Liceos o residencias. La etapa que acabó en Bagnères-de-Luchon, la de mi ataque en el Peyresourde, fue una de las peores. Un albergue de verano juvenil. Ahí nos apilaron a un montón de equipos, en salones inmensos llenos de camas. Estábamos separados por unos «tabiques» hechos con mantas colgadas de una cuerda y atadas en la parte alta de las literas. Con papel celofán, donde escriben el nombre del equipo para saber dónde están los nuestros. Así podemos disfrutar de algo de privacidad. El glamur que dicen los franceses que tiene su carrera me costaba más que nunca encontrarlo.

Todo masificado: cincuenta lavabos, cincuenta duchas y otros tantos catres. La comida como en el ejército: unas bandejitas de latón con distintos apartados para la *crudité* (ensalada), unos espaguetis con salsa de tomate que daban miedo, un trozo de carne más dura que la suela de los zapatos acompañado de puré de patatas y un yogur natural.

Al bullicio cuando vamos llegando los corredores después de la etapa le toma el relevo el olor a linimento de los masajistas. Los paseos al cuarto de baño es la música ambiente que disfrutamos. Después de la cena, el «silencio» se va apoderando del lugar, algunos cuchicheos, algunas risitas o carcajadas aquí o allá, una última visita al cuarto de baño y el sueño poco a poco va venciendo a ese cuerpo maltrecho después de diez o más días de dura competición. Mejor no pensar en estos hoteles de «lujo» para no gastar fuerzas, mejor guardarlas para la mañana.

Esta noche no ha habido lectura, con lo bien que me viene para desconectar, pero no hay una luz cerca donde seguir con ella. Me viene a la cabeza que mañana, tras abandonar este lugar, al menos los masajistas estarán tranquilos de las quejas de los dueños de los hoteles modestos que visitamos habitualmente, por el olor al aceite del masaje que muchas veces se queda impregnado en el hotel; dicen que molestamos y lo ensuciamos todo.

Lo de que el Tour es un matahombres, como nos decían, es totalmente cierto. Esto es una auténtica supervivencia, de día y de noche. En las etapas y fuera de ellas.

Eso sin contar lo que no se ve y que muchas veces no quieres afrontar, porque cuando terminas de pedalear todavía hay trabajo que hacer: la colada.

Una vez llegamos a meta, nos cambiamos en la *roulotte* o dentro de los coches que el Tour de Francia nos pone a cada equipo. Nosotros, en el Reynolds, tenemos un autobús, pero realmente se utiliza para otros menesteres, como almacén o llevar las maletas en el día a día, o los famosos batidos. ¡Tenemos hasta una ducha! Pero han colocado una barrita y la aprovechamos para colgar los trajes de todos.

Los equipos llevan varios Peugeot 504 como vehículo de carrera, obligación para todos ellos. Unos tanques de coches que en las etapas de montaña se convierten en barcos en zozobra, pero una vez cruzada la meta, su amplitud se convierte en un vestuario. Ciclistas desnudos mientras se cambian. Casi todos lo hacemos de cintura para arriba. En esos momentos, basta levantar un poco la vista para apreciar fácilmente la delgadez extrema que tenemos todos. El moreno ciclista, con todas las marcas que llevamos tatuadas a fuego por el sol. Brazos, piernas y rostro curtidos y quemados después de tantas horas expuestos a la intemperie, frente a un cuerpo y pies blanquecinos y lechosos. Mientras, los masajistas, con la colonia infantil Johnson en mano, comienzan a frotar cuerpo y piernas para limpiarnos antes de emprender viaje al hotel, donde nos espera la reconfortante ducha.

Solemos aguantar todos con el *culotte* puesto, a no ser que haya llovido durante la etapa. Y después de la correspondiente ducha comienza la otra parte de la jornada que nadie ve: lavar la ropa. A fuerza de hacerlo cada día en todas las carreras ya tenemos algún que otro remedio casero.

Porque si para lavar sientes pereza, en días de lluvia y frío te enfrentas con un problema extra, el secado y tener la ropa lista para el día siguiente o evitar que cree hongos al guardarla húmeda en la maleta. Así te vas ingeniando técnicas más o menos rápidas. El primer secado viene a cargo de la toalla grande con la que te secas después de la ducha. Se extiende encima de la cama y pones, como si fuesen las piezas de un puzle perfectamente encajado, el maillot primero, después el *culotte,* seguido de la camiseta interior y, finalmente, los calcetines y los guantes. Todo bien colocado para que quepa. Entonces hay que enrollar la toalla por la parte más estrecha. Coges los dos extremos de la toalla y, después, a girar, y girar y volver a girar un poco más hasta que te den las fuerzas. Con cuidado de no romperte la muñeca, que más de uno ya se ha hecho alguna avería...

Luego hay que desenrollar la toalla, y *voilà!,* como dicen aquí. La ropa está casi seca.

El siguiente paso es buscar sitios donde colocarla para el secado final. Los *culottes,* por el tema de la badana, que es la que está siempre más húmeda tras el primer paso, son los primeros. El sitio elegido suele ser en la parte alta de la lámpara que todos los hoteles tienen en la mesita, junto a la cama. Dejas encendida la luz, aunque sea de día, y así, con el calor que desprende, hace las veces de secador. ¡Pero hay que tener cuidado! Que a veces parte de la badana está demasiado cerca de la bombilla y con el calor... ¡se quema!

Luego hay que buscar sitio al maillot, la camiseta interior y los calcetines. Yo cojo las perchas de los armarios y los dejo colgados de un cuadro o del hueco del aire acondicionado..., si ese hotel, de forma muy excepcional, lo tiene. Para los calcetines intento buscar otra fuente de calor. Otra lámpara tal vez. Pero hay que tener cuidado también de que no se quemen. En el equipo no andan sobrados de ropa. Tres o cuatro maillots y otros tantos *culottes* por ciclista para las veintidós etapas que tiene este Tour de Francia.

El gran problema viene en las etapas de lluvia y frío, porque usas más prendas. Que si los manguitos, que si las perneras, que si el chubasquero, el maillot de manga larga... Entonces, la toalla de baño no basta para el primer secado. Y, encima, estando el día frío y húmedo, cuesta mucho más que se seque todo.

También están esos días que llegamos tarde al hotel y apenas hay tiempo de ponerte a lavar. O te ha ido tan mal en la etapa que no estás de humor para hacer la colada, como esta tarde, por ejemplo. Tan derrotado como estoy después de la media hora que me ha caído en Morzine, como para hacer la colada. Mañana será otro día.

Llevo días sin hablar con casa. Hoy, después de cenar, buscaré una cabina telefónica y les llamaré; deben de estar preocupados por lo que me pasó en la etapa. Máxime ahora, que han empezado a retransmitir los finales de etapa en directo en Televisión Española y mi madre me habrá visto; bueno, mejor dicho, no me habrá visto delante y se habrá preocupado. El último día que hablé con ella fue la semana pasada, cuando había sido segundo en el Puy de Dôme tras Arroyo, y le dije lo bien que me estaba sintiendo, que con la llegada de las montañas estaba con los mejores..., y ahora, de repente, esto. Para una vez que puedo salir por la tele y me descalabro con ese maldito batido que me ha sentado tan mal.

Encontrar línea de teléfono en el hotel va a ser misión imposible, imagino. Como siempre. Aquí en Francia cobran una bestialidad por cada minuto de llamada, y encima solo hay dos o tres líneas en el hotel y siempre están ocupadas. Casi siempre compartimos hoteles con otros equipos y el teléfono no para de comunicar. No es ya no poder llamar, sino que tampoco lo pueden hacer ellos.

Así que hay que buscar una cabina.

—¡Ey! Voy a llamar a casa. ¿Alguien viene? —pregunto en la mesa nada más acabar de cenar. Siempre hay alguno que se apunta.

—¡Venga, yo! —dice Arroyo.

—¡Yo también! —Se unen Greciano y Hernández Úbeda.

Las cabinas más cercanas al hotel están ocupadas, como de costumbre, por otros ciclistas. Pero andando unos pocos pasos más encontramos otra, libre. Viene bien ir acompañado. Más que nada porque yo no soy nada mañoso y los necesito.

—Venga, Pedro, te toca. Recuerda: tú, cuando veas que te pide una moneda, dale chispazos —tratan de explicarme. Pero yo no sé cómo se hace, no soy capaz. Tienen que ayudarme con esos trucos que nos hacen ahorrarnos unos francos.

Había unas cuantas triquiñuelas: metíamos una moneda a un hilo atada, y justo cuando la máquina te la pedía, la metías y tirabas del hilo rápidamente para que no se la tragase; o con los encendedores de cocina de gas y el chispazo que ayudaba a prender. Los que tenían maña apretaban el gatillo, saltaba una chispa y a hablar. Era una descarga eléctrica. Cuando la cabina te pedía más monedas, le dabas una de esas descargas. La máquina sentía que habías metido monedas y podías hablar.

Menos mal que venían Arroyo y Hernández Úbeda para hacerlo, con lo patoso que era yo. Ellos soltaban el chispazo y yo ya, con el aparato en la mano, escuchaba que daba línea. Y entonces al otro lado sonaba la voz de mi madre.

—¡Pedrito, hijo! Pero si no te he visto en la tele. ¿Qué tal estás?

—Bien, mamá. Es que he tomado algo durante la etapa que me ha sentado mal y he perdido mucho tiempo.

—¡Ay, mi niño! ¿Pero estás bien?

—Sí, mamá, ya se me ha pasado. Ha sido algo momentáneo.

—Pero, hijo, ¿ya comes bien?

—Sí, mamá

Pi, pi, pi…

Este endiablado aparato empieza a comunicar, se ha quedado sin monedas.

Pi, pi, pi…

Se me va a cortar la comunicación en cualquier momento.

Entonces, es dar varios gatillazos con la pistolita y la chispa da al cable en el momento oportuno y…

¡¡Chasssss!!

El pitido enmudece y ya escucho otra vez a mi madre sin problemas.

—¿Y estás pasando mucho calor?

—Muchísimo…

—Bueno, cuídate mucho, hijo, que ya queda poco para que llegues a París y vuelvas a Segovia, con nosotros. ¡Te echamos de menos!

—Y yo, mamá. ¡Te quiero!

—Y yo a ti, mi niño. ¡Que vaya bien!

Menos mal que están ellos, los veteranos para ayudarme. Con la necesidad de hablar con los padres, aunque sea solo unos segundos.

★ ★ ★

—¡Mamá! Me voy abajo, que me están esperando los amigos.

—¡Vale! Cuando esté la comida lista te pego un grito.

Corro escaleras abajo hasta el patio antes de que mamá se arrepienta. Pepe, Pipo y Josele ya están en la calle.

—¡Venga, vamos al Acueducto! Donde el kiosco, a ver hasta dónde llegamos hoy —me gritan al verme aparecer por el portal.

Ahora les ha dado por eso, a ver quién llega más lejos andando por encima, por el canal. Empezando en la explanada del kiosco, a la que cada vez venimos más. El canal está cubierto por unas piedras en forma de U invertida en la parte central, donde te agarras con las manos, y los pies los pones en ese estrecho pasillo que te entra justo el pie. El agua baja desde el manantial de la Fuenfría, en las montañas de la Acebeda, durante 17 kilómetros de recorrido para hidratar y dar vida a la Segovia de la época de los romanos.

El reto consiste en tratar de llegar a la parte más alta, 28 metros mide en la plaza del Azoguejo, allá donde el Acueducto despliega todo su esplendor.

—¡Vamos, Pedrito! —me grita Pipo. Él es el más valiente de todos. No le teme a nada. Se sube al muro y comienza a caminar por el estrecho pasillo—. Miradme: ¡soy el más valiente!

—¡Y yo! —le secunda Josele.

—Pues yo más. ¡¡Esperadme!! —Se une a todo correr Pepe.

Ya solo quedo yo en tierra. Yo y todos mis miedos. ¿Pero adónde van? No tiene ningún sentido.

—Venga, Pedrito, ¡no seas *caguica!* —me gritan ya desde arriba sin volver siquiera la mirada, concentrados en ese fino pasillo de piedras por el que caminan cogiendo altura.

—¡Pedrito es un gallina! —le oigo decir a Pipo.

No me queda más remedio que subirme al muro y comenzar a caminar. La primera parte es la más fácil, hasta llegar a la Casa de Aguas. Una construcción que se edificó para decantar y desarenar el agua que venía desde las montañas. Dentro había una poza enorme, ahora vacía, llena de suciedad, grandes telarañas y malos olores. Allí se recogía el agua para que prosiguiese su camino. Nosotros la llamábamos «la Poza del Diablo». Nos cagábamos de miedo al venir aquí, especialmente si era de noche. Se decía que la gente venía a hacer espiritismo, a invocar al diablo, de ahí su nombre. Y que hasta había aparecido un niño muerto. Si pasabas rápido, corrías el riesgo de caerte. Pero si lo hacías despacio, quién sabe, igual no salías nunca más de allí, atrapado por algún espíritu de esos.

Hasta aquí vale, pero es sobrepasar los hierros y alambres de espino colocados para que la gente no pueda llegar a la parte alta cuando todo cambia. Según vas ganando altura, esa parte parece que se hace a cada paso más estrecha. Pero si ellos lo hacen, tendré que ir yo también.

Seguir avanzando es la única opción. Vencer el miedo, mantener el equilibrio, no mirar abajo, solo al frente.

Ay, qué miedo.

Cuatro metros. Cinco. Los arcos por debajo de mí, me llegan los olores de las caballerizas, estamos llegando a la Academia de Artillería, a mi izquierda.

Seis metros, siete. El vértigo se empieza a apoderar de mí. Cada vez se ve todo más pequeñito desde arriba.

Ocho metros de altura ya sobre el suelo. Sigo andando porque veo que mis amigos no paran. Qué remedio.

Nueve, diez metros. Ya llega el brusco giro a la derecha. ¡No puedo más! Mi instinto me hace parar. Freno en seco justo en la curva.

—¿Estáis locos? Que nos vamos a matar. ¡Parad ya!

* * *

Yo y mis temores. Se van en este Tour tan rápido como la indigestión camino de Morzine, con mi séptimo puesto en la crono de Avoriaz, de nuevo con la bici ligera de Gorospe. A París llego en el puesto decimoquinto. Con Arroyo en el podio, segundo.

Lo vi tan cerca. Estaba como entre sueños, me parecía irreal y pensaba que tenía mucha suerte. Y el día que más fácil lo tenía, cuando empecé a creer en algo grande, fallo, pero no pasa nada, porque en realidad he tenido más alegrías que penas. Veníamos a aprender y los primeros días no sabía ni dónde estaba.

Luego pensé que con suerte podría ganar una etapa y estar entre los diez primeros. He sido segundo en tres, he estado tercero y segundo de la general. ¿Qué más quiero? Vamos, no cambio los días que he vivido, buenos y malos. Y el próximo año, a por todas.

Merckx, Anquetil e Hinault se deshacen en elogios hacia nosotros. Fignon dice que yo seré su rival en los próximos años y los directores del Tour ya me señalan como uno de los favoritos para la siguiente edición. Si hasta la televisión neerlandesa ha puesto cada día de la carrera mi imagen bajando el Peyresourde como inicio de sus retransmisiones.

Superación. Eso ha sido esta carrera, a la que vinimos con tantos miedos. Sintiéndonos tan frágiles.

Me viene a la mente aquella hepatitis que tuve que pasar postrado en la cama durante tres meses. Entonces yo era un niño enfermizo, escuchimizado. Un manojo de huesos que mi hermana Marisa, que cursaba Enfermería, decía que podía estudiar directamente en mi persona. Todas las enfermedades me venían a mí, siempre estaba malito. En la pubertad me hice más robusto y nunca más volví a tener un problema de salud. Es como si mi cuerpo se hubiese hecho fuerte de golpe y porrazo.

Algo así me ha pasado aquí. Con todos los miedos que traíamos y sintiéndonos tan inferiores y débiles. Este Tour que pensé al principio que no acabaría, un país en el que nos miraban por encima del hombro y nos hacían sentir inferiores, y ahora vuelvo a casa sintiéndome ciudadano de primera, crecido y sin inseguridades, y sabiendo que volveré.

Volveré a esta carrera.

Y será para ganarla.

Subes las cumbres
antes que las nubes,
y bajas al llano
más veloz que un rayo.

Gustavo Postigo

4
5 DE JUNIO DE 1988

No puedo soltar las manos del freno. Están tan entumecidas y sin ninguna sensibilidad que frenar de forma repentina es imposible.

Salgo de la curva y afronto una recta, sigo sin atreverme a soltar los dedos de los frenos, tengo miedo de que cuando llegue la siguiente curva no pueda reaccionar a tiempo, y eso que esta recta tiene un buen tramo para dejarte llevar por la inercia.

No quiero pensar en el frío, que me está provocando esta sensación de vulnerabilidad. Todo es mantener la concentración en frenar y controlar la velocidad.

Siempre frenando. Evitando coger mucha velocidad, pues en el momento en que la bicicleta se lanza, la tiritona que llevo se transforma en espasmos en mis brazos y el manillar empieza a moverse de forma incontrolable, haciendo imposible sujetar la bici, y el riesgo a caerme es una realidad muy probable. «Así que nada de soltar los frenos, Pedro».

¡Ostras! ¿Me habré equivocado de recorrido?

No sé. Repaso mentalmente por dónde estoy bajando y no soy consciente de haber visto ningún cruce. ¡Voy bien! Me ratifico.

Pero… ¿ese ciclista que me he cruzado en sentido contrario? Subiendo, ¿adónde iba?

Trato de visualizar de nuevo la bajada y buscar una intersección. No recuerdo nada. Aunque voy tan aturdido por este frío gélido que tampoco hace que las tenga todas conmigo.

Ya dudo de mí mismo. ¿Lo habré visto realmente o soy preso de algún tipo de alucinación por culpa de esta congelación que quizás me está haciendo perder la cabeza? ¿Un ciclista subiendo? No puede ser.

La bajada de este Gavia está siendo de supervivencia. No solo en el aspecto físico con el cuerpo congelado, sino por una bajada eterna y sin ningún sitio donde dar unas pocas pedaladas para entrar en calor. También mentalmente: escuchas las señales de tu cuerpo de parar, de buscar un refugio; mejor abandonar. La carrera ya iba torcida desde el primer final en alto de este Giro de 1988, donde perdí un tiempo precioso, y ahora esta etapa tétrica. Mejor irme a casa, no sea que enferme o, peor aún, me caiga y peligre el Tour.

«¡Venga, Pedro! ¡Venga! Mantén la concentración. Un tío como tú no se rinde tan fácilmente». Me vuelvo a dar ánimos a mí mismo por infinitésima vez. Aterido. Tieso. Casi al borde de la congelación.

Pero las visiones retornan a mí. Me cruzo con otro corredor que sube, y este a pie. ¿Se habrá caído? Inmediatamente veo la bici más abajo. No entiendo nada.

«Que no, Pedro, que es imposible. Tiene que ser un espejismo, producto de este frío que se me ha metido en lo más profundo de los huesos, hasta en mi mente, desde antes de haber coronado los 2.621 metros de altura de este puerto». El Gavia, este terrorífico coloso, se está convirtiendo en una pesadilla con su manto blanco en la cima. La congelación que sufro ha debido de petrificar todos mis sentidos, porque solo subsiste uno: el de la supervivencia. Llegar a meta. Llegar al hotel. Llegar a la ducha de agua caliente y desmayarme en la cama. Y por eso creo ver cosas imposibles.

«¡Sigue, sigue, Pedro!». Mientras trato de frenar con más fuerza con unas manos insensibles, los dedos totalmente agarrotados y ver si soy capaz de pedalear cuesta abajo, si soy capaz de generar algo de calor en este cuerpo que siento que está dejando de pertenecerme a medida que voy descendiendo. Tiritando todo el rato encima de la bicicleta. Bajando inmóvil sobre ella, la velocidad aumenta la sensación de frío, y tiemblo tanto que casi pierdo el equilibrio por momentos. Los dedos desnudos y frenando con todas mis fuerzas para recuperar el control, pero están tan paralizados que apenas puedo.

La bajada la he arrancado en solitario, veía cerca el grupo de la *maglia rosa,* de Franco Chioccioli, pero el día con la lluvia y ahora con la nevada se está convirtiendo en algo dantesco. Nada más pasar la pancarta de montaña he cogido de Vicente Iza, nuestro masajista, un bidón con té caliente y un maillot térmico seco. Lo cojo todo sobre la marcha. No quiero perder tiempo porque me estoy acercando a los mejores.

Pero soy incapaz de estirar un solo músculo para ponerme la chaqueta. Pruebo una, dos, tres veces. Estoy helado. Así que antes de arrancar realmente el descenso no me queda más remedio que parar y echar pie sobre el asfalto.

—¿Has pinchado? —me pregunta inmediatamente Enrique, el mecánico del equipo, que va en el coche conducido por Echavarri.

—¡No! Es que no soy capaz de cerrar la cremallera y ponerme los guantes —le contesto.

He perdido toda la sensibilidad en los dedos desde hace un buen rato y no puedo cerrar la dichosa cremallera. Lo hace Enrique, que intenta ayudarme también a ponerme los guantes de neopreno que llevo.

No hay manera. Con la poca fuerza que tengo para poner los dedos rectos se me hace imposible. Enseguida se pliegan uno o varios y no hay manera. Me froto con fuerza las manos para que entren en calor. Nuevo intento, mismo resultado: es imposible. Mis manos prácticamente inertes no responden al gesto de meter los dedos en los correspondientes agujeros de los guantes y la carrera se me está yendo. No sé cuánto tiempo llevo con esta lucha.

¡Que les den! Me doy por vencido. Lo doy por imposible. Guardo los guantes en los bolsillos traseros del maillot y sigo.

Sigo porque, de lo contrario, voy a morir de frío como me quede quieto aquí un par de minutos más.

Una veintena de kilómetros quedan por delante desde el infierno de la helada cima del Gavia hasta Bormio, donde está situada la meta. La bajada está siendo peor que la subida. Y eso que primero ha habido que sortear el lodazal en el que se había convertido la primera parte de la ascensión sin asfaltar: los saltitos tirando del manillar hacia arriba al llegar a las tablas de madera rectangular atravesadas en el camino, puestas para canalizar el agua que discurría como pequeños arroyos; los patinazos en la rueda trasera cuando imprimías demasiada fuerza en la pedalada, que a punto me hizo sacar el pie del pedal en más de una ocasión al estar a punto de caer; ese barro que salta de la rueda trasera y va a parar a tu cara, a los ojos, a la boca, sintiendo su sabor en tus labios, que con un escupitajo tratabas de sacártelo de encima. Los tubulares se pegan como lapas al lodo y se hunden en un barrizal, de tal manera que parece más una carrera de ciclocrós que de ruta. ¡Madre mía! Qué mierda de vida.

La lluvia y el frío, compañeros fieles hoy desde que hemos salido; aquella, poco a poco, se ha ido solidificando y se ha convertido en nieve conforme subimos a los infiernos de esta montaña. Un manto blanco que va ganando terreno sobre el negro asfalto, a ratos celestial, a ratos mortífero. Por primera vez en mi vida acabo de sentir algo extraño en la parte final de los 17 kilómetros de ascensión: he pasado frío subiendo un puerto. Poco antes de arrancar la ascensión, chubasqueros fuera y bajarte los manguitos para que «refrigere» el cuerpo, pero en el tramo final, el frío ya se había apoderado de mis brazos y mis manos.

Y pensé que eso iba a ser lo peor. Esa ventisca que no dejaba de arreciar sin piedad sobre un yo aterido, una carretera cada vez más blanca y con unos surcos que parecían que te indicaban el camino, unos gruesos de las ruedas de los coches y otros finos de las de los ciclistas que me preceden en este camino a la bajada y finalizar esta tortura de puerto.

La bajada.

«Resiste, Pedro. Aguanta».

Los dedos de las manos desnudas ya no tienen ninguna sensibilidad, están entumecidas e insensibles a las señales que mi cerebro les manda; no hay prácticamente reacción alguna. Bajo frenando todo el rato. Hasta en las rectas. La tiritona que se desencadena en mi cuerpo de vez en cuando está a punto de hacerme perder el equilibrio sobre la bici. Siempre frenando como puedo, incluso en las rectas para no coger velocidad, y tratar de pedalear. Tratar de darle a mi cuerpo y mis piernas congeladas alguna actividad muscular y que se traduzca en un poco de calor.

No he sufrido algo tan dantesco en mi vida. Voy al límite, mis dedos no responden. En cada curva un poco cerrada, sientes a tu lado el peligro de los cortados o precipicios de la montaña. Y cuando sales de ellas, te felicitas y piensas que «una menos» y que la meta está más cerca. Así hasta el siguiente giro. Lo vivo como en una película de horror: tus ojos perciben todo perfectamente, pero tu cuerpo, manos y dedos, «atados» por el frío, llevan un retardo de unos diez segundos hasta que responden medianamente, y entonces ya puede ser demasiado tarde.

Este sufrimiento me está llevando a otro mundo. Sí, tengo que estar delirando porque de lo contrario es imposible estar viendo ciclistas que suben por aquí, por la bajada del Gavia, camino de Bormio.

No he adelantado a nadie, ni tampoco nadie me ha alcanzado. ¿Me habré perdido?

Trato de buscar una explicación.

A ver si me he confundido de recorrido y tengo que dar la vuelta...

¡Por fin deja de llover! La pendiente se suaviza y débilmente puedo soltar un poco los dedos del freno y pedalear. Una alegría pasajera, pues inmediatamente vuelve la rápida pendiente y mis dedos, torpemente, buscan la palanca de los frenos para volver a presionar con todas mis fuerzas hasta sentir que la bicicleta pierde velocidad y a partir de ahí ir jugando, soltando o apretando levemente los frenos, lo suficiente para mantener controlada la velocidad.

Esto sigue siendo criminal. Inhumano.

¿¡¡CÓMO!!? ¿Otro ciclista en sentido contrario? Me he tenido que saltar algún cruce, porque esto ya no es normal.

A este, conforme se acerca, sí logro distinguirlo: es Marc Madiot. Ahora sí que estoy preocupado porque, seguro, me he tenido que confundir y estoy haciendo la etapa en sentido contrario. No hay otra explicación.

Lo sigo con la mirada procurando no soltar mis dedos congelados de la maneta de los frenos y en cuestión de segundos lo entiendo todo: el francés aminora la marcha, da media vuelta y se pone a bajar igual que yo.

¡Estaba subiendo unos metros, remontando el puerto para entrar en calor! Como los otros dos que he visto antes, uno en la bici y otro a pie cuesta arriba.

¡De locos!

Al fin diviso el paraíso en forma de pancarta de 1 kilómetro para la meta. Este tramo es de subida, lo estaba deseando: poder soltar los dedos agarrotados del freno y cambiar de posición las manos a ver si reaccionan.

Al pedalear, las piernas se resienten totalmente entumecidas de la larga bajada. Trato de ponerme de pie sobre la bici y mis piernas no me aguantan; y tengo que subir sentado hasta que cruzo la línea final.

Se terminó esta pesadilla. He salido de los infiernos vivo. Ni siquiera echo un vistazo al tiempo que he perdido con respecto al ganador. Me da completamente igual, lo único que quiero es salir cuanto antes de aquí y meterme bajo una ducha caliente que me devuelva a la vida.

Distingo entre los auxiliares a nuestro masajista, Manu Arizkorreta, y voy hacia él casi por inercia, inconsciente, como el hijo que busca el abrazo protector de su madre. A su lado hay varios periodistas. Luis Gómez, de *El País;* también Julián Redondo, y Josu Garai, del *Marca*. Y también Felipe Recuero, de la Agencia EFE, y José Ramón de la Morena, de la SER. Están todos, y por primera vez no tienen una sola pregunta para mí. Solo miradas, que no tengo muy claro si son de admiración o de espanto. En su cara está el reflejo de la mía, o al menos de lo que ven en mí, un moribundo.

Se han quedado totalmente mudos, no me dicen nada, solo me miran, y en sus ojos hay pavor. Su primera reacción es ayudar a Manu a cubrirme con toda la ropa de abrigo que tienen. Me dan un bidón que lleva algo caliente, puedo sentirlo al tacto con mis manos congeladas. Ni siquiera acierto a sujetarlo.

Por fin consigo bajarme de la bicicleta. Y un latigazo sacude todo mi cuerpo entumecido por el frío. Un chasquido tremendo que es como un grito interior.

* * *

¡¡Zasssssss!!

Un latigazo sacude de golpe todo mi cuerpo cuando voy a apretarme la correa del pedal derecho. Justo acabo de reemprender la marcha tras el trompazo que me acabo de meter bajando el Joux Plane de este Tour de 1984 y algo pasa. Este dolor que me atiza me lo está diciendo. Me ha costado un poco reaccionar después del choque contra ese maldito pretil, pero tenía que seguir adelante, no puedo perder más tiempo. Hay que llegar a meta. En esas estoy, apenas 50 metros recorridos desde que me he montado de nuevo en la bici, agacho mi cuerpo para apretar el rastral y, de repente, *¡zassss!*, una descarga eléctrica bestial. Un calambrazo desde mi cuello al hombro derecho, hasta mi mano, y, de golpe, el dolor ha invadido todo mi cuerpo, como si un montón de agujas afiladas estuvieran pinchándome al mismo tiempo.

—¡¡Aaahhh!!

Me estremezco de dolor en un grito ahogado. Un aguijonazo tremendo. Nunca había sentido algo así de intenso, y a pesar de eso, puedo imaginarme lo que es.

«Te has roto, Pedro».

Lo sé, aunque nunca hasta ahora me he fracturado nada, pero apenas me atrevo a mover el hombro derecho, por miedo a recibir otra descarga de dolor. Esto solo quiere decir una cosa: que acabo de romperme la clavícula.

Maldita sea.

Toda la euforia que llevaba encima en esta tercera semana del Tour de 1984 y hoy, emborrachado de euforia de cómo estaba bajando, con la adrenalina a tope y de repente, *¡bam!,* se esfumó de golpe y porrazo, el mismo que me he dado yo. La adrenalina y mis sueños han desaparecido en un instante. Todo por los suelos, el mismo sitio donde he acabado. En cuestión de segundos todo lo maquinado en mi cabeza ha estallado. Todo. Un segundo puesto que iba camino de conquistar tras Ángel Arroyo. Un nuevo festival español como el año pasado en el Puy de Dôme, con los mismos protagonistas. A estas alturas ya estará a punto de ganar la etapa, y yo aquí, tirado en medio de la carretera. Y roto.

Lloro. No puedo evitar que las lágrimas se me escapen de los ojos como dos cascadas de agua imparables. Y mi llanto es más de dolor, esta vez sí, que de pena, porque me he quedado totalmente seco en esta posición al agacharme para fijar la correa en marcha.

—¡¡Aaahhh!!

Sigo llorando, inconsolable. Sin antídoto que cure ni mi alma ni mi dolor, y me dejo llevar en lo poco que queda hasta la meta.

Tuerzo el gesto, aprieto fuerte los dientes y arrugo la cara. Intento hacer fuerza para aguantar este dolor tan salvaje.

¡Seré tonto...!

Conforme han ido pasando los minutos he empezado a ser consciente de lo que ha pasado. Todo ha sido tan rápido...

Igual de rápido que bajábamos por esta carretera estrecha y sinuosa del Joux Plane. Sabía que el piso era muy irregular, traicionero, por aquí había pasado cuando gané la etapa del Tour del Porvenir en 1979.

Arroyo ha coronado con un minuto de ventaja y la etapa es suya, salvo desgracia. Nuestra.

Y yo ahí, en la retaguardia agazapado. Arriba he arrancado para sumar puntos en la clasificación de la montaña, que va a ser mía. Voy a poder con Robert Millar seguro, portador del maillot a topos rojos. Y en cuanto la carretera se pone cuesta abajo, me coloco a la estela de Greg LeMond, que a su vez va detrás de Fignon. No quieren que cace a Hinault y presiento un descenso con peligro. Fignon va tomando riesgos, bajando como un poseso, motivado en ese duelo particular contra su compatriota Hinault para humillarle una vez más en este Tour.

Fignon pone un ritmo endiablado, una velocidad de vértigo. No tengo miedo. ¡Bajar es lo mío! Así me hice famoso hace un año.

Soy *le fou des Pyrénées!*

Me pongo a rueda de los corredores del Renault. A mitad del descenso, el riesgo es tan alto que nos quedamos ya solo los tres.

Una curva a izquierdas con un salto por el piso irregular provoca que el francés se marque un «to tieso», como decimos los ciclistas, y a punto está de caerse. LeMond, a su rueda, lo libra y da continuación a esta locura de bajada, interesado en recuperar tiempo sobre Hinault y optar al segundo puesto en la general. Y yo, detrás. Guardando las espaldas de mi compañero.

Una curva a derechas, otra a izquierdas y… *¡bumb!,* de golpe y porrazo LeMond desaparece. Al suelo.

¡Ostras! Que me acabo de quedar solo.

¡Festival español!

Como en el Puy de Dôme el año pasado. Primero, Arroyo; segundo, Perico.

Pedaleo fuerte, rápido, noto la adrenalina alta por todo lo que está ocurriendo. Voy imparable, tomando las curvas lo más rápido que puedo. Esprintando al salir de ellas para dar la mayor velocidad posible a mi bicicleta. Ya estoy leyendo los titulares. Saboreando las palabras.

¡Éxito de los ciclistas españoles!

¡¡Doblete del Reynolds!!

¡¡Los españoles doman el Tour de Francia!!

Siento un subidón enorme y pedaleo enloquecido, presa de toda esta emoción que me embarga. Quedan solo 5 kilómetros. La adrenalina me tiene emborrachado. Transformado. Me siento en otra dimensión. Mi corazón bombea a mil por hora.

«¡Vamos, Pedro!».

Y todo sucede en segundos.

Una curva a izquierdas. Me abro un poco para trazarla, y cuando intuyo que ya voy a salir de ella me cierro, pero... noto que me he anticipado: la curva sigue, sigue...

«¡Uy! Cuidado, Pedro. Un bache».

La bici se desestabiliza y la inercia me saca hacia la cuneta. Me meto por la gravilla. ¡¡Mierda!!

Intento controlar el equilibrio. Freno, freno, frenoooo.

¡BOOOM!

Algo explota delante de mí. Es el tubular.

Y entonces salgo despedido contra el pretil de la carretera.

¡¡PAM!!

Un bloque blanco detiene mi cuerpo y me parte. Puedo sentir el golpe y hasta el sonido. Un pitido repentino se instaura en mi cabeza. Estoy caído, me incorporo. Me duele el hombro derecho, veo un hilo de sangre que discurre por mi brazo derecho desde un corte en el antebrazo. Ya se ha acabado todo el festival, pienso fríamente.

Barro con la mirada a mi alrededor; en efecto, me confirmo a mí mismo, me acabo de caer. Mi cuerpo está en *shock* absoluto.

Trato de incorporarme y empiezo a entender lo que me ha sucedido cuando miro mi bicicleta. La rueda delantera está pinchada.

Ha tenido que ser el tubular, que ha explotado. Seguro.

Me echo de nuevo otro vistazo a mí mismo y compruebo que de mi brazo derecho sigue corriendo un pequeño reguero de sangre, pero poca cosa. Presto más atención a la herida, se ve profunda, pero no mana mucha sangre. No veo el hueso, así que no es para tanto. Pruebo a hacer un gesto rotatorio con el brazo. Se mueve. No hay mucho dolor. «Venga, Pedro, hay que seguir». En eso llega el coche del equipo, me cambia la rueda averiada y, aunque dolorido, toca continuar el camino.

Hay que llegar a la meta, aunque el segundo puesto sea ya una quimera. Y vete a saber cuántos minutos voy a acabar perdiendo, aunque tengo un objetivo en el que el tiempo perdido no influye: la general de la montaña.

Me monto en la bici como hago siempre, por la izquierda, y reemprendo la marcha sin perder más tiempo. Empiezo a pedalear, a sentir el aire en la cara, que en cierto modo me despeja y me devuelve a la vida. Pongo el pie derecho en un pedal, a continuación, el izquierdo, y me agacho para apretarme la correa del primero. Ahí es cuando todo sucede…

¡Zassss!

Ese latigazo que sacude de golpe todo mi hombro derecho. Un dolor…, un dolor como nunca antes había sentido.

Y entonces sé que estoy roto.

Las lágrimas asoman por mis ojos y me dejo llevar hasta Morzine, donde llego entre sollozos. Maldito lugar. El año pasado cruzaba esta línea de meta medio muerto, desvanecido después de tomar aquel batido que se puso malo y me hizo perder 25 minutos en la general, cuando era segundo. Ahora, un año después, lo hago roto. Lo sé, aunque nadie me lo haya dicho todavía. Localizo con la vista a Francis Lafargue entre todo el personal que se agolpa en la meta.

—¡Ha ganado Arroyo! ¿Qué tal estás? ¿Te has hecho mucho daño?

—Me duele mucho, Francis… —No puedo aguantarme. Ni el llanto ni el dolor.

—Venga, vamos a buscar al médico del Tour.

Me bajo de la bici y veo que sigo sangrando por el brazo, pero de forma poco alarmante. De manera inconsciente, mi mano izquierda va directa a palpar mi hombro derecho. Al cabo de unos minutos se acerca el doctor Porte, el galeno de la carrera. Presiona con sus dedos en mi hombro buscando fracturas y al mismo tiempo agita la cabeza de un lado a otro. Me hace girarlo y moverlo. Me duele. Me duele muchísimo, como nunca antes, pero él sigue negando con el gesto.

—No tienes nada roto, tranquilo —diagnostica.

—Que sí —le insisto—, que me duele muchísimo. Y yo nunca me he roto nada antes, pero esto no tiene nada que ver con lo que he vivido otras veces. Me he roto la clavícula, seguro. Me duele muchísimo —repito sin cesar.

Sigue auscultando, apretando en mi hombro y haciendo que mi dolor sea todavía más intenso.

—¡La tienes bien!

—Que no, que me duele mucho.

Por mi insistencia, consigo convencerles para que me lleven a hacerme una radiografía. Y ahí se ve todo claro, y se confirman también mis peores augurios. El hueso de la clavícula derecha no ha perdido contacto del todo, pero se ve perfectamente una pequeña línea blanca que divide en dos la clavícula: la tengo rota.

Me recomiendan no operarme por estar así, solo a punto de perder contacto.

—Acabará soldándose de manera natural. Tú trata de no mover el hombro para que no se rompa del todo, porque entonces sí que habría que pasar por el quirófano —me recomiendan.

También me dan varios puntos para coser las heridas del brazo, en la cabeza, detrás de la oreja derecha. ¿Pero cómo cierro yo la que se ha abierto en mi corazón?

El Tour se acabó para mí.

Me siento cabreado. Enfurecido con la vida y conmigo mismo. Desolado. Porque hoy iba a ganar tiempo en la general, porque Arroyo se ha llevado la etapa y yo podía haber puesto la guinda siendo segundo. Porque la carrera de repente se me había puesto de cara después del desastre, camino del Alpe d'Huez hace dos días. Y ahora esto. Ese tremendo latigazo que me ha sacudido y ha terminado todo.

Al día siguiente, un vuelo Ginebra-Madrid me saca del Tour de Francia.

Cuando aterrizo en Barajas, mis padres ya están esperándome. Ellos y un montón de periodistas. Ya me lo advirtió Echavarri cuando me despedí de todos en el hotel:

—Ahora van a hacerte más entrevistas que nunca. Romperte la clavícula en el Tour no es lo mismo que en cualquier otra carrera.

No entendí por qué me dijo eso, pero al llegar a Madrid lo supe perfectamente. Hasta me han preparado un homenaje mañana en Segovia, y todas las radios han solicitado llamar a casa para entrevistarme. En Barajas, una nube de micrófonos y cámaras de fotos me están esperando. Y entre todos ellos dos caras conocidas, la de mi padre y la de mi hermano Julio, con el susto dibujado en el gesto, no sé si por la que hay armada esperando mi llegada o por verme con el brazo en cabestrillo.

La que más miedo pasó ayer fue mi madre, claro. Como siempre.

Con lo mal que lo ha pasado toda la vida cuando me caía y me veía llegar a casa ensangrentado. Le dolía más a ella que a mí, posiblemente por eso casi nunca vino a verme a ninguna carrera. Tampoco creo que le importase mucho si ganaba o no.

—¡Ay, hijo!, me vale con que no te hagas daño, por favor. Solo te pido eso. Vuelve entero a casa.

* * *

Al principio no fue fácil, cuando aprendí en la bici del primer vecino del barrio que apareció con una y en la que todos los niños de Pío XII de mi edad nos montamos. Nos la dejó a todos, sin excepción, al fondo de los patios donde había más espacio para pedalear. Y también árboles recién plantados.

Yo no sé cómo lo hacía, pero no había tronco que lograse esquivar.

El suelo era todo de tierra, y en aquellos primeros días yo me montaba, me ponía a pedalear sin ruedines ni nada y no había manera de no toparme contra ellos.

—Árbol, Pedrito. Árbol, ¡árbooooooool! —oía por detrás a todos mis amigos.

Y yo, totalmente bloqueado.

¡Pumba!

Golpetazo y al suelo.

¡BOOOM!

El sonido de la caída es siempre el mismo: seco, brusco. Cuestión de décimas de segundo. El mundo se detiene. Las ruedas dejan de girar y tú te ves de repente en el suelo, noqueado, sin entender muy bien qué ha pasado. Sea contra los árboles del barrio o contra un pretil bajando el Joux Plane como ayer. Las palabras de mi madre siguen siendo las mismas:

—Vuelve entero a casa…

⋆ ⋆ ⋆

—… Y cuídate mucho. ¿Qué tal estás por ahí? —Las pocas veces que puedo intercambiar algunas palabras con mamá desde aquí, haciendo la mili, se le agolpan las preguntas.

—Estoy bien, mamá. Solo que paso frío.

—¡¡¿Frío?!! Pero si estás en Canarias. ¿Cómo es posible? Ay, mi niño Pedrito, ¡abrígate bien!

—Sí, mamá, todo lo que puedo. Estoy al norte de la isla, en La Laguna. Aquí llueve mucho y a la noche hace frío. Ahora tengo que dejarte, me tengo que ir…

—Vale, hijo. ¡Te quiero! Mucho ánimo, que ya te queda menos para licenciarte y volver. ¡Adiós! Un beso muy grande.

—¡Besos, mamá! Adiós.

El invierno de este año de 1980 se está avecinando y, aunque a mamá le cueste creerlo, aquí en Tenerife hace un frío húmedo de morirse. Llevo apenas un mes desde que aterricé en la isla y me quedan otros trece... Solo de pensarlo ya me vengo abajo. Me parece una eternidad aquí encerrado.

Tenía unas cuantas ofertas para haber firmado ya y convertirme en ciclista profesional. La de Mínguez, para correr en el Zor, la de Rafa Carrasco con el Kelme, la de José Miguel Echavarri para ser del Reynolds. Pero no. Siempre lo he tenido claro. Primero me quito de encima la mili y luego ya me dedico a lo que realmente quiero y encima puedo gracias a los buenos resultados cosechados como *amateur.* Aunque hay corredores como Eduardo Chozas, de mi quinta, que no esperó y pasó a profesionales sin el servicio militar hecho. Yo prefiero hacer las cosas sin prisas, no hace falta correr.

Pero el día en que me dijeron que me tocaba este destino no me lo podía creer. ¿Pero qué pinto yo en Canarias? ¿Habrá ciclismo allí? ¿Pero cómo voy a lograr mantener la forma? Se me agolpaban en la mente tantas dudas existenciales que hasta no llegar a la isla no tendrían respuesta. Y no me quedó más remedio que subirme al avión. El *shock* fue tremendo. ¡Pero si allí no conozco a nadie del ciclismo!

Porque, al menos, de haber ido a parar a Ceuta, a Melilla o a las Islas Baleares..., tendría algún que otro contacto con corredores que la habían hecho o estaban en ello por esos lares. En gran parte de las provincias de la Península conocía ciclistas que habían pasado por el servicio militar o eran del lugar y podrían ayudarme con los mandos para gestionar diversos permisos y así poder seguir compitiendo. Ese era mi plan. Tirar de contactos y, de esa manera, poder seguir corriendo. Tenía todos los sitios controlados: Ceuta, Melilla, Cataluña, Baleares. Solo había un lugar donde no conocía a nadie: Canarias.

Y me tocó Canarias. No me lo podía creer.

¡Qué «suerte»!

Un mes y medio eterno en el campamento de Hoya Fría de aburrida instrucción, con los mandos en ocasiones denigrándote: no sé cómo voy a soportar los catorce que son en total. Mi destino final, el cuartel del Cristo, en La Laguna, Tenerife. El régimen castrense, su rigidez y su dureza fueron toda una conmoción para mí. Los mandos, las normas —algunas del «porque sí»—, los protocolos que hay que cumplir, me tienen totalmente confundido. Yo, con mi vida de deportista que he llevado desde siempre, no logro encontrar mi sitio aquí.

Nada más ingresar en el campamento del Cristo nos preguntaron a todos a qué nos dedicábamos, de qué trabajábamos, qué aspiraciones teníamos; y yo no me corté, a pesar del miedo que me daban los mandos, sus trajes y todas las medallas que colgaban de sus pechos.

—¡Mi teniente! —pronuncio, a la vez que me llevo la mano a la frente como procede—, yo estoy empezando a estudiar Enfermería.

—¡Pues al botiquín! —me ordenó al instante—, que estamos necesitados de personal.

Duré apenas unas semanas. El mismo oficial que me había destinado allí vino con nuevos planes para mí.

—¡Novato! En tu batería se nos acaban de jubilar unos cuantos conductores y necesitamos reemplazo, así que te sacamos del botiquín. Te necesito al volante. Así que lo primero, ¡a sacarte el carnet de conductor de camión y el de remolque!

—¡Sí, mi teniente!

Los novatos en realidad somos «ratas». Así nos llaman a los recién llegados. Y así nos trataron los más veteranos a nuestra entrada. Su bienvenida fue en forma de novatadas. Hace un par de noches, cuando estaba en medio de un profundo y placentero sueño, después de que me tocara la imaginaria, la guardia de noche, de repente me despertaron a base de gritos en mi oreja.

—¡¡Rata!! ¿No estarás durmiendo?

—Sí, sí… —contesté presa del sobresalto, sin todavía ubicarme dónde estaba. Qué está pasando.

—¡¡NOOO!! El soldado español nunca duerme, ¡¡VIGILA!! Siempre está vigilando.

Y esa no fue la peor. Ayer me hicieron meterme en la boca el gofio, la harina típica de Canarias. A palo seco. Y me obligaron a hablar mientras intentaba tragarla.

Va pasando el tiempo, monótono, sin ningún aliciente. Los permisos son de sábado al mediodía a domingo a las 21 horas. Ni un día y medio libre. Con este plan, entrenar en bici, que me la he traído de casa después del permiso de Navidad, va a ser muy difícil. Ya está bien entrado el mes de febrero, van transcurriendo los meses y poco a poco me voy adaptando a la rutina de la vida en el cuartel. Aquí, las jornadas son tan iguales como aburridas. Al toque de corneta bien temprano para formar filas le sigue un poco de gimnasia, limpiar los cañones, sacarme el carnet de conductor de camión… Así todos los días. Un hastío tremendo. Hasta que…

—¿Os habéis enterado?

Es noche cerrada desde hace unas pocas horas, casi ya el momento de que nos llamen a cenar, cuando uno de los compañeros de la batería, con los ojos abiertos como platos y un gesto de preocupación dibujado en su rostro que nos dicen que algo sucede, irrumpe como un auténtico torbellino en la sala donde descansamos.

—No. ¿Qué pasa?

—Están diciendo por la radio que los militares han entrado en el Congreso de los Diputados ¡a tiros!

—¡¡Pero ¿qué dices?!! Venga ya…

—¡Te lo juro por mi madre que lo acabo de escuchar! Que uno de ellos ha tomado ya el Congreso, que ha habido disparos durante la votación para la investidura de Leopoldo Calvo-Sotelo. Se ha parado todo. ¡Tienen encerrados a todos los políticos! ¡¡Secuestrados!!

—¡Ay, madre mía! —se me ahoga un grito de espanto.

—Y dicen que se han visto carros de combate desplegados por las calles de Madrid. Hablan de un golpe de Estado.

—¡Buah! La que se puede liar.

Al poco rato nos hacen formar filas para informarnos de los nuevos acontecimientos. Nos piden que vayamos a cenar inmediatamente, que en mi batería, la 31, debemos dormir todos vestidos y con el cetme (el fusil de asalto que tenemos asignado) en la cama, con munición que nos darán después de cenar y listos para entrar en combate.

De repente siento miedo. Un golpe de Estado. ¡Ay, Dios mío! ¿Pero qué va a ser de mí? ¿Nos van a mandar a pegar tiros a la gente?

Por las puertas de los mismos barracones donde hasta hace unos instantes estábamos tan tranquilos empieza a aparecer más gente. Un trajín inmenso. La sala se llena, pero… espera. Estos tíos me suenan…

¡¡Ostras!!

Acabo de caer. Pero si son los soldados que se licenciaron hace apenas unos días. ¿Qué hacen aquí? Me acerco a preguntarles:

—Con la «blanca» en el bolsillo nos hemos quedado unos días en Tenerife de vacaciones para hacer las últimas compras —me dice uno de ellos con una tristeza inmensa y con un gesto con la mano, ya sin la cartilla blanca de recién licenciado. Incrédulo—. La policía militar está recorriendo las calles y el aeropuerto, y a todo joven con el pelo corto le someten a un interrogatorio por si se acaba de licenciar y así obligarle a volver al cuartel en el que estaba. Pero… ¡si yo ya he terminado la mili! —concluye con un gemido.

Pues aquí está. Él y otra veintena de hombres más, por lo que puedo adivinar entre todos los que acaban de llegar. Estoy alucinando. ¿Y ahora qué va a pasar?

Tumbado en la cama no consigo dormir. Qué movida. ¿Y si es verdad que en mitad de la noche nos despiertan y tenemos que salir a la calle a pegar tiros, como decía el compañero?

¡Ay, madre mía!

Afortunadamente, la noche pasa sin sobresaltos hasta la diana, el primer toque de corneta de la mañana, pero la tensión se respira en el ambiente. Nadie entiende nada y la cara que tenemos de angustia lo dice todo. Seguimos sin poder quitarnos el uniforme, yendo con el fusil incluso al baño.

Se forman corrillos plagados de cuchicheos. Que si ya está todo controlado, que si el rey salió hablando por la televisión de madrugada defendiendo la democracia, que si Valencia fue ocupada por los militares... Nosotros, aquí, en la distancia, muy preocupados por las consecuencias...

Incertidumbre total. Los mandos no abren la boca. Solo nos vuelven a ordenar que repitamos lo mismo que la noche anterior: dormir con el uniforme y el fusil pegado a cada uno de nosotros.

Me cuesta conciliar el sueño pensando qué puede ser de mí en las próximas horas. ¿Y si se desata una guerra y me toca ir a luchar? ¿Qué va a pasar? ¿Pero qué hago yo aquí, lejos de casa? La angustia que siento me atenaza el cuerpo.

Pero llega un nuevo amanecer y, con él, la tranquilidad. Los sargentos nos comunican que se ha restablecido la normalidad en la Península, que el golpe de Estado ha sido un fracaso y que Antonio Tejero, el coronel que entró en el Congreso a base de tiros, ya está detenido. La democracia ha vencido, nos dicen.

La democracia ha vencido y, con ella, llega nuestra vuelta a la normalidad. A limpiar los carros de combate, que menos mal no hemos tenido que montarnos en ellos y usarlos. A sacar brillo a las armas. Miro el fusil de reojo y agradezco no tener que estar empuñándolo. Por momentos, me estaba esperando lo peor.

Los recién licenciados que vinieron con cara de derrota cuando la noticia del golpe de Estado nos sacudió a todos han desaparecido. Buena señal.

Van pasando los días y las semanas, ya estamos en marzo. Se avecina la primavera, y la tranquilidad y el aburrimiento siguen instalados en nuestras vidas de cuartel y servicio militar. Nunca antes lo había agradecido tanto como ahora. El aburrimiento. La rutina.

Entonces a mi cabeza ya le da por volver a sopesar lo de buscar algún modo de correr aquí hasta que acabe la mili. Para algo me he traído la bici y he heredado el alquiler de un veterano licenciado en un piso donde la he dejado. En el cuartel me dejaron claro que estaba totalmente prohibido guardarla.

La temporada de ciclismo ya ha empezado en la Península. Tengo que enterarme de dónde está la federación de ciclismo de Tenerife para que me informen de cómo está el ciclismo *amateur* aquí. Tengo que entrenar y correr algo, porque si no, el año que viene, como profesional, va a ser un desastre. Aprovecho el mínimo momento que nos dan de libertad, un viernes por la tarde, para acercarme. Me planto en la puerta de la dirección indicada y entro con decisión, sin un ápice de toda esa timidez que me ha acompañado siempre desde bien pequeño. Me aproximo al mostrador de la entrada. Allí me topo con un hombre que me recibe con su mirada amable. Y no dudo:

—¡Buenas tardes! Me llamo Pedro..., Pedro Delgado. Soy ciclista *amateur* y corro en el Moliner Vereco, uno de los mejores equipos de la Península. Resulta que estoy haciendo la mili en La Laguna. Me gustaría saber si hay carreras para mi categoría y encontrar un equipo con el que competir los meses que dure el servicio militar.

—¡Claro! —me responde el señor con una sonrisa—. Mire, aquí hay un equipo que se llama Whisky John Haig. La temporada ya está arrancada, pero seguro que pueden hacerte un hueco. Mire... —Extiende un papel sobre el mostrador y me escribe una dirección—. Diríjase aquí. Es donde tienen la sede.

Le hago caso y me dirijo a donde me ha indicado sin perder tiempo. El equipo, patrocinado por la marca de licor de Canarias, da luz verde. ¡Por fin voy a poder correr!

—La temporada empieza el próximo fin de semana —me comentan.

No me importa lo más mínimo. Correré con equipo o por libre. Despliego el calendario que me acaban de dar y compruebo las fechas. Más o menos una carrera cada quince días. Ahora tendré que convencer al sargento para que no solo me deje salir a correr, sino también a entrenar. Voy a necesitarlo.

Después de mucho insistir durante varias semanas, logro convencerle. El miércoles me da permiso para salir por la tarde una hora antes del cuartel a pedalear. A las cinco de la tarde ya estoy encima de la bicicleta. Pero sigue siendo invierno, así que tengo apenas una hora antes de que se vaya la luz y la isla se oscurezca bajo el manto del anochecer.

Una hora. Treinta kilómetros. Cuando me bajo de la bici ya es de noche, pero algo he podido hacer. Mis piernas vuelven a tener esa sensación de haberlas achuchado. Mi cuerpo se ha activado. Qué ganas tenía de esto, de sentir la libertad del aire golpeándome en la cara.

El sargento ya me ha dejado bien claro que solo podré salir los sábados a mediodía, no antes. Pero lo aprovecho al máximo.

Y llega la primera carrera el 22 de marzo. De Las Teresitas a Icod de los Vinos, pasando por Santa Cruz de Tenerife, La Laguna y el Valle de la Orotava. Ochenta kilómetros en total para nosotros, los *amateurs*. Apenas una treintena de ciclistas inscritos. Los juveniles tienen la salida desde Santa Cruz y los cadetes aún más cerca de la meta.

De salida me escapo. Podré llevar un montón de tiempo sin correr, pero mi esencia no la he perdido. Las arrancadas, los ataques. Enseguida me quedo solo, con tanta distancia que pronto mi único aliciente es ir doblando primero a los juveniles que pillo por el camino, y a los cadetes después.

En la meta me planto solo y alzo los brazos al cielo. Qué maravillosa sensación: ¡volver a correr y volver a ganar!

Dos semanas después, la segunda carrera y la segunda victoria. Para cuando nos adentramos en el mes de mayo he cubierto ya la mitad del calendario previsto. Y lo he ganado todo. El director del John Haig está como loco de contento conmigo.

Hasta nos lleva a Las Palmas a otra carrera, ¡y arrasamos! Otra victoria que me anoto.

Según pasan las carreras y los triunfos, cada fin de semana se me acumulan los trofeos, y cuando regreso al cuartel, se los regalo a los sargentos, los brigadas y al capitán. A ver si así consigo ablandarlos para que, durante la semana, me amplíen los permisos y tener más tiempo para entrenar.

Un poco de manga ancha consigo, pero lejos de las necesidades de un deportista de élite. Algún que otro sábado, como entre semana, me dejan salir como mucho una hora antes.

Lo cierto es que, gracias a la bici, aunque sea ridículo lo que pueda entrenar y note lo pasado de peso que estoy, consigo motivarme, mantener la moral alta y salir de las rutinas que a muchos de mis compañeros de la mili les ahogan y están pudiendo con ellos en forma de borracheras un día sí y otro también. La bici y salir a hacer las maniobras rompen mis rutinas y me mantienen en mi equilibrio emocional. Le ponen algo de emoción a esta vida castrense de alarma temprana, limpiar cañones y carros de combate, y aburridas charlas de disciplina.

Cuando llega el sargento y avisa de que tocan maniobras, se me cambia la cara. ¡Bien!

Me voy a preparar el camión, buscar la carga o la pieza de artillería que hayan decidido que lleve. Me pongo al volante del REO, un camión militar de una envergadura gigante y doble rueda trasera, altísimo... ¡Para conseguir subirme casi tengo que saltar y todo!

Arranco y voy directo a Las Cañadas. Ya me han avisado de que los frenos son justitos, que en las bajadas hay que conducirlo despacio para ir reteniéndolo, y más con el peso que tiene, pues el camión va cargado hasta arriba de provisiones y lleva enganchado el cañón o el depósito de agua.

¡BUUUUMMMMM!

Un estruendo enorme proveniente de la parte trasera del vehículo me hace saltar del asiento y me deja totalmente estremecido. ¿Pero qué ha sido eso? ¡El camión pega explosiones!

Bajando, la gasolina explota dentro del propio tubo de escape cuando el par motor trata de retener la inercia del peso total.

«¡¡Madre mía!! ¡Voy a morir conduciendo este trasto!». Me viene este pensamiento cuando pienso que tendré que bajar cargado los más de 20 kilómetros desde Las Cañadas hasta el cuartel.

Con el Teide de fondo, acampamos y comenzamos con las maniobras de una semana. Prácticas de tiro calculando la pólvora que hay que meter en la base cilíndrica del cañón, dependiendo de la distancia y el ángulo de tiro. El primer disparo, de prueba. Cojo los prismáticos y confirmo lo que acaba de gritar el sargento:

—¡Te has quedado corto, Delgado! ¡¡Carga más pólvora!!

Obedezco: más pólvora para el proyectil del cañón y volvemos a hacer otro disparo, así hasta alcanzar el objetivo, normalmente al cuarto o quinto intento.

Correr por el campo, como si fuésemos militares en una guerra, arrastrándonos por el suelo, llenos de polvo. Un ejercicio físico que agradezco como preparación para un endurecimiento de cara a las carreras.

Recuerdo con pavor otras maniobras en el Médano, al sur de la isla, donde tengo que llevar, desde el cuartel, en el REO una pieza de artillería, un hermoso cañón. Arranco y empiezo el descenso, reteniendo el motor como puedo, tal y como me han dicho, poco a poco… Oteando el horizonte de señales para anticiparme e ir frenando el cacharro este en plena autovía.

Entre explosión y explosión del motor distingo un giro a la derecha hacia el aeropuerto. ¡Ay, madre mía! Con todo el tráfico que hay y las retenciones. Empiezo a temblar, me voy a llevar a alguien por delante seguro. Como llegue al cruce y siga ese atasco… Decido seguir recto porque no voy a poder controlar este mastodonte que se está desmadrando.

Espero al siguiente cruce, pero no consigo bajar de los 80 kilómetros por hora en esta eterna bajada, y sin poder frenar más, pues al tercer pisotón que lo intento el camión ya no responde debido al peso que llevo.

Freno todo lo que puedo y reduzco una marcha, buscando retenerlo algo con el motor. «¡Pedro, retenlooooo! Haz el cambio rápido, porque como no entre una marcha menos, ya sí que no habrá manera de controlarlo».

Todo sale perfecto, pero…

¡Grrrrrr! ¡¡Buuumbaaaaa!!

Suena una explosión otra vez en el tubo de escape, otra más y una tercera. Pero eso ya me da igual, ya me he acostumbrado. Ahora solo quiero frenar y no provocar una desgracia. Pero no puedo contenerlo, no sé qué más hacer.

Tengo sudores fríos y suelto un grito:

—¡¡Aaaaaah!!

Me estoy acercando peligrosa e inevitablemente al cruce.

Poco a poco la pendiente se suaviza y el camión va perdiendo velocidad. Llego a la intersección, y la carretera se ha descongestionado como por ensalmo.

¡¡Ufffff!! Respiro aliviado. Creo que es de los peores ratos que he pasado en mi vida.

Pero todavía me quedan más emociones. Al día siguiente me ordenan volver al cuartel para llenar el tanque de agua.

Ahora sí que es una pesadilla conducir esto: ¡la fuerza del agua que cargo arrastra en las curvas al REO! Esto es una desazón. La monotonía y el aburrimiento saltan de golpe al ver peligrar mi integridad física…

—¡Pero Delgado! —me gritan los mandos al llegar y verme la cara de susto—. Es que hasta que no se salga el agua del camión no puedes quitar la manguera, así va totalmente fija, estable, y no se mueve ni te balancea a ti. ¡La próxima vez llénalo hasta que salga por arriba!

Cuando terminamos con las maniobras en Las Cañadas hay que volver a coger el camión y bajar de vuelta al cuartel. El teniente viene conmigo.

¡Buuumbaaaaaa!

¡Buuumbaaaaaa!

¡Buuumbaaaaaa!

Más explosiones.

—¡Pero ¿qué hace, soldado?! ¿Esto qué es? No puede permitir estas explosiones mientras conduce. ¡Está totalmente fuera de lugar! Como siga así, le voy a mandar a limpiar las letrinas y al calabozo.

—¡Pero mi teniente, que yo no soy, no hago nada! Estos camiones son de gasolina y las explosiones las provoca él mismo; al retener el motor la velocidad, hay explosiones en el tubo de escape. No las puedo evitar.

Mis explicaciones aplacan algo su furia. No sabe si le estoy diciendo una mentira o la verdad. Y mientras nos acercamos al cuartel, no puedo evitar mirarme a mí mismo, verme ahí, conduciendo un camión. Si mi padre me viese ahora mismo..., igual que él...

* * *

¡Ese ruinoso Sava! El camión azul que papá compró cuando yo era tan pequeño y enfermizo... Cada dos por tres estaba dando problemas mecánicos.

Como mi tío Miguel se compró un Pegaso y el negocio de transportista le iba tan bien, papá decidió cambiar el viejo camión por uno nuevo, un Sava.

—Ese endemoniado trasto no hace más que arruinar a esta familia —se le escapa a mi madre alguna vez mientras hago los deberes en la cocina y ella anda por ahí, entre cazuelas.

Aunque esté concentrado en mis cuentas y cuadernos, a veces desconecto de los libros de matemáticas y me entero de todo. Los quebraderos de cabeza con el camión son tema recurrente de conversación en casa. Cada dos por tres parado. Cada dos por tres averiado. El Pegaso de mi tío va como un tiro, siempre rodando por las carreteras sin ningún problema, pero nuestro Sava era un trasto. Y si él no circula, si papá está en casa, hay que dar más vueltas de las normales en el mercado.

«¡Así no podemos estar, Julio!», escuchaba en ocasiones a mamá decir a papá bisbiseando para que nosotros no lo entendiéramos. Pero el sentimiento de derrota se puede sentir. «Siempre dependiendo de que el camión pueda salir a la carretera o no. ¿No te das cuenta de que esta no es vida para dar a nuestros hijos? Queremos que estudien y que saquen una carrera, y no tenemos ni siquiera una barra de pan que llevarnos a la boca. Y somos seis que alimentar, Julio. ¡Seis bocas, y sin contar a la abuela cuando está con nosotros! Eso no puede ser, Julio. No puede ser».

Los reproches de mi madre en esos días eran difíciles de ocultar. Ella no podía trabajar. No siendo mujer. No en esta España de los setenta, del régimen y la dictadura. Tampoco habría podido, siempre lavando nuestra ropa a mano, las sábanas…, en el fregadero con agua fría; planchar, comprar, preparar la comida, atendernos y un largo etcétera. «Dependemos de ese camión. ¡¡Y no podemos seguir así!!», le repetía con frustración. Y ahora, para colmo, otra vez está averiado. Y cuando toca acompañar a mamá al mercado, no paramos de dar vueltas por todos los puestos buscando el congrio más barato. Mamá siempre haciendo cuentas mentalmente. Suplicando para que le den todos los restos posibles de la carne. Todo hueso es bueno para dar algo de sabor a la sopa. Aunque sea un niño, me doy cuenta perfectamente de todo…

Cuando vieron que era imposible, que el Sava no daba para más, papá se convenció de que no podía vivir de eso y cambió el camión por los autobuses urbanos de Segovia.

Muchas tardes, después del colegio, mamá preparaba el bocadillo en casa y me pegaba un grito desde la ventana:

—¡Pedrito, sube! Que tienes que llevarle la merienda a tu padre.

Y yo corría escaleras arriba como alma que lleva el diablo para cogerlo y salir disparado hacia la parada junto al kiosco para esperarle. Cuando veía que llegaba, con ese uniforme, la corbata y al volante de aquel carro enorme, yo alucinaba. Todo el mundo sacaba de sus bolsillos un real para montarse y yo, nada. ¡Y me daba una vuelta entera gratis!

Lo orgulloso que me sentía de mi padre.

* * *

¡Y ahora soy yo el que conduce un camión en la mili!

Aunque por tiempo limitado, que el verano ya está a la vuelta de la esquina y he recibido una llamada de la Federación Española. Quieren que corra con la selección de aficionados varias pruebas, la Guillermo Tell en suiza, el Tour del Porvenir en Francia e incluso el Mundial, me han dicho... ¡Qué emoción!

Por medio de la Federación Segoviana y la Española están gestionándome el permiso para poder disputarlas. Me entero de todo esto por mis padres en las pocas ocasiones que podemos hablar por teléfono. Eso me mantiene con la ilusión por las nubes. Ellos no paran de decirme que las gestiones están en marcha.

Pero lo cierto es que pasa el tiempo y no tengo noticias. Una semana, dos semanas, tres... Y las carreras internacionales están próximas. Y sigo sin saber nada. En todas las instancias siento que me dan largas. Pero yo no me rindo y empiezo a moverme en los pocos permisos que tengo dejando de entrenar para acercarme incluso a las oficinas de la Federación Canaria. Allí me entero de todo.

—¡El permiso está listo para mandarlo a la Capitanía General y que te den los cuatro meses! —No me lo puedo creer.

—¿Entonces?

—Tu equipo, el John Haig, tiene la última palabra para dejarte ir.

Y en efecto, eran ellos los que no me querían soltar, con sus «no sabemos nada», seguidos de «seguro que se habrá extraviado la carta de tu permiso» y «no te preocupes, que acabará llegando». ¡Qué cabreo! No estaban dispuestos a prescindir de mí ni de las victorias en todas las carreras que participaba y les otorgaba.

Voy derecho a por ellos, como un miura.

—¡¡Ya no me veis más el pelo por aquí!! Olvidaos de mí porque no voy a correr con vosotros nunca más.

Doy un portazo y me marcho. Apenas unos días después, el permiso llega al encargado del papeleo de mi batería con su aprobación. ¡Soy libre durante cuatro meses!

Al final se quedan en poco más de tres, por el retraso en la recepción en las instancias militares, pero los exprimo al máximo. Llego a la Península justo a tiempo para correr las carreras de las fiestas de San Juan y San Pedro en Segovia, empalmando con las carreras de las fiestas en Burgos de San Pedro y San Pablo. Son fechas frenéticas, carreras aquí y allá, para ir poniéndome en forma y restablecer contacto con algún equipo *amateur* para integrarme en sus filas. Así, poco después estoy participando en la recién creada Vuelta a Bizkaia con el equipo Reynolds *amateur.* La gana Julián Gorospe. Yo ando en la lucha por la victoria hasta que una avería mecánica en un momento clave de la carrera me deja sin opciones.

Los «chuscos» de pan, que bien eran muy blandos o bien duros como una piedra, los trataba de ir rebajando de mi cuerpo, carrera a carrera; estaba lejos de mi mejor forma, pero en cada una de ellas me encontraba un poco más cerca. Por lo menos no va a ser un año en blanco. En España sigo siendo uno de los gallitos, pero cuando voy a la Guillermo Tell, una de las carreras más importantes del calendario *amateur,* no consigo repetir victoria en ninguna etapa, como hice el año anterior. Hay que dar más tiempo al cuerpo para que se vaya afinando. Voy como en un curso acelerado y la falta de base física y la mala alimentación para un deportista durante los meses de la mili las acuso.

No sé muy bien por qué, pero en el Tour del Porvenir no hay representación española. Es el primer año que mezclan la categoría *amateur* con equipos profesionales, me imagino que para evitar la supremacía del equipo soviético, que, en aquella época, con su campeón Serguéi Sujoruchenkov, dominaba a su antojo el campo *amateur.* Ello me abre las puertas para ir a la primera edición de la Vuelta a Murcia, donde logro la victoria después de duras batallas. Y me siento completamente feliz.

Octubre es el momento de volver al cuartel, a la cárcel de la mili, de la que apenas me quedan dos meses y medio para cumplir los catorce del servicio completo y me den la cartilla blanca y la libertad. Dejo la bicicleta en Segovia, es el momento de la preparación invernal, y, total, me queda poco para licenciarme y así viajaré con menos equipaje.

Antes de regresar a la vida castrense cierro mi primer contrato como ciclista profesional con José Miguel Echavarri y renuevo con el equipo Reynolds, pero ya en la máxima categoría. Fue el equipo elegido frente a las otras propuestas que tenía desde el año pasado de equipos que seguían interesados en mí: el Kelme, de Rafa Carrasco, y el Zor, dirigido por Javier Mínguez.

A mediados de noviembre no veo la hora de marcharme a casa. ¡¡Ya no me queda nada para licenciarme!! Por fin. Todos los de mi quinta poco a poco se han ido; yo tengo que ser de los próximos.

Pasa un día.

Y otro.

Y otro más.

Una semana.

Y otra más.

Y no recibo noticias de la cartilla blanca, de marcharme de aquí.

¿Qué pasará? Ya se han ido hace días todos los soldados de mi quinta.

Conclusión: me acerco a la oficina a averiguarlo.

—Oye, ¿qué hay de mi cartilla blanca?

El soldado que está encargado da vueltas a sus papeles y no sabe cómo responderme.

—¡Ah…! Sí, sí. La tengo aquí, pero todavía no te la han firmado. No sé qué puede haber pasado… Habla con el brigada, que es la persona autorizada para gestionarlo.

Qué mal me huele esto. Todo es muy extraño. Así que me acerco al brigada, él es el responsable de mandarme a casa, y, ni corto ni perezoso, le pregunto:

—¡A la orden, mi brigada! ¿Por qué no me he licenciado todavía? Que me han dicho que está en la oficina a la espera de su firma.

—PERO ¿¡¡CÓMO TE ATREVEEEEES!!? —Casi me escupe en la cara entre sus gritos y los improperios que me suelta. Me da igual. Yo solo quiero irme de aquí, seguir con mi vida. Algo muy grande me está esperando en la Península, ¡mi sueño hecho realidad! Y tengo que salir de este cuartel cuanto antes—. ¡Has estado todo el verano de permiso! ¡¡Pues esos meses los tienes que recuperar!!

¿¡¡Cómooooooo!!?

No me lo creo. Necesito unos segundos para digerir este duro golpe.

No puede ser cierto.

¿Que me tengo que quedar más tiempo aquí?

¡¡NO!!

Me siento morir.

Llega el mes de diciembre y, con él, la primera concentración en Panticosa a la que tenía que haber ido con el Reynolds. Y no puedo estar. Aquí sigo, preso. Participo en dos *crosses* militares para mantenerme lo más activo físicamente y gano en ambos. Los trofeos se los regalo al capitán.

—Pero ¿qué haces por aquí? Pensaba que te habías licenciado. —El mando se sorprende de verme todavía pululando en el cuartel.

Le cuento que el brigada me tiene enfilado con el permiso que se me concedió, que tengo «que cumplir con los catorce meses de servicio y con España», me repite.

—Pero he estado representando a España en varias ocasiones durante ese permiso —le digo con cierta rabia contenida, por aquello de mover el sentido patrio.

Me dice que lo va a mirar y a mover, que de momento, por esas victorias, me va a dar unos días extra de permiso para acelerar el fin del servicio militar. No quepo en mí del gozo. Pero los días van pasando y no hay novedades. Presiento que las Navidades las pasaré en el cuartel.

El 24 de diciembre veo que hay un grupo de soldados que se va a la Península con el permiso de Navidades. A los mandos no se les ve el pelo, están, con toda lógica, de vacaciones también, menos al que le haya tocado cubrir la guardia. Me acerco a la oficina a ver si hay alguna novedad sobre licenciarme.

—Tu cartilla sigue aquí, pero nadie la firma —me responde con cara de circunstancias.

—¡Madre mía! —Qué pena más grande se apodera de mí.

Llega el 31 de diciembre. Un nuevo año va a empezar en apenas unas horas, el año en el que se supone que voy a ser ciclista profesional y todavía no he salido de este cuartel y de esta isla. Me siento prisionero, en una pesadilla con la incertidumbre de no saber cuándo finalizará.

Tras el toque de corneta matutina, voy como todos los días a desayunar. Al volver a la batería, el joven soldado de la oficina viene directo hacia mí:

—¡Oye! Eres Delgado, ¿no?

—Sí, claro… —respondo con resignación.

—Me han dicho que ya te puedes ir a casa. Que te firman a lo largo de la mañana la cartilla blanca.

Si hubiese sido el 28 de diciembre, no me lo habría creído y habría pensado que era una broma más de las que se hacen en los cuarteles. Me voy corriendo a la centralita de teléfono para llamar a Iberia y preguntar si hay vuelos a Madrid. El último sale a las ocho de la tarde, y hay plaza.

¡Guau!

¡Qué emoción!

Puedo marcharme de aquí.

Llamo inmediatamente a casa para dar la buenísima noticia, que papá venga a recogerme al aeropuerto y, con un poco de suerte, comer las uvas en familia.

Preparo el petate lo más rápido que puedo, sin olvidarme de nada, pues es un viaje sin retorno. Me acerco a la oficina a recoger la cartilla blanca, me la entregan y me marcho del cuartel cuanto antes, no sea que haya una contraorden. Me acerco al piso alquilado para recoger otros enseres y comer con tranquilidad antes de irme al aeropuerto.

Y al filo, justo y apurando, como siempre, pero puntual, llego a Segovia dos minutos antes de las doce de la noche. Estamos todos juntos en el salón de casa, con la televisión encendida viendo la Puerta del Sol y comiendo las uvas, prestos a entrar a 1982. Mamá, papá, mis hermanas, mi hermano y yo. Y listo para convertirme oficialmente en ciclista profesional.

Testigo de mil batallas,
el Alcázar se enaltece
viendo cómo un segoviano
en tierra extraña se crece
cabalgando en bicicleta;
por riendas el manillar,
por lanza su corazón
y como meta triunfar.

Manuel Pastor

5
24 DE JULIO DE 1988

Se me eriza la piel.

Se me está poniendo la piel de gallina y no es de frío, pues hace más de treinta grados. Pero ha sido empezar a escuchar el himno nacional, sin ser yo muy dado a emocionarme con facilidad, y hoy sí se está removiendo algo dentro de mí.

Me siento ligero, con una sensación de estar levitando un par de palmos por encima del suelo. Aquí arriba, en lo más alto del podio, y en frente, los Campos Elíseos con el Arco del Triunfo de fondo.

¡Buafff!

Casi tengo ganas de gritar. Un grito atronador, liberador, por los buenos y los malos momentos pasados y que hoy tienen sentido. Pero, al sentirme el centro de la mirada de tanta gente, me lo guardo para dentro y solo lo escucho yo.

Sigo en estado de «levitación», no me lo puedo creer. ¡Por fin!

De vez en cuando siento debilidad en las piernas por estar tanto rato de pie. Por momentos se convierte en dolor, como si la etapa no hubiese concluido.

Pero qué bien se está aquí arriba.

Cierro los ojos.

Desde que he cruzado la línea de meta me han raptado y no soy nadie. Solo un monigote. Un muñeco vestido de amarillo que anda de arriba abajo, adonde me lleven. Que si entrevistas, que si la televisión francesa, que si a saludar a una autoridad, ahora a estrechar la mano a otra persona. No me acuerdo de cuánta gente me han presentado. Voy desbordado y, aunque por momentos tengo ganas de rebelarme, finalmente me dejo llevar.

Lo mejor que he podido hacer es desconectar mentalmente. Me fío de Francis Lafargue y de que ya conozco el protocolo de la ceremonia de premiaciones por el año pasado, cuando fui segundo, pero ahora todo es muy distinto.

Y por fin me mandan subir al podio. Al cajón más alto. Y ahí me encuentro solo, yo, conmigo mismo.

Comienzan los acordes del himno nacional. El mío, el español, y se me pone la piel de gallina.

«Pedro, ¡has ganado el Tour de Francia!», me repito en varias ocasiones a mí mismo.

¡Guau!

Vuelvo a soltar aire desde lo más profundo de mis pulmones hacia el cielo de París, que por momentos tengo la sensación de poder tocar con las manos.

¡Bufff!

Me siento flotar por encima de todo y de todos.

Sé que todas las miradas ahora convergen en mí. Siento que todo el mundo me observa, pero no soy capaz de mirar a ningún lado. Veo la multitud de gente agolpada, distingo las banderas españolas por todos lados, los gritos de «¡Pe-ri-co, Pe-ri-co!».

«Perico, lo has conseguido», me digo a mí mismo.

He ganado el Tour de Francia.

Tienes París a tus pies.

Por fin el sueño se ha hecho realidad.

Quién me diría a mí que iba a estar aquí arriba, si yo no tenía mucho interés por el ciclismo…

* * *

¡Bufff!, resoplo. Qué aburrimiento. Me asomo por la ventana de casa a nuestro patio de Pío XII y no veo a nadie con quien jugar. Esto está muerto. No hay ni un alma. Con el calor que hace a estas horas, por la tarde y en pleno mes de julio, aunque sea vacaciones, es normal. Lo de todos los días. Bajo por si hay algún despistado como yo, pero esto es un desierto. Me acerco al descampado de arriba, al del kiosco, por si hay alguien con la pelota echando un partido. Así, ya de paso, ojeo desde el otro lado del cristal los tebeos nuevos que hayan llegado.

Encamino mis pasos hacia allí, pero a medida que me acerco y solo escucho el paso de algún coche pierdo el optimismo.

A veces somos tantos en el patio que es imposible jugar. Partidos de seis contra seis, de ocho contra ocho. Cuando somos muchos, subimos aquí arriba a jugar. Además, tenemos fuente. Cuando tienes sed, sales del partido, echas un trago y a seguir dando patadas al balón.

Pero nada. Hoy no hay chavales a los que unirme. Esta tarde, como casi todas las del verano, todo está desierto. No hay ni un alma.

Me acerco al kiosco. Ojeo desde el otro lado del cristal los nuevos tebeos del Capitán Trueno, de Supermán, Batman…, pero no tengo un solo real para poder comprar uno, ni para cambiarlos por otros usados.

Viendo que no hay nadie, me voy de nuevo para Pío XII. A ver si por el otro camino me topo con algún despistado con el que pasar la tarde.

Ahora sí que me parece escuchar gritos. Vienen del bar Quijote. ¡La que hay aquí montada! Qué raro para la hora que es, a plena luz del día. Si a estas horas no hay fútbol, y mucho menos en el mes de julio. ¿Qué son esos gritos que se escuchan desde la televisión del bar?

«¡¡Un español gana el Tour de Francia!!».

Vaya jaleo hay aquí. Pego mi rostro al cristal con mis dos manos en forma de media luna para ver qué pasa.

«¡Luis Ocaña acaba de ganar este Tour de 1973! ¡Señoras y señores, un español conquista de nuevo París! ¡Hoy es un día para la historia del deporte de nuestro país!».

Se escuchan los gritos de los periodistas que retransmiten la noticia mezclados con los congregados en el Quijote, chato en mano. A eso suelen venir los hombres aquí, a echar la partida y a ver los partidos de fútbol. Se monta un gran ambiente..., pero los niños como yo no tenemos permitida la entrada, así que no puedo pasar de aquí.

Luis Ocaña.

Ese es el nombre del tío que acaba de ganar el Tour. Desde los cristales puedo diferenciarlo, debe de ser ese, al que enfocan todo el rato y dicen que va vestido con un jersey amarillo. Eso es imposible saberlo desde aquí, porque la tele es en blanco y negro, pero bueno, algo es algo, ¡que en casa ni tenemos televisor!

Distingo unas largas patillas que enmarcan su tez morena y afilada. Cejas muy pobladas. Lleva una gorra con la visera apuntando hacia arriba, al cielo. Sonríe y tiene un rostro más de torero que de ciclista. O eso me parece a mí.

Qué bici más chula tiene Luis Ocaña. Mientras, salen imágenes paseando con ella por París, qué envidia. Dos años la llevo pidiendo a los Reyes Magos, y por muy bien que me porte, cada año, debajo del belén que ponemos en el salón, se repite la misma historia: siempre los cuadernos para el colegio, las pinturas Alpino y carbón. Debe de ser que como vivimos en un quinto piso sin ascensor, los Reyes, entre los camellos y los regalos para todos los demás niños a los que tienen que visitar, no pueden subir hasta allí con ella para dejármela.

El caso es que así estoy, triste y solo otro verano más, porque todos mis amigos ya tienen bicicleta y estarán en el río. Y yo aquí, solo, fuera del bar Quijote viendo a un español ganar el Tour de Francia. Con una superbici. Yo me conformaría con una cualquiera.

¡Ufff!, resoplo. Quién pudiera tener una para irse a pasar la tarde con los amigos y no estar aquí tan solo. Tan aburrido.

Me valdría con que Jesús, mi vecino, me dejase esa que tiene colgada debajo de casa, en las carboneras. ¿Cómo puede ser que tenga una bici de carreras y la tenga ahí, tan abandonada?

Cada vez que paso a nuestra carbonera no puedo evitar levantar el gaznate y asomarme a la ventanita de la suya para admirarla. Tan brillante, tan bonita. Con esas ruedas y ese cuadro de aluminio. Y siempre ahí parada.

Ojalá pudiese ser mía, no pararía de dar vueltas con ella por el barrio, por el patio y hasta el río.

Y en cambio, no, me tengo que pasar una tarde más aquí solo, en el petril del transformador eléctrico con la calavera que tanto «cangüele» nos da. Pero cuando estamos todos, tiene más gracia. Todos en grupillo, charlando de todo horas y horas. Pero no así, como estoy ahora, tan solo, por no tener bicicleta.

Quién pudiera tener una. Es mi sueño.

¡Bufff!, resoplo.

* * *

Suspiro para mis adentros viendo detrás de mí el Obelisco y al frente el Arco del Triunfo. Estoy vestido de amarillo, como cuando vi desde la televisión en blanco y negro a Luis Ocaña. Solo tenía trece años y mi sueño era tener una bicicleta simplemente para ir con mis amigos al río y no quedarme colgado en el barrio.

¡Ese era entonces mi interés por el ciclismo!

«Y mírate ahora, Perico. El mismo Pedrito que miraba tras las cristaleras del bar Quijote en Segovia, ahora aquí, en el cajón más alto».

«Acabas de ganar el Tour». Aunque a última hora a punto he estado de no poder vivir todo esto.

¡Qué susto!

* * *

El mejor momento del día se acaba. ¡Qué bien sienta el masaje! Me quedaría aquí otra media hora más, pero toca el turno al compañero. Qué agradable es sentirse el patrón del Tour y tener la sensación interna de que esto ya está casi hecho. Estamos en Burdeos, hoy etapa de dos sectores, y ya tan solo quedan cinco días para llegar a París y desfilar con este maillot amarillo que llevo desde hace días y ahora está colgado de la silla de mi habitación en el Hotel Mercure. Por fin, mi sueño tantos años trabajado, perseguido, luchado, lo tengo en mi mano. Con salvar la etapa del Puy de Dôme, dentro de dos días, el resto va a ser un paseo. Le llevo ya 4 minutos a Rooks, que es mi más inmediato perseguidor. Parra está todavía más lejos, y ya se han retirado Bernard, Fignon, Mottet… No veo a nadie capaz de arrebatarme este maillot amarillo.

Entro en la habitación después del masaje con ganas de leer un rato y antes de bajar a la cena. En su cama, descansando y con la televisión encendida, está Dominique Arnaud. La ve con atención hasta que llego y me mira:

—¿Te has enterado, Perico? —me pregunta con su inconfundible acento francés.

—¿De qué?

—Acaban de decir en la televisión francesa que hay dos positivos importantes en el Tour.

—¡No me digas! ¿Y quién?

—No lo han dicho. Dicen que van a ampliar la información más adelante…

Vaya movida… ¿Quién podrá ser?

Me quedo recostado en la cama y dejamos la televisión encendida a la espera de más informaciones. La verdad es que entristece este tipo de noticias. Qué lástima, la que se va a montar ahora si lo que dice Dominique se confirma, porque a partir de ahora y hasta el final, en estos cinco días que quedan, va a dejar de primar lo deportivo y todo el mundo se va a centrar en estas historias tan desagradables. ¿Quién podrá haber sido?

La interrupción de la programación en Antenne 2, el canal que tenemos puesto habitualmente, pues dan resúmenes del Tour, da paso a un informativo de última hora.

«Le maillot jaune, Pedro Delgado, positif dans le Tour de France».

Las palabras que salen de la boca de Patrick Chaine, el periodista de la cadena, me dejan petrificado. Siento que el corazón se me para. Que se acelera. Que se vuelve a parar. Que vuelve a acelerarse. A toda prisa. Mi cabeza entra en un estado de parada. No soy capaz de pensar, de asimilar nada.

No puede ser.

Han dicho mi nombre.

Pedro Delgado, positivo en el Tour de Francia.

¿Cómo?

Miro a Dominique para confirmar lo que me ha parecido entender. No tiene que decirme nada. En su cara se ve el mismo gesto de incredulidad que debo de tener yo.

Apenas unos segundos después escucho que la puerta de la habitación se abre. Es José Miguel Echavarri. Me encuentra con la boca abierta y los ojos como platos. Incrédulo. No hace falta que nos digamos nada. Él sabe que lo sé. Yo sé que él lo sabe.

—Sí, eres tú, Pedro —me confirma.

—¿Qué?

Bajo la vista a mis manos y noto que tiemblan. Siento que pierdo el control sobre mis sentidos. Nervios. Necesito hablar, comentar. Pero noto que la voz me falla, igual que la expresión de mi cara.

«¿Yo? Yo, ¿qué? Yo, ¿positivo? ¿Cómo?». No logro articular palabra. No sé qué decir y a la vez quiero decirlo todo. Se me quiebra la voz. «¿Pero qué está pasando?».

—Me lo han dicho esta mañana, Pedro, y no he querido decirte nada. Me citaron los de la organización en la salida y yo pensé que sería para empezar a preparar la ceremonia del podio en París, y resultó que no, que era para comunicarme que has sido positivo en un control antidopaje…

—¿Cómo que positivo? —Mi cabeza empieza a reaccionar. Ahora va más rápido de lo normal y siento la necesidad de cortar a José Miguel, de hablar—. Pero ¿de qué? ¿Cuándo? ¿Con qué?

No me salen más que preguntas. Sé que soy inocente y no entiendo nada de lo que está pasando. Mi mente sigue a mil por hora, la siento que va más rápido que los segundos del reloj. Mis manos siguen temblando. Hacía apenas una hora, cuando Dominique me dijo que se hablaba de un rumor acerca de un positivo, solo pensé en la pena que me daba que en esta parte final de la carrera solo se pudiese hablar de *doping* y resulta que acaban de pronunciar mi nombre, que soy yo.

—A ver, Pedro —prosigue Echavarri—, hablan de un producto..., probenecid..., aunque aún no está muy claro.

—¿Pero eso qué es? ¿Dónde está el probenecid? Que no, José Miguel, que yo eso no lo he tomado. ¿Cómo voy a tomar algo que no sé ni lo que es? No entiendo nada —es lo único que acierto a decir.

—Si todo esto se confirma, te sancionarían con 10 minutos, Pedro. ¿Cómo lo gestionamos? ¿Tú qué quieres hacer? —me pregunta.

—¿Yo? Pues seguir en carrera. ¡A mí que me echen! Yo estoy completamente seguro de mí mismo y de que no he tomado nada prohibido, José Miguel. No entiendo nada.

—Bueno, tranquilo. Ahora se montará un buen revuelo, seguro. De momento, vamos a bajar a cenar...

En el comedor están ya todos sentados. Julián Gorospe, Miguel Induráin, Dominique Arnaud, Omar Hernández, Herminio Díaz Zabala, Javier Luquin y Jesús Rodríguez Magro. Nadie me mira, nadie habla. El ambiente en la mesa es tenso como nunca, se podría cortar con un cuchillo. Después de todos estos días, sobre todo desde que llevo el amarillo, en los que no paramos de reír, de charlar y de bromear con una copita de vino que el equipo trae en el bus desde Pamplona, como todos los años. Ahora las caras que veo son de preocupación.

—Bueno, chicos, que no nos van a quitar la carrera por esto. Para adelante y a confiar. —Trato de animarlos. Siento que es mi obligación. Pero ellos no cambian el gesto, siguen todos callados. Qué bien vendría en un momento como este la chispa de

Ángel Arroyo, que se retiró hace solo dos días. Cuánto le echo de menos.

Pero si las caras de mis compañeros son de preocupación, las de los periodistas son de funeral. Cuando termino de cenar, José Miguel me lleva hasta la recepción del hotel, y ahí están todos. El navarro tenía razón. Se ha montado una buena. Miro sus rostros.

«¡Ostras! Vaya careto que tienen todos».

Por ahí distingo a Benito Urraburu, de *El Diario Vasco,* a Simón Rufo, del *As,* a Egido, del *Marca,* junto a Josu Garai... Los de todos los días, pero su gesto no tiene nada que ver con el de horas atrás, cuando me han estado entrevistando en la meta un día más. Uno menos a París con esta superioridad de la que hago gala y toda esta fortaleza que siento en mis piernas y que ellos ven y escriben.

Pero lo que yo veo ahora en sus caras me da miedo. Se les nota la preocupación en los ojos. Es como si me acabasen de robar el Tour y todos los que me rodean lo están reflejando en sus ojos.

¿Pero por qué?

Yo no he hecho nada. Yo no he tomado nada. Sigo sin entender nada. Es como si todo esto que me está pasando fuese, en realidad, protagonizado por otra persona. Esto es surrealista. Me siento y comienzo a hablar delante de micrófonos, magnetófonos y cámaras.

—Soy el primer sorprendido. Espero que sea un error porque me he quedado de piedra al escuchar que yo había sido positivo. Nunca he tomado nada y siempre he estado muy tranquilo a la hora de pasar los controles. Jamás he tenido miedo y nunca me he dopado. Confío en mi entorno. No entiendo nada, ni sé de qué producto hablan. No sé ni de qué día data ese positivo. No entiendo nada.

Pero no solo hay periodistas españoles. También extranjeros, franceses sobre todo. Y sus miradas, como sus preguntas, son mucho más feroces.

—¿Sí o no? ¿En el Tour del 88 ha tomado usted productos dopantes?

—*No. Jamais, jamais. Je suis tranquille* —les respondo. Y aprovecho para preguntar yo mismo—: ¿Pero de cuándo es?

—Bueno, no se sabe... —me responde uno de los periodistas galos.

—¿Pero de cuándo es? —insisto.

—No se sabe —responde otro.

Noto en sus miradas y en la de los belgas que me están juzgando. Me miran con desprecio.

«Qué haces aquí».

«No te queremos».

«Fuera del Tour».

Eso parece que me gritan desde sus ojos.

Puedo sentir los nervios que me atenazan por dentro cuando intento expresarme. Sigo sintiendo el temblor de las manos mientras trato de explicarme. Pero esto es todo lo que sé, lo único que puedo decir. Que soy positivo, dicen. No sé con qué. No sé cuándo. No sé cuántas veces. Solo sé que yo no he tomado nada prohibido, que no he hecho nada. No sé cómo explicarlo y siento que es insuficiente. Que solo es una simple palabra y que ahora está en manos de los periodistas, de la gente, que me crean o no.

De vuelta a mi habitación, no paro de repasar mentalmente, kilómetro a kilómetro, todos mis movimientos de los últimos días. Tumbado en la cama mi mente se marcha a los Pirineos, a Luz Ardiden. ¿Alguno de los aficionados de las cunetas me daría un botellín con la mala fe de haber metido un producto dopante diluido en el agua? Imposible. Creo que no cogí nada de ningún aficionado.

Sería mucha casualidad que alguien me quiera apartar de la carrera, y yo coja justo ese bidón y lo beba en lugar de echármelo por encima. La probabilidad es muy pequeña. Ínfima. Pero es que tiene que haber sido algo de lo que yo no haya sido consciente. Alguien me ha tendido una trampa.

¿Y si es algo que me han puesto intencionadamente en la cena?

Mi cabeza no para de dar vueltas.

¿Y en Guzet-Neige? ¿Me daría alguien un bidón contaminado? No, no quiero pensar que nadie pueda tener tan mala leche, destrozar a una persona así. Destrozarme a mí. Aquí tiene que haber una mano negra.

Mi cabeza no para de dar vueltas. No soy capaz de detener todas estas revoluciones que se me amontonan en la mente.

Vuelvo a salir de la habitación, en busca de Vicente Iza, nuestro masajista, que se encarga de llevar el botiquín. Necesito una pastilla para poder conciliar el sueño porque sé que, de lo contrario, no lo voy a conseguir.

Es la segunda vez en mi vida que voy a necesitar tomarme una de estas. La anterior fue hace dos años, cuando mi hermana Marisa me llamó por teléfono, también durante el Tour, para decirme que mamá había muerto. Así, de repente. Por eso sé de lo que hablo. O la tomo o me pasaré toda la noche en vela.

Ya que he venido a la habitación de Iza aprovecho para hacerle todas las preguntas que tengo encima. Seguro que él y Echavarri ya han hablado, pero por no preocuparme más de lo que ya estoy no quieren contarme cosas.

—Vicente, ¿qué está pasando? ¿Tú sabes qué es eso del probenecid del que hablan? Si yo no he tomado nada de eso de lo que dicen. Lo único que hemos tomado han sido las vitaminas de siempre, y no recuerdo nada diferente.

—Hay un medicamento, si recuerdas, Pedro, que el día del Alpe d'Huez ingeriste porque hizo frío y favorecía la eliminación de toxinas porque al día siguiente era la crono. Es un diurético, pero está permitido.

—Vale, vale…

Rápidamente, Vicente da media vuelta y rebusca entre las cajas de medicamentos que tiene para mirar la letra pequeña.

Ahí está.

En el reverso de la caja aparece su composición y el nombre de «probenecid».

—Su prescripción dice que se usa para eliminar el líquido y la sal sobrante del cuerpo... Para favorecer la expulsión de líquido en casos de retención... Lo de que se utiliza para enmascarar anabolizantes es un tema que desconozco. Pero nosotros todo lo que llevamos son productos aceptados, que no dan positivos en los controles. ¡Estaría bueno, Pedro!

Regreso a mi habitación confuso. Sigo sin entender nada, pero necesito dormir. Esto sigue. Y yo sigo en el Tour. Necesito desconectar como sea. Abro *La sonrisa etrusca* por la página donde la dejé. De las tres novelas que he traído al Tour esta es la que me queda por terminar. Y me está fascinando. Comienzo a leer, a ver si así me abstraigo, pero qué va. Esta noche sé que es imposible centrarse. Cierro el libro y entonces me viene un recuerdo, un fogonazo a la mente. ¡Ostras! Aquella llamada hace unos meses, cuando estaba en Navacerrada concentrado en altura, en el Hotel Pasadoiro preparando este Tour de Francia.

El sueño me vence con esa imagen y mi mente, tan cansada desde que esta tarde ha saltado el bombazo de mi positivo, empieza a rendirse, a evadirse, retrocediendo a aquel día, cuando volví de entrenar...

* * *

—Pedro, tienes una llamada. Es el que te dije que te había intentado localizar mientras estabas entrenando y que era importante —me dice Marisa, la persona que regenta el hotel, con un gesto que delata entre indiferencia y quien cumple con su obligación.

Cruzo el comedor y me dirijo al teléfono de recepción. El entreno de hoy ha sido suave; mañana me tocan series y hoy me he dado un poco menos de caña, así que he podido almorzar antes y mi idea es echarme una buena siesta.

No es extraño que suene el teléfono y pregunten por mí en este hotel. Muchos periodistas saben que estoy aquí, preparando el Tour de Francia en altura, y llaman para ver si les concedo una entrevista. Alguna que otra vez se han colado también las llamadas de aficionados que quieren saludarme y darme ánimos. Tengo un poco de curiosidad por saber cuál era la «urgencia» de hablar conmigo.

—¿Sí, dígame?

—Hola. ¿Perico Delgado? Me voy a presentar: soy Vicente Cassana, y soy astrólogo, además de gran aficionado al ciclismo. Me gustaría que me dijeses el día de tu nacimiento, hora y lugar…

—¿Y eso para qué?

—Pues verás, estoy convencido de que este año vas a ganar el Tour de Francia y me gustaría, simplemente como aficionado al ciclismo y como practicante de la astrología, saber cómo tienes los astros exactamente; pero que sepas que los tienes muy bien…

—Oye, pues si no es más que eso, tú verás. Nací el 15 de abril de 1960 a las…

—¡Perfecto! Hasta luego, Perico.

Y corta. Me quedo totalmente alucinado.

Pasan dos días y Luisa vuelve a decirme que Vicente, el astrólogo, está al otro lado de la línea.

—¡Perico! Soy Vicente Cassana de nuevo. ¿Cómo estás? Oye, te acabo de revisar la carta astral y la veo muy potente. Que sepas que vas a ganar el Tour…

—Fenómeno, ¿no? —El año pasado acabé segundo y tampoco hay que ser un adivino para intuir que puedo ganar este.

—Sí. Y verás… —Oigo cartas removiéndose al otro lado del teléfono—. Pero espera, perdona…, es que estoy viendo una cosa rara por aquí.

—¡Vaya! ¿El qué? —La verdad es que nunca he dado mucha credibilidad a estas cosas. Siempre me han parecido más bien para supersticiosos, pero como estoy aquí arriba, en Navacerrada aburrido y las tardes se me hacen tan largas, pues oye, al menos me entretiene, tengo algo de lo que reírme... «A ver qué dice el Cassana este».

—Es una cosa rara en los astros, un paso entre dos astros que te lo va a hacer pasar muy mal...

—¿Y cómo es eso? —Intento no sonar a burla, maquillar la risa que me viene para que no se note por teléfono.

—Hasta te puede hacer abandonar, pero si eres fuerte, y estoy convencido de que lo eres, que lo aguantas todo bien, lo sacarás adelante porque al final se aclarará todo...

—¿Pero aclararse el qué? ¿No podrías ser más explícito?

—No te preocupes, Perico, que vas a ganar el Tour.

Y cuelga.

Bueno, tampoco es un gran descubrimiento que me vean como favorito, pero eso de que algo muy gordo va a pasarme..., qué curioso. En fin, cosas de adivinos y alcahuetes.

* * *

Y entonces me despierto. *¡Flash!* Abro los ojos de golpe. ¿Dónde estoy? Ah, sí, en el Tour de Francia. He debido de tener una pesadilla. He soñado que era positivo en el Tour.

Un segundo.

Dos.

Tres...

Respiro y vuelvo a cerrar los ojos un instante. «No, Pedro, no era un sueño, es real». Rebobino. Ayer dijeron en la televisión que YO, el líder del Tour de Francia, era positivo. No sé cuándo, ni cómo, ni con qué. Pero luego vinieron los periodistas, tuve que responder preguntas. «Sí, Pedro, lo que estás viviendo es real».

Justo lo que me dijo aquel astrólogo hace unos meses y yo me tomaba a risa. ¡Fíjate! ¿Cómo puede ser que adivinase todo esto que me está sucediendo?

Él me dijo que fuese fuerte, que aguantase, porque este Tour es mío, y así debe ser. Lleva mi nombre. No hay nadie superior a mí. Nadie se lo merece más que yo.

No voy a permitir que me lo arrebaten. Yo sigo aquí, en pie de guerra porque tengo la conciencia muy tranquila de lo que he tomado y lo que he hecho.

El recuerdo-anécdota del astrólogo me da un puntito más de fuerzas para seguir. Y ahora las necesito todas. Porque sé que el apoyo de mi gente lo voy a tener, pero este aviso más de un mes antes de lo que estoy viviendo me refuerza para continuar. Debo seguir hasta el fin del mundo con mi convicción porque yo no he hecho nada malo y no me tengo por qué retirar.

Porque este Tour, desde que aterrizamos en Francia los días previos, yo ya sabía que tenía que ser el mío. Este sí. El año pasado terminé segundo, vestí por primera vez el maillot amarillo hasta la crono de Dijon, un día antes de llegar a París, donde me lo arrebató Stephen Roche. Qué cerca estuvo ese sueño que tuve en 1983 viéndome ganador de la ronda gala. Pero esta vez es diferente, ha pasado un año de aquello y ahora soy otro tipo de corredor. Mucho más convencido de mis posibilidades, más fuerte, más maduro, más seguro de mí mismo. Esta vez sé que no se me va a escapar.

Tengo un estado de forma excelente. Igual que el año pasado, o incluso mejor. Llegué con un mar de críticas a las espaldas. Que si no había corrido la Vuelta, que si no había hecho nada en el Giro. Ataques indiscriminados, pero hoy tengo mi camino claro: el triunfo absoluto. El maillot amarillo. No me conformo con nada menos que eso.

La carrera estaba discurriendo a mi gusto, a pesar de algún susto por la caída en la quinta etapa. La primera crono individual me salió superbién y cuando llegó la montaña, apenas llevaba un minuto de retraso sobre los otros favoritos. El primer día clave fue la durísima etapa de Alpe d'Huez. Ya el día anterior habíamos tenido un primer contacto con las cumbres con meta en Morzine. Pero nadie quería guerra de verdad y solo fueron pequeños escarceos con Lucho Herrera, Mottet, Breukink o Alcalá, o al menos a mí me pareció que la etapa, a pesar de las dos ascensiones finales, un primera categoría y un segunda (el paso de Morgins y la subida al Col de Cordier), no había sido muy dura, pues llegué con mucho gas. Aunque también hubo selección de favoritos, pues fallaron dos corredores muy importantes como Jeff Bernard y Sean Kelly. No sé, me notaba que llegaba a meta muy entero y que la carrera no me estaba pareciendo realmente dura como otros años.

«Ostras, Pedro. Ahora sí. Este es tu momento».

Estoy a tope de confianza, pero en el ciclismo pasas de la gloria a la pesadilla en un chasquido de dedos. No quiero dejarme llevar por la euforia, pero todo parece encaminado a hacer realidad este sueño de 1988.

Siento que soy yo quien tiene que tomar el mando de la carrera, las riendas de este Tour de Francia. Para liderarlo, para reventarlo, para hacerme con él. Es ahora.

Y no quiero esperar más. Ya no voy a dejar que hagan la carrera otros, vamos a ser nosotros.

Y la carrera sale loca desde el principio. Es 14 de julio, día nacional en Francia, y todos quieren dar la talla. Todos menos Fignon, que se marcha para casa justo en este día tan señalado. Los primeros 100 kilómetros se convierten en una locura. Por delante, a bloque un buen grupo de ciclistas, donde me filtro, y por detrás igual. Y queda la Madeleine, el Glandon, el Alpe d'Huez. Antes de llegar al primer coloso del día todo se reagrupa y la carrera se calma.

A mitad de la Madeleine se me acerca Ángel Arroyo y me grita:

—¡¡Perico, que están muertos!! Hay que liarla, ¡hay que liarlaaaaa!

—Tranquilo, Ángel. Espera...

—¡Que la lío! ¡Que la lío yo y ataco! ¡Vengaaaa!

Le puede el ansia, las ganas, pero tengo que aplacarle como sea. Aún queda mucha etapa por delante.

—Ángel, que falta mucho —le hablo sin parar con este ritmo machacón con el que estamos ahogando a todos—. Vamos a esperar un poco, Ángel, así mantenemos el bloque unido. Mira, habla con Miguel para que se encargue de apretar y atacar en la bajada. ¡Dile que la líe en el descenso!

Nada más coronar, todo el equipo Reynolds vamos a rueda de Induráin. Y todo lo que no pasa subiendo sucede en ese descenso que Miguel, el chavalito navarro, conduce como un bólido, apretando a todos.

—¡Tira, tira, Miguel, que la liamos! —le grito para empujarle un poco más.

Gracias a él, un grupo de apenas quince corredores se presenta a los pies del Glandon, donde está el avituallamiento. Ahora sí, así es como me gusta tener la carrera. Completamente rota, todos muertos. Pasado el avituallamiento, le pido a Arroyo que dé continuidad al trabajo de Miguel, pero ahora subiendo, pero que no se vuelva loco, que deje que vayan llegando poco a poco los grupos de descolgados y así nosotros podemos coger un poco de aire. A mitad del puerto les pido que «jueguen a ciclistas», primero Gorospe, que abra «gas», y cuando el ritmo decaiga, que sean Rodríguez Magro y en última instancia Omar Hernández. Que se diviertan destrozando la etapa. Como lanzadera justo antes de mi ataque. Es hora de liarla. ¡Pam!

La cabeza de carrera va totalmente rota y espero los 2 últimos kilómetros para rematar el trabajo de mis compañeros. Solo me responde Steven Rooks. Coronamos con 28 segundos y para abajo. A por el Alpe d'Huez.

Voy pensando en el camino hacia las veintiuna curvas. La última vez que vine aquí hace justo un año me vestí de líder, pero no fui capaz de conservarlo hasta París. «Y esta vez no, Pedro. Ahora no puede pasarte algo así».

A mitad de la ascensión llegan Parra y Theunisse. Mis piernas van bien, pero no las siento súper. Prefiero ser conservador. Pienso que estos van a ser mis rivales más directos; los otros están perdidos atrás. Juntos tenemos que hacer camino. «Pedro, con estos vas a jugarte el Tour».

No quiero dejarme llevar por la emoción y me mantengo frío. Los ataques para la etapa no son mi guerra. Yo peleo por algo mucho más grande, el maillot amarillo. Cuando Rooks se va, le dejo que haga a su antojo. Mis enemigos son estos dos que llevo pegados a mí: Parra, sobre todo, y Lucho Herrera, aunque ahora no ande por aquí.

Llegamos a meta y me pongo de líder. Amarillo otra vez aquí, en el Alpe d'Huez. Y al día siguiente llega la cronoescalada y la gano. Y amplío más mi ventaja respecto a mis adversarios: 2'47" a Steven Rooks, 3'02" a Steve Bauer y casi 5 a Fabio Parra.

«Esto está hecho».

Manejo la carrera a mi antojo, me siento el patrón. No siento la presión del año pasado al tener que distanciar a Roche de cara a la crono. Mis contrincantes son más flojos que yo en esa disciplina. Es una sensación muy agradable, ver cómo mis rivales se quedan y que en mis piernas siento tener un punto o dos más de velocidad. Corro para pasármelo bien y disfrutar de este momento de gloria tan dulce que estoy viviendo.

En los Pirineos, subiendo Luz Ardiden, ajeno a los comentarios de los locutores, dejo hacer a mis rivales ocupando la parte trasera del grupo de los elegidos. Los periodistas que retransmiten la etapa empiezan a preocuparse...

«No sabemos qué pasa —comentan—. El líder parece que está en dificultades, va el último...».

Un escalofrío me azota todo el cuerpo. Maldita sea. Siento un chorro de agua fría que me recorre la espalda. Un aficionado acaba de echarme agua, me ha vaciado por encima toda la botella. Le aparto de un manotazo. Qué cabreo. El maillot debe de pesar un kilo más debido al agua que ha absorbido.

Quedan 3 kilómetros para la meta...

¡Arranco!

«¡Es terrible! —dice un comentarista—. Les ha llevado al límite para después atacar. ¡Está sentenciando la carrera!».

Y me voy. Porque soy el dueño y patrón de esta carrera y nadie va a poder conmigo.

«Delgado ataca y Theunisse no puede ir a por él. Pedro Delgado... ¡¡Formidable!! ¡¡Qué grande es y qué coraje tiene!!».

Vuelvo a sacar tiempo en la cima, pero en el fondo qué más da. Todos saben que soy el jefe de este Tour; salvo caída o desgracia, es mío.

Una desgracia.

Y de repente, Burdeos.

Y ahora esta pesadilla en la que estoy inmerso y de la que necesito que alguien me despierte para saber que no es real, que esto no me está pasando.

Llegamos a la siguiente etapa, la decimoctava. Camino de la salida, con toda la historia del positivo en todos los medios de comunicación franceses, no se habla mucho en el coche. Conduce Carlos Vidales, el mecánico, yo voy de copiloto y detrás, José Miguel Echavarri. Cada uno pensando en sus cosas, pero todos con la sensación de que nos están robando algo que es nuestro. Mis pensamientos van enfocándose poco a poco en cómo afrontar el control de firmas, delante de esa multitud que se congrega en ese punto para ver a los ciclistas.

Juntos, estamos en el camino de conseguir algo enorme que se inició cinco años atrás, en 1983, cuando una pandilla de amigos inexpertos vinimos a esta aventura que es el Tour de Francia. Al principio pensamos que moriríamos en el camino, pero, de repente, llegaron las montañas y todo cambió, y entonces supimos que algún día íbamos a lograr esto. Juntos hemos ido creciendo, aunque yo me marché a los Países Bajos, al PDM, y, aun así, siempre he sentido que este es mi sitio. Y cuando regresé, tres años después, éramos exactamente los mismos. Hay un vínculo especial entre todos. Con Vicente Iza, con Francis Lafargue, con Miguel, con Ángel Arroyo, con Gorospe, Dominique..., una confianza que, ahora me estoy dando cuenta, es ciega. Ellos la tienen en mí, no hace falta que me lo digan. Se les nota por lo que me transmiten. Y ahora nos están haciendo esto. No solo a mí, a todos.

En los periódicos mi nombre ya aparece ligado al *affaire,* al positivo en probenecid. Palabras que hasta hace horas nada tenían que ver conmigo y que ya están por todas partes junto a mí.

Pasan los kilómetros en silencio, con Vidales al volante. José Miguel no dice nada. Me conoce. Prefiere que sea yo quien empiece a hablar, o dejarme mi espacio, mi silencio. Lo necesito más que nunca. Pero de pronto rompe ese silencio.

—Quieren que abandones, Pedro.

—¿Quién?

—Los organizadores. El Tour quiere que no llegues a París.

Giro la cabeza hacia el asiento trasero, desde donde José Miguel me habla, y observo su rostro, su mirada hundida, sus profundas ojeras como dos agujeros negros de honda tristeza. Entonces lo entiendo. Todas las presiones que él estará aguantando desde que todo esto ha saltado, todo lo que estará callando para no alterarme lo más mínimo. Se frota el rostro con las manos. Tiene pinta de no haber conciliado un minuto de sueño en toda la noche. Le dejo que continúe.

—¿Tú qué quieres hacer?

—Yo no abandono.

Así de tajante. No abro más la boca. Porque lo tengo muy claro. Pero ahora hay que enfrentarse a la salida, a toda la gente que estará agolpada para ver el control de firmas.

«Venga, Pedro, tranquilo. Hoy no creo que la gente te reciba con gritos de ánimo. Prepárate, mentalízate, tú no hagas caso a nadie, tú a lo tuyo».

Quiero pasar lo más desapercibido posible entre todo el mar de público que se aglomera tras las vallas. Sé que en algún momento tendré que aparecer ante la vista de todos; además, voy con el maillot amarillo, es muy fácil distinguirme. Me encamino hacia el control de firmas por la parte de atrás, con todos mis temores: público francés, ciclista extranjero de líder y, encima, por todas partes se dice que he dado positivo. Una deshonra para la carrera. Me van a acribillar a abucheos.

Pero hay que dar la cara. Qué remedio. «Mantente concentrado, Pedro». Quisiera que nadie me viese, pero sé que es imposible, y en cualquier momento la gente comenzará a increparme, seguro…

—*Alleeeeez!!*

—*Alleeeeez, les gars!!*

Escucho gritos. Deben de estar dirigidos a otros ciclistas. De pronto, entiendo a quién se los dedican.

—*Alleeeeez, Perico!!*

—*Perico, tu c'est un champion!!*

«¿Cómo? ¿Es a mí?».

—*Pericooooo, champion!!*

Sí, es a mí. Me están animando. No puede ser posible. Me aplauden. El público francés me está jaleando. No paran de gritarme. ¡Esto es increíble! Lo que menos me esperaba era un recibimiento así. ¡Qué liberación!

Suelto un resoplido. Ahora sí que llego a París. ¡Tengo a la gente de mi lado! Con todos los titulares en los periódicos franceses que he visto sobre mí y, pese a todo, me apoyan.

«A mí me sacan de esta carrera a patadas».

«Ahora ya tengo algo más a lo que agarrarme».

«A mí, que me echen».

Los ánimos siguen, arranca la etapa y me siento mucho mejor. Pedalear me libera tensiones.

—Pedro, venga, ánimo. Tú para adelante. Y no dudes, ¿eh?

El primero que se me acerca a animarme en el pelotón es Álvaro Pino.

—¡El Tour es tuyo, Pedro! —me dice poco después Thierry Marie.

La verdad es que se agradecen estas muestras de cariño, justo cuando más las necesito. Aunque no todos están de acuerdo con que yo esté aquí.

—Pero ¿qué tiene contra ti Eric Boyer? —me comenta un español—. Te ha puesto a caldo.

—Oye, es libre de pensar lo que quiera. No es santo de mi devoción, pero es libre. Simplemente tiene que creer en mí, en lo que digo, pero entiendo que sea muy difícil que me crean solo por la palabra. Entiendo que haya gente que no lo haga, lo respeto.

¿Qué voy a hacer? Es mi palabra contra la credibilidad que me dé la gente y frente a un gigante que es el Tour y un país entero que es Francia.

Acaba la etapa con victoria de Gianni Bugno. De camino al podio para recibir el maillot amarillo un día más, me cuentan que el positivo viene de la etapa de la cronoescalada, la de Villard de Lans, que gané.

Probenecid, un regulador del ácido úrico que en algunos deportes se usa como enmascarador de anabolizantes.

«Ostras. Es verdad aquello que decía Iza ayer por la noche. Lo que tomé para regular el ácido úrico. Ni me acuerdo de cómo se llamaba, pero está claro que es eso, y que tenía probenecid».

Cuando vamos de camino al hotel, José Miguel tiene otra cara. Una expresión diferente.

—Ese producto no es positivo —me dice.

—¿Cómo que no es positivo? ¿Qué me estás contando, José Miguel? Ahora sí que no entiendo nada. ¿Hemos tomado un producto que es legal y me quieren apartar de la carrera?

—Parece ser que no es positivo en el mundo del ciclismo, pero sí en el COI.

—¿Pero el positivo es solo de ese día? ¿Solo un día?

—Sí, solo ese día.

—Pero tendría que haber dado positivo todos los días en todos los controles para que quieran echarme o sancionarme con los 10 minutos y perder la carrera, ¿no? Porque si he usado algo prohibido y es un enmascarador, debería haber salido en todos los controles que paso a diario desde que soy líder.

Las preguntas se agolpan en mi mente. Cada vez entiendo menos todo lo que está pasando, pero, a la vez, cada vez estoy más seguro de mí mismo. Porque con la misma libertad con que lo tomé un día, lo podía haber tomado todos; como no era un producto prohibido... Y si era para enmascarar algo, tenía que haberlo tomado todos los días y, por lo tanto, aparecido en los otros controles.

Llegamos al hotel y José Miguel me presenta a tres personas: Javier Gómez-Navarro, secretario de Estado para el Deporte; Cecilia Rodríguez, directora del Instituto de Investigación de Madrid, y Luis Puig, presidente de la Unión Ciclista Internacional (UCI). Juntos se irán a París para esperar el contraanálisis, pero antes, me dice Echavarri, quieren hablar conmigo.

—Tranquilo, Pedro, porque el producto con el que has dado positivo está prohibido por el Comité Olímpico Internacional, pero no por la UCI. Eso significa que ese análisis en ningún momento se puede considerar positivo —me informa Gómez-Navarro.

—¿Y eso qué significa? ¿Que se va a aclarar para bien o qué? —le pregunto.

—Seguro. Eso no tiene ninguna base.

—Ya, no tiene ninguna base, pero el que está en el ojo del huracán soy yo, el que sale en las portadas de los periódicos con su foto y la palabra «positivo» al lado soy yo...

—Y ahí están tus otros análisis de los días previos y posteriores, que están completamente limpios, así que tranquilo —me corta Luis Puig.

—Es que yo estoy muy tranquilo con lo que he hecho. Sé que no he tomado nada raro —digo.

—Esto no es positivo. Tú tranquilo.

—Yo estoy muy tranquilo conmigo mismo. Simplemente, que si sale el probenecid en mis muestras y no es positivo, pues no tiene que ser positivo. ¡No tenía que haberlo sido nunca!

—En eso estamos.

—Vamos a irnos todos a París para lucharlo. Verás que lo solucionaremos —me convence Cecilia Rodríguez.

—Solo os digo que de aquí a mí no me echa nadie —les respondo mirando a los ojos uno por uno.

Me ducho y me aíslo del todo. Es así como quiero estar. Tranquilo. Sé que José Miguel ha dado la orden, antes de marcharse, de que no se me moleste.

—En la habitación de Perico no entra nadie. Lo que sea que tengáis que decirle me lo preguntáis a mí —le escuché decir a mis espaldas a todos los compañeros y miembros del *staff*.

Está cargando con la presión que ejercen sobre él y también sobre mí para que yo pueda respirar. Me conoce bien, sabe que lo que necesito es mi espacio. Convertir la habitación en mi trinchera, un fortín, mi remanso de paz y calma lejos de todo el barullo que se ha montado a mi alrededor; de las miradas que me juzgan, de las voces que me critican, de los titulares que me sentencian. Aquí, entre estas cuatro paredes, ya puedo ser yo, sin tener que esforzarme en poner buena cara, en responder a las mismas preguntas todo el rato, dar las gracias a todo el mundo que me brinda su apoyo. «Que sí, que muy bonito, pero dejadme en paz, que necesito estar solo, y asimilar todo lo que me está pasando».

Así que me meto en mi burbuja, con la sola compañía de Arnaud, que sigue compartiendo habitación conmigo.

—¿Cómo estás, Perico? —es lo único que se atreve a preguntarme.

Yo tampoco me extiendo mucho en las respuestas. Necesito silencio. Abstraerme. Las últimas veinticuatro horas han sido una pesadilla. Necesito «digerirlo» todo y aprender a convivir con ello. Me dejo caer en la cama y respiro. Observo mis manos. Ya no tiemblan. Ahora solo queda esperar, porque todo lo demás no depende de mí.

No puedo evitar pensar que si fuese francés, seguro que esto no me estaría pasando, pero tengo que mentalizarme y estar preparado para lo que pueda suceder. Aunque sea inconcebible lo que está ocurriendo. «A lo mejor pasa, Pedro. A lo mejor te quitan este amarillo». Tengo que estar preparado para lo peor.

Ojalá se aclare lo antes posible, sea de la forma que sea, pero quiero saberlo ya, por si me tengo que replantear qué hacer en lo que queda de carrera, que aún nos queda el Puy de Dôme.

La incertidumbre sigue adueñándose de mí hasta en lo más profundo. Pero no puedo titubear. Si algo bueno me ha dado el ciclismo es la confianza. Todos los momentos malos vividos, soportados, superados, me tienen que servir ahora. A nivel físico y emocional me he tenido que enfrentar a tantas cosas... Las pájaras, el frío, el calor, la sed, las caídas..., como camino de Morzine, cuando me rompí la clavícula en el Tour del 84, o la muerte de mamá dos años después... He pasado por muchas cosas y las he superado. Ahora toca volver a tirar de casta, de esa fortaleza labrada. Y no dudar. «Eso jamás, Pedro». Mi conciencia está tranquila y no voy a dar la razón a nadie. Porque mi razón es que no he hecho trampas ni he hecho nada ilegal, y tengo que seguir adelante. Así que pastilla para dormir y a descansar todo lo que pueda, que mañana hay etapa; esto no se ha acabado. Encima, subimos hasta el Puy de Dôme. Qué bien estaría ganar allí para callar a todos, demostrar que sigo siendo el rey absoluto de esta carrera a pesar de todo esto por lo que me están haciendo pasar y que siento que me arrastra y me está arrollando.

Por fin la pastilla empieza a hacer su efecto y me atrapa el sueño poco a poco. Voy cayendo, aunque mi mente no puede dejar de pensar todavía. Yo, que he corrido siempre legal, no puedo entender todas estas acusaciones.

Mientras el sueño se va adueñando de mí, me viene a la mente aquella primera carrera que gané...

* * *

Jueves, 1 de mayo de 1975. Queda una vuelta para terminar la carrera y voy solo.

Es la tercera carrera en la que me pongo un dorsal. En la primera fui tercero; en la siguiente, segundo. Me está gustando esto del ciclismo, es divertido. Seremos unos doce chavales, una docena de cadetillos en la prueba esta dando vueltas al polígono industrial de Segovia. Antes han corrido los infantiles, la categoría anterior a la nuestra, y ahora es nuestro turno. Aunque siempre el que gana es Mariano Bayón, el del equipo Cuéllar. Luego están los de Cantimpalos, pero Bayón es el mejor con diferencia. Mira que es bueno y rápido, pero, para ganar, tendría que marcharme solo, y lo acabo de lograr a falta de dos vueltas. «¡Venga, Pedrito! Queda una vuelta y creo que tengo ventaja suficiente».

«Menos mal que mamá y papá no han venido a verme porque… "Pedrito, hijo, tú no te caigas, conque no te vayas al suelo. Lo que hagas con esa bici endemoniada me da igual, pero vuelve entero a casa"». Eso me dice siempre mamá.

Con lo divertido que es esto de la bici: viajo, conozco sitios nuevos…

Siento que vuelo.

Soy el primero.

Voy desbocado. Me escapé en la sexta vuelta con Melero, sobrino de Carlos Melero, profesional del Kas, y ahora voy solo. Pero queda aún otra vuelta. No paro de mirar atrás; de momento, los veo lejos. ¡Ojalá la llegada fuese en el siguiente paso de meta! La angustia de que me vayan a coger me da un empuje extra más a dar a los pedales y vender cara la victoria.

Última vuelta. Ahora no pueden fallarme las fuerzas. Miro atrás y creo que tengo ventaja suficiente. «¡Voy a ganar!». Casi no me lo creo.

¡Cracccc!

«¿Qué pasa?». Que doy pedales en vacío.

«¡Ay, madre mía! Pero si la bici no avanza».

Agacho la cabeza y veo…

«¡¡Noooo!!».

La cadena se ha partido.

«¡No puede ser! Esto no puede estar pasándome a mí».

«¡Ay, madre mía! Que me pillan, que no voy a ganar…».

«Ostras. Pero si en la cuneta hay un crío con una bici. ¡Claro! Los infantiles que han corrido antes».

—¡Eh, chaval! —le grito, aunque no hace falta para que me preste atención, con el espectáculo que estoy montando aquí, yo solo—. ¡Déjame tu bici, por favoooor! Que se me ha roto la cadena. ¡Por favor, déjamela, que gano!

Casi se lo suplico mientras corro despavorido en su dirección. Es de la escuela de ciclismo de Segovia, como yo. Extiende la mano con la que agarra el manillar.

—¡¡Sí, toma!! —Y en ese momento veo el cielo.

«¡Vamos!». Me monto a toda prisa, me aprieto la correa con todos mis nervios y…

¡Crac!

«¡¡Noooo!! ¡La acabo de romper!».

«Bueno, mira, ¡me da igual! Sin cadena no puedo, pero sin correa que me sujete el pie al pedal sí. ¡Corre, Pedrito! ¡Corre! Que se está echando encima Mariano Bayón. ¡Corre, maldita sea!».

Pedaleo como alma que lleva al diablo. Una primera curva a derecha, donde trato de tocar el freno lo menos posible. Prefiero caerme a que me coja por frenar más de la cuenta. La última curva es más abierta y solo es darle a los pedales. Parezco un molinillo, pues los infantiles tienen un desarrollo donde se avanza menos, pero yo pedaleo todo lo rápido que dan de sí mis piernas.

Ahí está la recta de meta. Una última mirada atrás, con un deseo con todas las fuerzas de que no me estén cogiendo, pues siento su «aliento» muy, muy cerca.

«¡Bien!». Están lo suficientemente lejos. ¡Mi primera victoria! Alzo los brazos por encima de la bici prestada. Soy el niño más feliz del planeta Tierra ahora mismo. ¡Levito! Qué emoción más grande.

«¡Y ahora, a por mi trofeo! Por fin voy a tener uno como todos esos que tiene mi amigo Frutos Arenal y que tanta envidia me dan».

Pero cuando van a empezar a repartir los premios, los de la escuela de ciclismo de Cuéllar —a la que pertenece Bayón— vienen protestando.

—¡¡Eh!! Que ha hecho trampas. ¡Que ha ganado haciendo trampas!

No me lo puedo creer. Se habrán enterado de que he terminado la carrera con una bici prestada. Alguien se lo habrá contado y han venido a protestar. ¡A ver si ahora me van a quitar la victoria!

—Oye, que no, que yo he corrido legal —respondo, haciendo un esfuerzo por superar mi timidez.

Pero quieren quitarme lo que es mío, ¡y eso no! Es mi primer triunfo. ¡Yo quiero mi copa!

—¡Que ha hecho trampas!

* * *

«¡Trampas!». Y me despierto de golpe. De eso me acusan ahora también, como aquella primera victoria que conseguí con quince añitos y que al final decidieron que sí, que no había hecho nada ilegal y que el triunfo era mío. Ojalá esto acabe igual que esa tarde en el polígono industrial de Segovia, porque sé que estoy en las mismas que entonces: no he hecho nada fuera de las normas.

Y hay que seguir. Porque hoy es la última etapa con final en alto de este Tour. Llegamos al Puy de Dôme y tengo más ganas que nunca de ganar. Ya la tenía señalada antes de que explotase todo esto, pero ahora todavía mucho más.

Desayuno los huevos fritos con arroz blanco de todos los días y nos vamos para la salida. Otra vez a aguantar las preguntas maliciosas de la prensa extranjera: que si me voy a retirar, que si es una deshonra para el Tour que yo siga aquí… Respiro, cuento hasta tres y respondo.

—Yo escucho a mi corazón y respeto tu opinión, pero la mía es otra, y mi decisión ya está tomada: seguiré en carrera porque tengo la conciencia tranquila y sé que no he hecho nada ilegal.

Arranca la etapa y se forma una fuga que coge tiempo. «Vaya, hombre. Parece que van a llegar y jugarse la etapa. ¿Qué hago? ¿Mando tirar un poco más rápido a mis compañeros? Con las ganas que tengo de ganar aquí...». Pero me siento también en deuda con muchos corredores por las muestras de cariño que he recibido desde hace un par de días...

Qué bien me viene pedalear. La tensión acumulada se va aflojando poco a poco. Aunque esté rodeado de ciclistas, esa soledad que da pedalear por mí mismo me ayuda a relajarme, me distrae, me tranquiliza y...

—¡Pedro! —Es mi compañero Rodríguez Magro—. Descuélgate a cola de pelotón, que Eusebio quiere hablar contigo.

«¿Qué querrán?».

Desde que Echavarri se marchó a París junto con las autoridades para pedir el contraanálisis y tratar de deshacer todo este embrollo, Eusebio Unzué es quien está al volante del coche del Reynolds. Me aparto a un lado y dejo pasar al pelotón. Miro hacia atrás y ya llega. Me pongo a su lado, ventanilla bajada, y Eusebio asoma la cabeza. Me mira y sonríe. Con esos dos segundos tan característicos que deja de pausa y observación. Me mira en silencio y no puede evitar dibujar una media sonrisa en el rostro, de esas que sabes que tiene algo que contarte pero que prefiere tomarse un momento para disfrutar de lo que va a pasar de manera inminente.

—Pedro, que ya está todo solucionado.

—¿Cómo? —No entiendo qué quiere decir. O me cuesta creerlo. No sé muy bien cómo reaccionar.

—Que está todo arreglado y aclarado. Que no hay sanción de ningún tipo. El jefe de comisarios internacionales, Mario Prece, ha dictaminado que no hay positivo.

Lleno mis pulmones cogiendo aire como si me faltase y lo suelto de golpe. Qué liberación. En cuestión de segundos es como si fuese otra persona. Sonrío. Le devuelvo a Eusebio esa mueca de felicidad plena y absoluta. Dos días de pesadilla que por fin se acaban. Todo ha terminado.

Me voy para adelante, a recuperar posiciones en el pelotón, y me encuentro con Rodríguez Magro por ahí.

—¡Oye, Magro! Me acaba de decir Eusebio que se ha aclarado todo, ¡que no soy positivo!

—¡Qué alegría, Perico! ¡Vamos, que vas a ganar el Tour!

Cuando llegan las últimas rampas del Puy de Dôme, a 2 kilómetros de la meta, ataco. Porque me apetece y porque me lo merezco. Porque soy el hombre más fuerte de este Tour de Francia. Y porque voy a ganarlo. Sí, ¡voy a ganar el Tour!

Aunque a la mañana siguiente nos despertemos con *L'Equipe,* la biblia del Tour de Francia, el periódico con el que desayuna toda la carrera, azotándome con sus titulares.

«Le maillot jaune, blanchi».

«El maillot amarillo, blanqueado», dicen, como si me hubiesen hecho algún favor. En efecto: una pequeña nota en el periódico me libera de esta mancha. Es increíble cómo saltó el bombazo, que llenó páginas y páginas. Han corrido ríos de tinta en estos días y ahora, apenas unas líneas para decir que estoy limpio, que corro legal. Que mi positivo no es positivo. Que este caso nunca se tenía que haber dado. Qué impotencia.

Pero yo tengo que dejarlo atrás, pasar página. Se acabó. Es mejor no enfadarse con el mundo, aunque no me guste. No puedo hacer más sangre, y tengo que disfrutar lo máximo posible de este presente soñado tantas veces.

París. Magia para los ciclistas en el fin de un viaje de más de tres semanas, que muchas veces se hace interminable. Los Campos Elíseos repletos de público y de gritos de ánimos al paso de mi equipo Reynolds, que va comandando el pelotón, y yo, vestido de amarillo. Esto es único.

Glorioso.

«Perico, estás ganando el Tour de Francia».

Lo pienso y noto que me tiemblan las manos al sujetar el manillar. O tal vez es al rodar por estos adoquines de esta majestuosa avenida. Tiemblo. Pero esta vez no es como cuando José Miguel me confirmó el bombazo que salía por la tele como rumor. Esta vez es de emoción. París es mío. El Tour, ¡por fin!, el sueño que vi tan claro hace cinco años cuando llegamos aquí por primera vez. Ya entonces supe que algún día iba a ganar esta carrera.

Ahora sí que puedo vislumbrar la recta final. «Esto se acaba, Pedro, esto es ya todo tuyo». Me dejo llevar. Cien metros, 50... Bajamos desde el Arco del Triunfo hacia la plaza de la Concordia, meta cuesta abajo. A mi lado se coloca Herminio Díaz Zabala justo en el momento en que vamos a cruzar la meta. Suelto la mano del manillar para agarrar la suya y en cuestión de segundos pierdo el equilibrio en un inesperado bache.

¡Ostras!

¡Bandazo!

¡Que nos caemos!

En un movimiento repentino, fruto de la supervivencia, de la casualidad, yo que sé, viramos sobre nosotros mismos y logramos mantener la bicicleta en pie. Y a nosotros.

¡Uuuuf! Nos miramos y nos reímos.

—¡Te he visto en el suelo, Pericoooo!

Hasta el último momento con emociones de infarto, ¡madre mía! No te puedes relajar ni diez metros antes de cruzar la meta.

Ahora sí. Todo mío. Ya nadie puede quitármelo. Gloria infinita.

A mi alrededor veo banderas de España detrás de las vallas y gritos que no cesan. Puedo diferenciarlos a la perfección, están coreando mi nombre.

—¡¡Peeeerico, Peeeerico, Peeeericoooooo!!

Ahora es toda una locura. Que si entrevistas de acá para allá, que si pasamanos con todas las autoridades que han venido al fin de fiesta, que si gritos a mi alrededor reclamando mi atención, y casi no me entero de que me están llamando para subir al podio.

Ha llegado mi momento. Suena el himno nacional y puedo notar cómo se me eriza la piel.

Estoy levitando, dos o tres palmos por encima del cajón más alto del podio, el mío.

Siento que tengo París a mis pies.

«Perico, acabas de ganar el Tour de Francia».

Clase, inteligencia,
coraje, destreza,
tienen en Perico
las puertas abiertas.

Gustavo Postigo

6
11 DE MAYO DE 1989

«Gamba di legno. Gamba di legno».

No me quito de la cabeza esta expresión italiana para tratar de entender lo que me está pasado mientras subo este puerto de Pajares que me está matando.

«Gamba di legno», o «pierna de madera», en ciclismo es la sensación de no tener un buen tono muscular. La llevo encima toda la jornada, y está haciéndose realidad de una manera dramática desde el inicio de este último, duro y largo puerto.

Voy sufriendo como un perro, obligado a disimularlo.

Ayer, en los Lagos, salvé el maillot amarillo por dos segundos frente a Parra, y hoy me están poniendo al límite de mis fuerzas físicas y mentales. Trato a duras penas de aguantar los envites de Álvaro Pino, de los colombianos y especialmente de mi más directo rival, Fabio Parra.

Las piernas las siento pesadas, me imagino que será por culpa de la lluvia. Hoy no ha parado de llover y la temperatura es baja. Yo voy bien con calor, el frío lo aguanto como puedo, pero hoy lo estoy acusando más de lo normal.

Otra aceleración de Pedro Saúl Morales. Vaya día me están dando los colombianos, no paran: que si Martín Farfán, que si Acevedo... Es que ven la carretera ponerse para arriba y se lían a ataques de manera bastante anárquica, pero destrozando el pelotón, y hoy a mí me están matando poco a poco, a fuego lento. Seguir en el grupo de los favoritos me está resultando un calvario.

Trato de aparentar normalidad, como que les dejo ir, y yo a mi ritmo.

De momento parece que funciona; otros favoritos esperan a ver qué pasa, la meta está aún muy lejos. Estoy entre los primeros del grupo de los elegidos, pero mis piernas no «giran», hoy son de madera, y con este final de etapa empiezo a tener dudas de poder salvar el liderato.

Quién me lo iba a decir a mí, que hace dos días iba como una cosa tonta. En Cerler gané con una pata frente a cuatro colombianos que me atacaban sin parar. Que si uno, que si luego otro… Y salía a todo con total facilidad, a neutralizarles. Es más, podría haber contraatacado en más de una ocasión e irme solo, pero José Miguel quería mantener también a Induráin con opciones para la general, y solo me dediqué a controlarlos. Y ahora, de repente, cuando apenas quedan cuatro etapas para que acabe la Vuelta, cuando Miguel se acaba de retirar con el escafoides roto tras la caída de ayer en el Mirador del Fito, camino de los Lagos, yo, ya líder único del equipo, comienzo a debilitarme de forma un tanto repentina.

La sensación de impotencia se acentúa con cada aceleración en cabeza de carrera. Todavía vamos muchos, eso no es buena señal. Si estas sensaciones las tuviese yendo con cuatro o cinco, lo podría entender, pero es que vamos aún unos veinte, y lo más duro del puerto está por llegar.

«Mantén la concentración», me digo a mí mismo. Voy contando los kilómetros que restan como una auténtica pesadilla.

Quedan unos 10 kilómetros de puerto todavía. Lo peor de este Pajares, con esas rampas del 12% y, cerca del final, ese kilómetro y medio que se mantiene muy constante al 14% con picos muchas veces del 16%.

Meto todo el desarrollo que llevo y en más de una ocasión doy a la palanca buscando un piñón más grande, pero para mi desesperación ya llevo todo metido, la corona de 23 dientes se me hace pequeña, hoy me parece insuficiente.

«¡Aguanta, Pedro!». Un kilómetro menos, y sigues con tus contrincantes. Pero me temo las arrancadas de mis rivales más directos. Si ya voy al límite, ¿cómo haré para responderles?

Todos vamos dando chepazos sobre los pedales. Parece que estas pendientes están dejando a mis rivales sin fuerzas, al menos es lo que trato de pensar para pasar del pesimismo que me invade al optimismo de salvar el amarillo. Menos mal que el asfalto está de diez, pero la carretera es tan ancha que cuando viene una de esas rampas imposibles, con su carril extra para los vehículos lentos, casi inconscientemente vamos todos a él, pues no hay fuerzas en las piernas para impulsarnos con mayor velocidad.

«Vaya mierda de día». No para de llover. Aún faltan 5 kilómetros. Siento las piernas que ahora sí me van a explotar con estas rampas.

La vista se me nubla a ratos, solo veo las siluetas de mis adversarios y, con este día tan gris, tengo la sensación de ver en blanco y negro. Me cuesta distinguir los colores tan llamativos de los maillots, o el verde, hoy olvidado, del paisaje asturiano.

«¡Aguanta un poco más!», me digo una y docenas de veces, pero siento que el momento de explotar está ahí mismo.

Ataca Óscar de Jesús Vargas. ¿No se podría quedar quieto?

Pedro Saúl Morales, compañero de Parra, está poniendo un ritmo durísimo, y se va con él. Yo miro de reojo a Fabio, no soy capaz de interpretar cómo va.

«Me voy a quedar».

«Aguanta un poco más, Perico», trato de animarme insistentemente a mí mismo, ya con poca convicción. Comienza a abrirse ese hueco mortífero, delatador, entre la rueda trasera de mi rival y la delantera mía. Voy tan justo que es cuestión de pocos metros que mis adversarios se den cuenta de mi fragilidad. Si sucede, hará sonar la alarma y será mi fin.

Pino, que ve que estoy cediendo, me pasa y se pone a rueda de Parra. Yo trato de mantener la concentración, la ambición del maillot amarillo, pero las piernas no van nada finas. Las siento sin fuerzas, y eso está dinamitándome la moral. Si quedase menos, tal vez podría sacar fuerzas no sé de dónde, pero, con estas rampas y todo lo que queda, empiezo a despedirme del amarillo.

Morales, de pronto, se abre. Parra mira atrás, ve pegado a su rueda a Pino, me busca con la mirada y cambio el gesto de mi cara de sufrimiento, de ir muerto, al de «¡aquí estoy, amigo!». Fabio levanta el pie. Álvaro quiere dar continuidad al ritmo, consciente de mi debilidad. Pero el colombiano se queda pendiente de mí y no del gallego.

«¡Uf! Este *round* lo he salvado por muy poco». Esa disminución de velocidad me ayuda a sentir que la sangre vuelve a circular un poco por mis piernas. Pero falta el último kilómetro de Pajares, las rampas más exigentes. Conozco el puerto de Los Valles Mineros de subirlo en coche tantas veces cuando corría en el Gaylo Vanguard o en otras carreras asturianas, y sé que se avecina lo peor.

Mis acompañantes se dedican a atacar y parar en el momento que responden a su ataque. Este tira y afloja me ayuda a mantenerme vivo, pues en cada arrancada me muero por dentro, pero como paran al poco, veo aún un hilo de vida en mantener el liderato.

Ahora es el ruso Ivanov quien ataca. A estas alturas, la etapa se está convirtiendo en una lucha por la victoria parcial. Hay que mantener la concentración y no demostrar debilidad; en caso contrario, será mi fin.

Este puerto no termina nunca; encima, hoy tiene su prolongación hasta Brañillín: el sufrimiento no va a acabar en la cima de Pajares. «Disimula, Pedro». Fabio Parra y Álvaro Pino siguen con los cuchillos afilados; saben que ayer sufrí y hoy quieren carnaza, destrozarme de nuevo.

Qué tortura.

Bajo una corona. Subo una corona. No encuentro en ningún momento el desarrollo adecuado. Casi prefiero aguantar el más grande, el 23, para recuperar algo las piernas, pero voy con

Pedrito (segundo por la izquierda) junto a sus hermanas Marisa y Victoria, y, en el centro, Julio en el carro que Pedro usaría en repetidas ocasiones para volver a casa debido a sus problemas respiratorios.

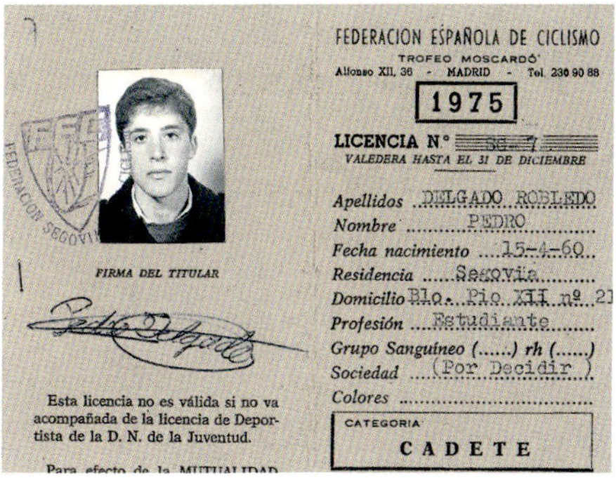

FEDERACION ESPAÑOLA DE CICLISMO
TROFEO MOSCARDÓ
Alfonso XII, 36 - MADRID - Tel. 230 90 88

1975

LICENCIA N.º [illegible]
VALEDERA HASTA EL 31 DE DICIEMBRE

Apellidos DELGADO ROBLEDO
Nombre PEDRO
Fecha nacimiento 15-4-60
Residencia Segovia
Domicilio Blo. Pio XII nº 21
Profesión Estudiante
Grupo Sanguíneo (......) *rh* (......)
Sociedad (Por Decidir)
Colores ....

CATEGORIA
CADETE

FEDERACION SEGOVIA

FIRMA DEL TITULAR

Esta licencia no es válida si no va acompañada de la licencia de Deportista de la D. N. de la Juventud.

La primera licencia de Pedro como ciclista cadete.

Recogiendo el trofeo de la que fue su primera victoria, en mayo de 1975, tras el incidente con su bicicleta que le obligó a pedir prestada otra a un niño que veía la carrera desde la cuneta.

Con el maillot de lana del Moliner Vereco en la temporada 1977. Pedro posa junto a su madre, Victorina Robledo, y la abuela Paulina.

Pedro y Ramón Chamorro Moliner, Moncho, en 1977, en el puerto del Clavijo, La Rioja.

Carlos Melero, a la izquierda de Pedro, en 1979 en la Plaza Mayor de Segovia, durante la Vuelta *amateur* en dicha ciudad.

Subido al camión REO vestido de soldado en Tenerife, durante el servicio militar en 1981.

Morzine, Tour de 1984, después de caerse cuando bajaba el Joux Plane camino de ser segundo tras Ángel Arroyo. Pedro llegó a la meta entre sangre, sudor y lágrimas sabedor de que se había roto la clavícula.

Cabalgando junto a Pepe Recio el 11 de mayo de 1985 camino de la gesta que le convirtió en un ídolo de masas. Pedro terminó ganando a Robert Millar esa Vuelta a España. Aquella mañana había partido con más de seis minutos de desventaja respecto al escocés.

Pedro junto a su madre, Victorina Robledo.

Julio, el padre de Pedro, no se pierde detalle durante la imposición a Perico de su primer maillot amarillo en el Tour de Francia de 1987.

Llegando a la cima del Alpe d'Huez entre los gritos enfervorecidos del público en el Tour de 1987, donde se vestiría por primera vez en su vida con el maillot amarillo de líder de la ronda gala.

Pedro posa junto a una parte de sus trofeos, aquellos a los que su madre tanto se esforzaba en sacarles brillo.

Escalando hacia la Plagne como líder del Tour de 1987, donde atacó desde abajo para distanciar a Stephen Roche en la general. En la meta, al irlandés tuvieron que colocarle una mascarilla de oxígeno.

Durante el ascenso al Gavia en la histórica y dantesca etapa del Giro de 1988, el día que más frío pasó sobre una bicicleta.

Junto a gran parte del equipo Reynolds en los Campos Elíseos para celebrar el triunfo en el Tour de 1988.

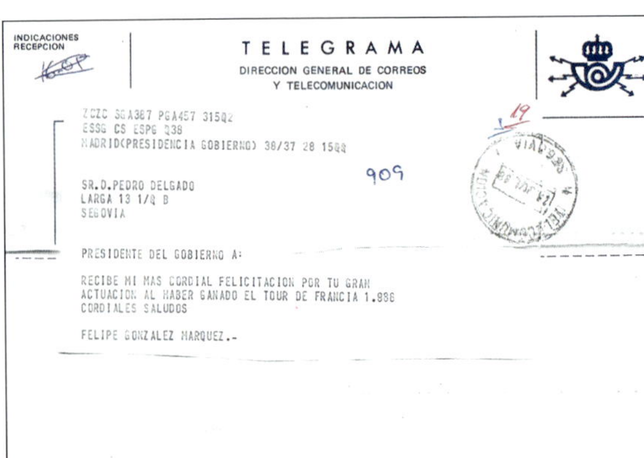

INDICACIONES RECEPCION

TELEGRAMA
DIRECCION GENERAL DE CORREOS
Y TELECOMUNICACION

ZCZC SGA387 PGA457 315Q2
ESSG CS ESPG Q38
MADRID(PRESIDENCIA GOBIERNO) 38/37 28 15Q8

909

SR.D.PEDRO DELGADO
LARGA 13 1/Q B
SEGOVIA

PRESIDENTE DEL GOBIERNO A:

RECIBE MI MAS CORDIAL FELICITACION POR TU GRAN
ACTUACION AL HABER GANADO EL TOUR DE FRANCIA 1.988
CORDIALES SALUDOS

FELIPE GONZALEZ MARQUEZ.-

Telegrama de felicitación del entonces presidente del Gobierno, Felipe González, por su triunfo en el Tour de 1988.

Telegrama de felicitación del rey Juan Carlos I.

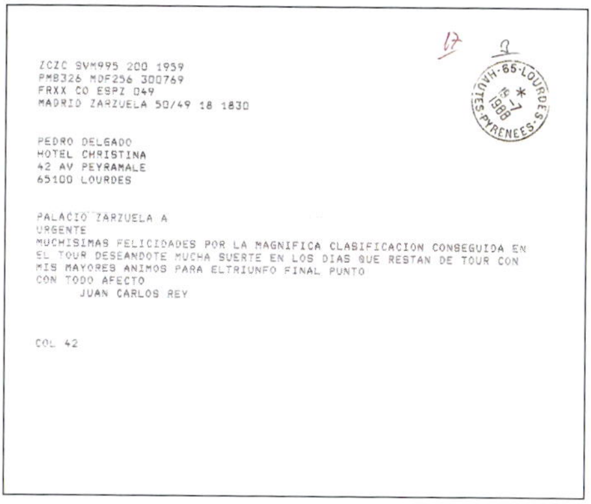

ZCZC SVM995 200 1959
PMB326 MDF256 300769
FRXX CO ESPZ 049
MADRID ZARZUELA 50/49 18 1830

PEDRO DELGADO
HOTEL CHRISTINA
42 AV PEYRAMALE
65100 LOURDES

PALACIO ZARZUELA A
URGENTE
MUCHISIMAS FELICIDADES POR LA MAGNIFICA CLASIFICACION CONSEGUIDA EN
EL TOUR DESEANDOTE MUCHA SUERTE EN LOS DIAS QUE RESTAN DE TOUR CON
MIS MAYORES ANIMOS PARA ELTRIUNFO FINAL PUNTO
CON TODO AFECTO
JUAN CARLOS REY

COL 42

Recibimiento multitudinario en su Segovia natal, con el Acueducto a sus espaldas, tras su triunfo en el Tour de 1988. Ídolo y héroe nacional.

«¡¡Que salgas de una vez!!», grita José Miguel Echavarri a los pies de la rampa de salida del prólogo del Tour de 1989 en Luxemburgo, donde Perico llegó 2'40" tarde, un despiste que marcará toda su vida.

Rostro de sufrimiento tras alcanzar la meta de los Lagos de Covadonga, en su penúltima Vuelta a España, la de 1993.

Indurain «cortando la coleta» a Pedro en octubre de 1994 en Segovia, en una de sus últimas carreras.

Una de las muchas pancartas que los aficionados llevaban a las carreras en apoyo a Perico y criticando a José María García tras la guerra abierta que el periodista desató contra el segoviano.

tanto dolor...; es como si me las estuviesen golpeando constantemente por dentro.

Pero no. No me puedo quedar.

Ataca Pino, también él quiere la victoria. Tengo que seleccionar a por quién voy. A estas alturas de etapa, y con lo justito que voy, le dejo ir; en mi mente solo está Fabio Parra, los demás me dan un poco igual. Vargas va a por el gallego. Yo solo tengo fuerzas para aguantar un ataque. No quiero arriesgar y mostrar mi debilidad.

Ahora sí, Fabio se mueve, pero me parece notar que le ha costado llegar a la altura de los otros dos. Por mi cabeza vislumbro un contraataque, pero..., «tranquilo, Pedro, puede ser una estratagema, y hoy, llegar con ellos, ya es un triunfo».

«Virgencita, virgencita, que me quede como estoy, hoy no pido más».

Coronar Pajares es un revulsivo a pesar de la niebla y la lluvia. Sé que hay una corta bajada y las pendientes que vienen suavizan notablemente hasta la meta.

«¡Por fin!». Siento que la situación está bajo control. No daba un duro por mí 10 kilómetros atrás y lo he salvado. Todavía no soy capaz de explicarme a mí mismo cómo he evitado el desastre. Me olvido de esos momentos de impotencia y me centro en que mis opciones de ganar la carrera siguen intactas. En cualquier caso, por muy mal que se dé, serán unos pocos segundos los que vaya a perder.

Con la niebla tan cerrada, a Ivanov no se le ve y consigue llevarse la etapa. Yo me animo a arrancar casi encima de la meta, para disimular una vez más mi fragilidad del día y ceder el menos tiempo posible por si me adelantan. Pero la jornada pasa factura a todos e increíblemente hago segundo con una ligera ventaja sobre Pino y Parra. Realmente no me lo puedo creer: he pasado 15 kilómetros de ascensión de p... pena y aún sigo vivo.

No sé lo que me deparará el resto de la carrera, pero con lo que he sufrido hoy y con lo que acabo de superar, esta Vuelta la gano yo.

¡¡Buenas tardes y saludos corrrrrrrrdiales, señoras y señores oyentes!! Estamos ya en la rrrrrrrruta de esta decimoséptima etapa de la Vuelta Ciclista a España. Ciennnnnnnnnnto cincuenta y tres kilómetros entre Cangas de Onís y Brañillín.

Se quejaba hoy Echavarri con cobardía y necedad de que habíamos maltratado a su equipo en estas ondas de Antena 3. ¡Lo que tengan que decir, que me lo digan a mí! Es una patraña. Delgado no anduvo bien ayer en los Lagos y a pesar de eso salvó el pellejo. Sufrió. Él mismo ha reconocido que «como un perro», pero el sufrimiento también está cansando a los campeones. Y Pedro Delgado es un campeón de cuerpo entero. No quiero cansarles mucho, pero hay que significar y matizar: campeón en la bicicleta, farolillo rojo en la vida.

Perico Delgado perdió ayer los nervios e hizo unas absurdas manifestaciones en Televisión Española cuando Pedro González le preguntó si funcionó o no su equipo. Y dijo que sí, pero que la culpa es de un periodista radiofónico que no quiere que gane. Eso es falso.

Yo sí quiero que gane Perico Delgado, yo sí quiero que gane cualquier corredor español. Lo único que no puedo ignorar ni olvidar es que hay hombres que fuera de la carretera hacen más daño que otros. Pero mi influencia es mínima. Que Perico piense que yo puedo permutar las voluntades de los Mínguez o Carrasco es poco menos que llamarles lametraserillos a estos hombres, que, por cierto, les debe mucho más que a mí. Yo, a Carrasco y a Mínguez, solo les debo atención, dedicación y respeto, porque son profesionales auténticos y porque conocen como nadie ese oficio que realizan. Pedro les debe muchas más cosas. Entre otras de gran importancia, al señor Carrasco, una Vuelta Ciclista a España y el mayor contrato de su vida, que él después incumplió caprichosamente. ¿Qué se puede esperar de un hombre que no respeta ni lo que tiene firmado?

Hay pequeños grupos que no entienden, o que no quieren entender, que en esta España en la que luchamos para que sea plural y democrática, que tenga libertad y que se acabe el libertinaje de los caciques, eso parece tarea imposible.

A las dificultades que la jornada ofrecía atmosférica y climatológicamente, esta tarde, en la ascensión a Brañillín, con el vendaval, la inun-

dación y las nieblas, el equipo de enviados especiales de Antena 3, que tengo el honor de dirigir y que está haciendo un trabajo excepcional en esta Vuelta, hoy se ha encontrado con unas dificultades suplementarias: unos gamberrillos disfrazados de una sui géneris representación querían imponer su ley. No van a imponer ninguna ley. Hemos dicho siempre lo que entendíamos que debíamos decir. Hemos juzgado y hemos analizado, nunca nos hemos arrimado al sol que más calienta. La fiabilidad y la credibilidad son el único pasaporte de cualquier profesional que se dedique a cantar y contar las cosas. La mentira es fea, pero la media verdad es la peor de las mentiras.

Digo esto porque hay quien sigue creyendo, porque le interesa, que Antena 3 tiene algo contra Pedro Delgado. Porque Antena 3 maltrata al corredor segoviano. Rotundamente falso. Definitivamente absurdo. La posición de Antena 3 con relación a Perico Delgado ya la conocen. Es la relación que Perico Delgado ha querido mostrar. Él sabrá por qué. Él y su criterio sabrán para qué.

No toda la culpa es de Perico, pero sí un porcentaje muy elevado. El otro corresponde a los señores García Barberena, el gran, entre comillas, patrón de esa casa —a la casa no sé si le queda mucho; al patrón, muy poco—, y a José Miguel Echavarri, el director deportivo, con el que durante muchísimo tiempo me unió una amistad, y al que siempre consideré, pero al que también siempre mantuve en la distancia. Era y es ingenioso. Tiene un sexto sentido del paleto laborioso, y lo de paleto lo digo sin ningún ánimo ofensivo y con toda la admiración del mundo. Partió de abajo; tuvo la habilidad, el conocimiento y la actitud de situarse. Pero cuando tú hablas con alguien y no te mira a la cara, hay gato encerrado. A veces hay uno, o a veces, como es el caso de este curioso y siniestro personajillo, muchos gatos.

Echavarri es culpable solo en parte. Es director de un corredor que no obedece. El que manda es el corredor y el que tiene que perder el traserillo por obedecer las órdenes del corredor es el director. Así, las cosas no pueden funcionar. Analiza sujetos próximos y desconoce circunstancias y realidades personales.

Pero todo eso ni me ocupa ni me preocupa. Sí lo aclaro con urgencia, aunque lo haré más detenidamente con el señor Echavarri: que no he tenido ni una sola palabra de menoscabo para sus corredores, que siempre he dicho que el último ciclista, el que llega el último, merece un monumento; que he criticado y juzgado, y seguiré criticando y juzgando con libertad y no con libertinaje, desde este púlpito que él sigue con tanta asiduidad, que se ha equivocado gravísimamente en la composición de su equipo, que ha metido ruidosamente la pata en los hombres que ha puesto al servicio de Pedro Delgado. Y que ese equipo no funciona ni para adelante ni para atrás. El equipo de un campeón no puede ir perdido en la clasificación general por equipos.

El equipo de un campeón en la estadística fría del cronómetro nos dicta que después del jefe de filas, que es Perico Delgado, maillot amarillo, el primer hombre clasificado, el primer hombre clasificado del equipo de Navarra, ocupa el puesto número 30 en la clasificación general, el colombiano Palacio, a 22'49". Que el segundo mejor colocado es el francés Dominique Arnaud, a 23'18". Que después está Laguía, a 31'51". Rodríguez Magro, a 1h 1'59". Javier Lukin, a 1h 18'45". Y Melchor Mauri, a 2h 36'16". Y nos falta Julián Gorospe, la gran figura, la eterna promesa, a 1h 4'52".

Si esto es un equipo que funciona, si esto es un equipo que auxilia a un líder cuando el único que estaba era Miguel Induráin y hoy se ha tenido que ir a casa, que venga Echavarri y que nos lo diga.

No hay menosprecio, no hay humillación. Hay única y exclusivamente juicio y crítica. Este equipo no anda ni para atrás. Y Echavarri sabrá, y García Barberena desconocerá, por qué se hizo así y para qué se hizo así. Por lo que a Perico Delgado se refiere, la cosa está muy clara: vino del Tour de Francia, apareció un día en televisión y con la aquiescencia de tres mentecatos que le ayudaban dijo que la información que había ofrecido Antena 3 en el Tour de Francia no había sido objetiva. ¿Qué entenderá él por objetiva? ¿Quién es él para adjetivar mi posición? ¿Qué conocimientos tiene?

Durante el Tour de Francia, Antena 3 no entrevistó a Perico Delgado, pero no porque Antena 3 no hubiese querido, no porque Antena 3 no hubiese puesto a disposición de Perico sus micrófonos. Perico tuvo el cinismo, la desvergüenza y la cara dura de viajar con los enviados especiales de Antena 3 hasta París, de dialogar, de compartir mesa o asiento en el avión, y en la segunda etapa, cuando un reportero de Antena 3, Pepe Gutiérrez, se acercó, Perico Delgado esperó a que se le formulara la pregunta, se echó la cremallera en la boca e hizo un gesto con la mano de que no.

Antena 3 no le había cerrado la puerta a Perico. Perico se había cerrado todas las puertas de esta casa. Pero como tenemos un deber inexcusable con todos ustedes, se cerraron todas las puertas de la entrevista, pero no se cerraron las puertas de cantar y contar las glorias de un campeón, de cantar y contar lo que en la carretera había hecho Perico Delgado.

Después de todo eso, después de las mentiras y las patrañas y la ceremonia de confusión que quiso protagonizar Perico, ha venido a esta Vuelta Ciclista a España y no entrevistamos a Perico. Perico no habla en Antena 3 porque a nosotros se nos dice una vez que no. Digo a nosotros y a todo aquel que tiene un mínimo de dignidad. Pero cuando Perico corre, cuando Perico lucha, cuando Perico gana o cuando Perico pierde, cantamos y contamos con objetividad, con sinceridad y con frialdad todas sus batallas.

No solo tengo una carrera en la carretera, tengo una paralela que, sin comerlo ni beberlo, me toca «disputar», más bien ignorar, para no perder la concentración de la propia competición, ya sea durante la Vuelta, el Giro o el Tour, o en las citas próximas a estos eventos. José María García, el periodista español más famoso de la radio, la tiene tomada conmigo, está claro. Este enfrentamiento lo está llevando demasiado lejos, se está pasando. Me pone a caldo. Me sacude sin piedad sin un gran motivo. Pero ¿tocar a la familia…? A mí, vale, me guste o no lo puedo entender, pero meterse con mi padre, o con mi novia…

Esa actitud a veces se le vuelve en contra, como ayer, no por mi parte, sino por otros. Terminada la etapa, hemos bajado en coche desde los Lagos de Covadonga, porque la niebla persistente ha impedido que los helicópteros, que normalmente sacan a las «estrellas» de la Vuelta en las etapas con final en montaña, puedan volar, y nos ha tocado a todos bajar en coche. O sea, comerse el típico atasco de los coches de la organización y de los equipos y aficionados desplazados para ver el final.

Estamos parados en medio del puerto. Arranca, para, arranca, para…, así todo el rato, después de finalizar la etapa, de pasar todo el protocolo del podio y las entrevistas; ahora voy aquí metido en el coche, esperando a que la circulación vaya más fluida. Nos hemos quedado frenados en el tapón clásico de las evacuaciones, pasada ya la zona de la Huesera en dirección a Covadonga. Hay que ver lo bien que se ve desde el coche los paisajes y no en bici. Las curvas, el verde de las praderas que se atisba entre las espesas nubes grises. «¡Madre mía! La caída en picado que hay aquí». Siempre me pasa lo mismo cuando bajo en coche un puerto con estos porcentajes. ¿Cómo lo hacemos para subir por estas rampas?

Muchos aficionados bajan en bicicleta; otros tantos, andando y gritando de cuando en cuando tratando de reconocer quién va dentro de los coches de los equipos. A veces, sin saber quién está, se dejan llevar por la emoción y el fervor de tenernos tan cerca. Sus gritos de ánimo se mezclan con los bocinazos de los coches del resto de los equipos, metiendo prisa y presión para salir de ahí cuanto antes. Con toda la tensión de la carrera, con todo lo sufrido, los ánimos subiendo el puerto en la etapa, las preguntas de los periodistas, el ruido del podio…, más ganas tengo de tener un ratito de silencio y tranquilidad en la habitación del hotel. Pero parece que va para largo. Esto no hay manera de que se mueva…

De pronto, aparece una moto a lo lejos, adelantando a los coches. Es fácil adivinar quién va en ella de acompañante. Con chaquetón naranja y sin casco. ¡Cómo no! García. Para que le vea bien todo el mundo y le reconozcan.

—Butano, ¡cabrón!

Vaya, parece que no solo yo le he reconocido, algún aficionado también.

—¡No te metas con Perico, que eres un hijo de p…!

Por la ventanilla, veo cómo García se gira desde la moto. Y le increpa:

—Hijo de p… ¡tu padre! ¡Me cago en tu madreeee! —grita a la vez que levanta su mano izquierda y, recogiendo sus dedos, extiende el corazón al aire en dirección a quien le había increpado.

El aficionado ofendido sale corriendo del camino y empieza a saltar entre la maleza para atajar por la curva donde nos encontramos y dar caza al Butano.

García, que se da cuenta de la maniobra del aficionado, y consciente de que les va a alcanzar al poco de salir de la curva, empieza a azuzar al piloto para que vaya más rápido, que como les pille se puede liar una buena…

Ha faltado poco: el aficionado ha rozado la cazadora del Butano. Se ha escapado por los pelos; eso sí, mientras se alejaba de la afligida y enfurecida persona, lo ha hecho con el mismo gesto provocador en su mano.

Visto lo visto, al final casi ha merecido la pena bajar en coche y no en helicóptero, así no te pierdes algunas anécdotas.

Esta tarde, una vez más, el Butano me ha sacudido bien, su tendencia desde hace ya mucho tiempo.

—¿Te ha fallado el equipo? —me pregunta Pedro González en la entrevista con Televisión Española antes de subir al podio.

—No, en ningún momento. Yo creo que el equipo ha funcionado a la perfección, pero hay que entender que hay una persona que trabaja en los medios de comunicación que está en contra de nosotros, en contra de mi persona. Desea que gane cualquier corredor menos yo, y eso provoca que, como tiene bastante relevancia a algunos niveles, moleste a los distintos directores de equipo, y eso hace una carrera bastante incómoda a nuestro equipo. Y entonces muchos equipos no se mueven por miedo a lo que dice. Es un fantasmilla el señor este. El equipo me ha respondido en todo momento. Hay que aclarar que hemos tenido una pena muy grande, y ha sido Miguel Induráin, que se ha caído bajando el Fito. Se ha hecho mucho daño. En un principio esperaba que estuviese conmigo en perfectas condiciones, pero no ha podido ser. Para mí ha sido lo peor de la jornada de hoy.

Eso es todo lo que he dicho delante de las cámaras. Una de las pocas respuestas que le he dado en este enfrentamiento que él creó hace ya unos años. Esto ha sido suficiente para hacerle montar en cólera. Poco ha tardado en enterarse y, casi menos, en soltar como una furia huracanada toda su ira. Sacando, encima, un montón de trapos sucios del pasado…

¡Muy buenas tardes y saludos corrrrrrrrdiales, señoras y señores oyentes!

Rafael Carrasco, usted ha sido y todavía es, imagino, además de director deportivo, amigo de Pedro Delgado, ¿no?

—Sí.

A pesar de lo que pasó en su momento con el contrato de Kelme y como responsable del equipo, usted confió en Pedro Delgado. Cuando concluyó la Vuelta, corría con PDM, hace dos años. No tuvo mucho éxito en esa Vuelta Ciclista a España y ya había manifestado públicamente sus deseos de dejar el PDM. El equipo Kelme acudió a ver a Perico, ¿no?

—Sí, tuvimos una reunión el día que terminó la Vuelta a España en el aeropuerto de Barajas, en Madrid, con Pepe Quiles.

En ese momento, Perico Delgado fue segundo en el Tour tras Roche, cuando la valoración económica de Perico Delgado era muy diferente a la de hoy. Pero el señor Quiles y el señor Carrasco, en el nombre de Kelme, le ofrecen el contrato más extraordinario en la historia de un corredor español.

—Sí, exacto. Ahí ya se llegó a un acuerdo verbal. Siete días después salía yo para la Vuelta a Colombia y ahí quedó Pepe Quiles con Pedro en que ya lo arreglarían.

Y, en efecto, posteriormente ese contrato se firmó.

—Se firmó, sí.

[...] Que a Perico Delgado no se le entrevista en Antena 3, cierto es. Que el nombre de su equipo no aparece en Antena 3, cierto es. Ni tan siquiera como reseña publicitaria, porque yo personalmente he prohibido la contratación de la publicidad de ese equipo navarro. Porque el comportamiento de esa firma hacia nuestro medio de comunicación no es el que nuestro medio de comunicación ha tenido durante muchísimos años con Perico Delgado. Ni en el terreno personal ni en el terreno profesional. No nos interesa. Nos interesa en tanto en cuanto es deportista.

Por lo demás, ni un solo cariño, ni un solo aprecio.

Ojo, ni un solo desprecio, pero ni un solo aprecio.

Por eso digo: hasta ahora estaba calladito, iba muy bien. Hoy, cuando le han venido mal dadas, cuando ha tenido dificultades, y ¡ojo!, han sido las dificultades menores que ha podido encontrar porque le han podido asestar un golpe definitivo que le costara la carrera, ha perdido solo 1'47", sigue de líder todavía por 2 segundos después de lo que ha pasado hoy; pues tiene que buscar la disculpa. Y ahora la disculpa se llama José María García. Que tiene mucho poder, aunque es un fantasmilla.

Ahora la disculpa se llama que Rafael Carrasco y Javier Mínguez le tienen miedo a García, que les he liado para que manden un ataque, como si Mínguez y Carrasco se estuviesen chupando el dedito y se conformasen con ser el segundo e ir en la Vuelta de majorette *del señorito Delgado porque ha ganado el Tour de Francia con la colaboración de don Luis Puig.*

[...] Evidentemente, hoy ha fallado Perico, o no ha estado a su altura, pero en la contrarreloj de Valdezcaray el que falló fue Fabio Parra, porque presumiblemente Parra le tenía que tomar en esa crono el mismo tiempo que le tiene que tomar Perico en la de Valladolid, segundo arriba, segundo abajo.

Hasta ahora no había dicho absolutamente nada, estaba muy bien, tiene una pequeña corte que le ríe las gracias, que le paga. Yo todo eso lo respeto. Pero tienes que saber elegir a tus comunicadores. Porque si eliges a un comunicador que no comunica, no te oyen. No transmite.

El problema es que hoy pierde, se pone nervioso y va a la televisión. No es un corredor pasional, no es Álvaro Pino, que se pone a llorar. Él lo tiene todo meditado, calculado. Él vive de los demás. Entonces llega a televisión y fíjese en lo que dice: justifica lo injustificable porque dice que su equipo funciona perfectamente. Carambita, carambita, por no decir coño, coñazo. ¡Si su equipo, que está más solo que la una, ha funcionado perfectamente, pues yo soy el papa! Con todos mis respetos para su Santidad.

¡Un momento! ¡Para la cinta!

Para la cinnnnnnnnta y dale marcha atrás. ¡Escuchen!: «El equipo ha funcionado a la perfección; hay que entender que una persona que trabaja en los medios de comunicación…». Es decir, que yo soy también el culpable de que hoy se le haya despatarrado todo el equipo, de que los Gorospe y compañía hayan llegado con el mercancías, que tan solo haya aguantado Induráin, que tiene un mérito tremendo lo que ha hecho hoy porque se ha caído bajando el Fito, tiene la muñeca bastante mal, y todos sabemos que por su peso y envergadura es un hombre que no sube bien, y a pesar de eso ha aguantado y ha perdido arriba muy poquito, pero ni un solo compañero más del señorito Delgado. Buscamos en la etapa y están todos absolutamente perdidos, casi casi en el más allá. Bueno, pues ese equipo ha funcionado perfectamente. La culpa, lo van a escuchar, es mía.

¡Yo, señor Delgado, ¿soy un fantasmilla?! Bueno… ¡¡Usted es un necio!! Además es un mentiroso, y lo que usted dice no se sostiene en pie. Ya ha oído usted, señor Carrasco.

—No comento nada.

Señor Mínguez, ¿tampoco comenta nada?

—Sí. Comentar se puede comentar. Yo pienso que él, quizás, a lo mejor, estaba muy convencido de sus posibilidades porque está muy bien físicamente y no pensaba que podía tener este momento difícil en los Lagos. Tal vez se nota que tenéis un enfrentamiento por lo que sea, y en televisión, con los nervios de la carrera, pues ha salido justo por donde no debía.

¡Pero vamos a ver! Primero, ¿quién es él para opinar o pensar?

—No tiene que ver porque nosotros hablamos en Antena 3, en la Cadena Ser y en todas las emisoras de radio…

Ni me van, ni admito ni acepto a los caciques ni a los dictadores, y sobre todo me revientan los mentirosos. Cuando uno gana, gana porque es el mejor. Y cuando uno no gana o pierde, es que los demás están confabulados contra él. Señor Echavarri, señor Delgado, váyanse a esparragar.

* * *

El punto de inflexión fue el año pasado. Menudo cabreo se cogió cuando en el equipo decidimos que no iba a correr la Vuelta a España. Era lo mejor para llegar al Tour de Francia en óptimas condiciones, como ya habían hecho otros como Fignon, LeMond, Roche... Una carrera más dura, más montañosa, y lejos de la presión mediática de correr en España. Todo eran ventajas. Hasta que una tarde sonó el teléfono de mi casa.

—¡Hola, Pedro! ¿Qué tal? Soy José María García.

—Hola, pues muy bien...

Ya habíamos tenido un choque tres años atrás, cuando estaba camino de ganar mi primera Vuelta a España, en la etapa que acabó en Panticosa. En el programa especial de la tarde me criticó y cuestionó mis movimientos en la parte final porque ataqué a Pello Ruiz Cabestany, líder y compañero mío de equipo.

«Has obrado muy mal —me dijo entonces—. No es de compañeros lo que has hecho. ¡Cómo se te ha ocurrido atacar a uno de tu equipo!». «No he atacado a Pello, sino a otros corredores —respondí—. Pude hacerlo con anterioridad y me quedé a su lado, aguantándome las ansias de rebelarme y frente a una situación adversa para mi clasificación». «Atacaste al líder. Pero que es tu compañero de equipo». «Antes de moverme, hablé con Pello de mis intenciones, y me dijo que iba bien, así que esperé a falta de un par de kilómetros de la línea de meta para moverme y recuperar tiempo sobre nuestro adversario más peligroso, Robert Millar. —Ya entonces no pude aguantarme y le tuve que responder—: A ver, José María, que tú sabrás mucho de periodismo, pero de ciclismo déjame a mí, que creo que sé más que tú».

Después gané la Vuelta, con el ataque en Navacerrada entre la niebla y el granizo, recuperando los más de 6 minutos que llevaba de desventaja con respeto a Robert Millar y, claro, ahí ya amigos otra vez. Rondando a mi alrededor, haciéndome la corte. Televisión Española me quería llevar desde Salamanca, donde terminó la carrera, hasta Madrid para meterme en directo en el Telediario, pero el Butano se empeñó en que tenía que estar con él. En su helicóptero del hombre todopoderoso que es, yendo a Segovia a la fiesta que él se había encargado de organizar con el alcalde, para mi recibimiento.

Pero yo ya me había comprometido con la televisión.

Y algo hizo. Algo pasó porque acabé volando primero a Segovia, como él quería, y después a Torrespaña...

El caso es que, cuando decidí no correr la Vuelta en detrimento del Giro de Italia para buscar la mejor preparación posible para el Tour, García llamó a mi casa. Aquello ya lo habíamos hecho público unos días antes, durante la Vuelta al País Vasco, pero ese no era el motivo real de su llamada.

—Me he enterado de que vas a estar de comentarista durante la Vuelta con la Cadena Ser...

—Así es. Me lo han propuesto y les he dicho que sí.

—¡Pero, Perico, ¿cómo haces eso?!

—Pues es que me ha gustado la idea y les he dicho que estupendo, que para adelante.

—Tienes que estar conmigo, Perico. ¿Tienes algo firmado con ellos?

—No, pero ya les he dado mi palabra.

—¡Anda ya! Las palabras se las lleva el viento. Tú, Perico, conmigo, ¡que yo te hago Dios! Si nos lo proponemos, yo te hago el rey de España.

—Que no, José María. Yo ya me he comprometido.

—¡Tú eres el número uno, Perico! Y el número uno del ciclismo español tiene que estar con el número uno de la radio, y ese soy yo.

—Lo siento, José María, pero mi palabra es la que es, y esta es mi forma de actuar.

—¡Pues estás actuando fatal! Tú verás, pero va a ser peor para ti. Porque si estás conmigo, estás conmigo, pero si vas en mi contra, ¡te vas a enterar!

Y de golpe, colgó el teléfono.

Fue cuestión de poco tiempo que empezase a llegarme por amigos y conocidos el veneno que soltaba por las ondas hablando de mí. De mí, de mi padre, de mi novia...

Después llegó la Vuelta a España, donde debuté como comentarista en la Cadena Ser y me pidieron ir con ellos a la salida, en Tenerife. Aproveché y me llevé la bici para entrenar antes de las etapas y el Butano estalló con toda su furia contra mí.

—*¡¡Antiespañol!!*

—*¡¡El mejor ciclista español del momento no está en la carrera de su país!!*

—*¡¡VERGÜENZA NACIONAL!!*

—*Y encima viene a la salida a entrenar y a regodearse cuando pasa el pelotón. Ha venido aquí a reírse de todos. Pero la culpa no es solo de él, sino de su equipo, que se lo permite. ¡El equipo navarro!*

De golpe y porrazo, el Reynolds ya no existía.

—*¡Su padre, un sindicalista!*

—*¡Su novia, una boba!*

—*¡¡Él, un antiespañol!!*

* * *

Tengo que centrarme en la carrera, en mis adversarios, en lo poco que queda, y no distraerme con cosas ajenas. Esta Vuelta de 1989 la tengo en el bolsillo después de estos dos días tan duros que acabo de superar. La tengo a tiro a pesar de estas crisis. Me motivo en lo que queda y en lo conseguido hasta entonces. Gano la etapa de Cerler, la crono de Ezcaray y mantengo las opciones de Miguel Induráin. Así lo quiere José Miguel Echavarri: Miguel es el líder tapado, es su hora. Yo, el hombre a vigilar, el que centra toda la atención tanto dentro como fuera del pelotón. A Miguel, después de haberse fogueado en el Tour, conmigo como capitán y él aprendiendo, le toca coger los timones poco a poco. Yo, encantado. Él se había dejado la piel por mí para que yo ganase la ronda gala el año pasado. Es su turno.

Aunque no puedo negar que este año de 1989 estoy disfrutando y andando como nunca en mi vida. Hace un mes corrí la Lieja-Bastoña-Lieja con muchísima ilusión. La había conocido estando en el PDM, junto con la Flecha Valona, dos clásicas en las que lo podía hacer bien. Fueron todo un descubrimiento estas carreras de las Ardenas. Me encantaban y me habían convertido en otro corredor. Uno con plena confianza en sí mismo y en sus fuerzas. Uno que ya no esperaba a que otros hiciesen la carrera, sino que la hacía él mismo. Disfrutando enormemente de la bicicleta.

Y llegó la Redoute y allí guardé. Con esa filosofía mía de que cuando vas bien, hay que atacar no en lo más duro, sino cuando comienza a suavizar la pendiente y llega sangre a las piernas, y cuando la cabeza ya se rinde porque piensa que ha pasado lo peor; ese es el momento. Cuando nadie se lo espere. Primero me moví en la parte final y donde suavizaba la rampa durísima de la Redoute. Después, con la selección ya hecha de cuatro corredores, en la cota de Les Forges decidí que era el momento.

«Pedro, este es tu día de clasicómano. ¡Se van a enterar!», me dije.

Decidí romper la calma con un ataque por sorpresa y me fui solo. Pero en el largo descenso camino de la meta me echaron mano Sean Kelly, Fabrice Philipot y Phil Anderson. Finalmente hice cuarto, mi punta de velocidad me ayudó a tan honorable papel.

Pero estaba disfrutando a lo campeón. Porque te pueden doler las piernas, claro. Eso siempre. Pero yo tenía confianza y fuerza a partes iguales. Ya no era un corredor a la expectativa.

Era un ciclista ofensivo. Dejaba madurar la carrera y de pronto leía, lo veía claro: ahora es el momento. Sé que soy uno de los corredores más vigilados del pelotón, pero no me importa. Porque siento este poderío dentro de mí.

Ganar La Vuelta siempre es una meta, pero somos un equipo, ciclistas buenos que se sacrifican por mí, y mi agradecimiento es también ayudar a que ellos ganen, por eso, en Cerler, en lugar de remachar, cubro huecos y seco ataques. En lugar de moverme, espero. Y en ese juego infantil de que uno ataca y te pones a rueda, y ataca otro y le sigues también, me vuelvo conservador. Corro a la contra. Al fin y al cabo, la referencia es Miguel, que no vaya lejos de nosotros, ralentizar la carrera lo máximo posible. Yo, a dejarme ir, que me arrastre la carrera.

Ahí voy yo, con uno, con otro. Me quedo agazapado hasta que Miguel cede. No demarro hasta vislumbrar las vallas en la cuneta. Ya estamos en los últimos metros para la meta y, en un apretado esprint con cuatro colombianos, gano la etapa. Casi sin darme cuenta.

Tampoco ha cambiado la situación mucho. Miguel no ha perdido demasiado tiempo y los planes en el equipo siguen intactos: que Induráin aguante y esperar a la crono de Valladolid, 50 kilómetros, una etapa para un rodador como él, que sufre, pero que aguanta en la montaña, para machacar en el llano. Y esa crono es perfecta para que aseste el estacazo final a la carrera.

Días después sigue mi racha en la contrarreloj de Valdezcaray. Y al día siguiente, bajando el puerto de Alisas, Martín Farfán se queda y me visto de amarillo con 59" sobre Fede Etxabe y 1'01" sobre Fabio Parra. Líder. Casi sin buscarlo. Todo está saliéndome a pedir de boca. ¿Qué más puedo desear?

Entonces llegan los Lagos de Covadonga y todo empieza a torcerse. Primero se cae Miguel bajando el Fito y se rompe el escafoides. Yo, en la subida final, empiezo a pasarlo mal sin explicarme por qué. Con lo «sobrado» que iba hace días.

Salvar el día en Brañillín es un orgullo para mí mismo, un golpe más de autoconfianza. A pesar de reconocer que ya no soy ese ciclista poderoso de antes, ahora simplemente soy uno más. Vulnerable. Nadie se ha percatado, nadie se ha dado cuenta de que hoy ha sido uno de los peores días de mi vida encima de la bicicleta. Y si he sobrevivido a esto, la Vuelta va ser mía, a pesar de tan exigua ventaja sobre el segundo, 3 segundos.

Descansar empieza a ser mi prioridad, todo lo que pueda. Estar tumbado en la cama y cargar las pilas, que estoy al límite. No quiero ver a nadie, y me da pena, pues estoy por tierras que me han visto crecer como ciclista y tengo muchos amigos.

La crono de Medina del Campo sé que es crucial; ahí tengo que sacar tiempo a mis más directos rivales, especialmente a Fabio Parra y Álvaro Pino, para estar tranquilo en la última etapa de montaña en la sierra de Guadarrama. Encima, esa etapa, por los puertos, la conozco a la perfección. La Vuelta es mía. Seguro. «Descansa, descansa, desconecta. Solo piensa en recuperar fuerzas».

Marco el segundo mejor tiempo en todos los puntos intermedios de la crono, solo por detrás de Fede Etxabe. Voy dándolo todo, pero guardando un punto, no sea que se me haga demasiado larga. Debo ser cuidadoso en ese esfuerzo máximo. Así hasta que llego al kilómetro 40. De ahí en adelante, los últimos 8 hasta la meta, despliego las alas y vuelo. Aguanto los piñones más pequeños y compruebo que las piernas responden. Qué placer más grande: pedalear con toda tu fuerza y ver que el cuerpo aún responde, que no te has exprimido del todo, y ese punto que querías guardar está ahí, no como en la última crono del Tour del año pasado, que al final se me atragantaron los últimos kilómetros y quedé cuarto respecto a Juan Martínez Oliver, cuando había ido marcando los mejores registros.

Gano la etapa en Medina del Campo, 54 segundos mejor que Parra, ya está a casi un minuto.

«Perico, esto ya está hecho».

Solo queda el asalto final, las montañas de casa, las que me han hecho grande como ciclista. Morcuera, Cotos, Abantos, la Mina (puerto del León) y Navacerrada. Y la meta en las destilerías DYC, donde me estarán esperando todos mis paisanos para celebrar conmigo mi segunda Vuelta a España. «Vamos a por ella». Supongo que no va a pasar nada trascendental, pero hay que correrla. En circunstancias normales, si no hay nada extraño, ya tengo la Vuelta ganada.

Llega Abantos y empiezan los ataques más serios para la lucha por la etapa. Se marcha una fuga sin ciclistas peligrosos de cara a la general y la calma se instala de nuevo. A mí solo me queda Javier Luquin para que me proteja, pero a estas alturas de la etapa sé que soy yo quien tiene que responder, y tengo la sensación de tener todo bajo control.

Siento que tengo un pedaleo torpe, pero no es nada alarmante, después de las cronos suele pasar. A nivel muscular estoy reventado. Lo lógico: ayer lo di todo y hoy el cuerpo se resiente. Así vamos todos. Comenzamos a subir Navacerrada por la vertiente madrileña, que conozco a la perfección. Y comienzan algunas escaramuzas, ya que la cabeza de carrera no anda lejos y la victoria de etapa todavía está en juego. Aceleraciones y sus correspondientes parones, que aprovecha Parra para atacar.

Respondo inmediatamente y llego a su altura.

En cuanto me ve vuelve a demarrar. Otro esfuerzo más, «venga», y de nuevo le neutralizo. Echo una mirada rápida hacia atrás y veo que Álvaro Pino y Óscar de Jesús Vargas ya están detrás de mí también. Y Santos Hernández, y el ruso Ivanov. A ver si se calma esto…

Pero no, Parra vuelve a probarlo. A probarme. Se levanta y cambia el ritmo de manera fulgurante. Cojo aire y le sigo. Anulado.

Y otra vez más. «Uf, ya es como la quinta vez que me ataca. ¡Bah! Que se vaya». A mí, con estos cambios de ritmo, me está machacando las piernas, me las está dejando sin chispa, las noto con la falta de la explosividad habitual para estas aceleraciones, y veo innecesario entrar en ese juego. «Que se vaya. Le dejo unos metros por delante, a una distancia prudencial, y arreglado. Aún quedan 5 kilómetros para coronar; ya apretaré en la parte final».

«¡Ostras! Que está abriendo hueco».

«Uy, uy, uy. Que cada vez le veo un poco más lejos».

«Ay, madre mía, que se me va el Fabio».

Empiezo a apretar todo lo que puedo. No quiero que coja más distancia.

«Ostras, que lo está haciendo».

Aprieto, impongo todo el ritmo que mis maltrechas piernas pueden a estas alturas.

«Ostras, Pedro, aprieta un poco más, que se está yendo».

«Que se está yendo».

«Que se va».

«¿Pero qué he hecho? Por no ir a los cambios de ritmo, ahora estoy en una situación muy comprometida».

«Bueno, calma. Paciencia y que no cunda el pánico. Coge un ritmo más cómodo. Piensa que de la cima a meta podrás recortar; ahora se trata de evitar que la distancia tome proporciones insalvables».

«Piensa como si fuese una crono, a tope, pero sin explotar».

«Paciencia, Pedro. La bajada va a ser capital, todo ese terreno favorable hasta las destilerías DYC. La conozco tan bien que no voy a rozar el freno ni con la yema de los dedos. Ahí sí que le voy a pegar un buen mordisco. Pero ahora regula. Que no se te vaya del todo, que tengo 57" de ventaja en la general, es muy difícil que me saque un minuto, pero no me puedo relajar. Mantén la concentración. Llega con un poco de fuerza a la cima para tirarte a tumba abierta en el descenso».

—*Allez, Perico!! Allez, allez!!* —escucho a mi lado que alguien me jalea casi al oído. Por el timbre de voz empleado comprendo que no es nadie del público, no de esos gritos desaforados de toda la gente que está apostada en las cunetas con pancartas con mi nombre.

—*Allez, allez, Perico!* —me vuelve a repetir, a la vez que se pone delante de mí.

Es Ivanov, el ruso del Alfa Lum, que pasa a tirar del grupo en el que apenas quedamos siete corredores. Santos Hernández, Álvaro Pino, Jon Unzaga, Martín Farfán, Iñaki Gastón, él y yo.

«¿Y a este qué mosca le habrá picado para ponerse a tirar? ¿Será porque quiere ganar la clasificación de la montaña y neutralizar a Parra? Yo qué sé…, pero me está viniendo de perlas que se ponga a marcar el ritmo».

—*Dai, dai!!*

Ahora me anima en italiano. El tío va volcado, completamente entregado. Es que ni mira para atrás pidiéndome colaboración, y eso que soy yo quien está obligado a hacerlo como líder. «¿Me está ayudando?».

Estamos a 2 kilómetros de la cima de Navacerrada y la ventaja de Parra es de 40" respecto a nosotros.

«¡Uf! Ojo, Pedro, acuérdate que por delante tiene a Omar Hernández y Camargo, que, aunque no sea del Kelme, es colombiano. Y ahí puede haber alianza».

Coronamos Navacerrada a 43" de Parra.

«Bueno, todavía tengo una renta para mantener el amarillo».

En los metros finales de esta ascensión me entra una duda: ¿me la juego bajando o trato de mantener el grupo en el que estoy? Porque hay 24 kilómetros hasta la meta y, quitando los 7 primeros, los demás son muy favorables. Decido conducir el grupo e involucrar a algún corredor conmigo, que vea opción de victoria de etapa.

Cálculos, cálculos. «¡Ay, Pedro! Con lo bien y fuerte que ibas al inicio de esta Vuelta y ahora estás todo el tiempo haciendo números y pidiendo referencias».

He pecado de soberbio, de confianza en mí mismo y ahora estoy con la calculadora en mano.

Se acerca la moto de información.

—50" con Parra. Catorce kilómetros a meta.

—¡¡¿Qué?!!

«¿Estoy a 7" de perder la Vuelta a España?».

Vuelve a pasar Ivanov al relevo en mi ayuda. Sigo sin entender por qué, pero más vale que lo siga haciendo porque esto se está poniendo muy feo. Luego tiro yo. A muerte, no me queda otra. Poco a poco se van animando otros como Unzaga, Suykerbuyk... Pasamos por La Granja a mil por hora, siento que el ritmo ahora es bueno. Además, en las rectas que vamos a afrontar deberíamos verlos, aunque sea al fondo. En mi pensamiento cruzo los dedos para que así sea.

«¡Sí! ¡Así es! ¡Ahí están! ¡Bien!».

Al fondo se ven los coches que van detrás de Parra. Una referencia visual que me calma toda la angustia de los últimos kilómetros de Navacerrada.

Cinco kilómetros para el final y vuelven las referencias: 35".

«¡Uf! Eso ya está mejor». Empiezo a respirar tranquilo.

Llega la última curva, que me conozco de memoria, para encarar la entrada a las destilerías DYC y ya puedo ver a Parra, con Omar Hernández. Un poco más y les echamos mano.

Francis Lafargue me lleva al podio. Me quitan el maillot amarillo y la camiseta interior para secarme el sudor. Resoplo. Toso. Doy un trago de agua larguísimo, eterno; no había tenido ocasión de disfrutar de ese trago en la última hora. Noto cómo me está devolviendo a la vida. Se acerca también José Miguel Echavarri y le pregunto:

—Oye, José Miguel, y el Ivanov este ¿por qué tiraba?

—¿Yo? Ni idea. Yo no sé nada. Tendrás que preguntarle a él.

Intento buscarle después del podio porque quiero darle las gracias por lo que ha hecho por mí y al final doy con él.

—*Merci! Grazie mille!* —le digo para hacerme entender.

—¡Yo, gran admiración por ti, Delgado! Poder estar cerca de ti es un honor. Además, me dejaste ganar en Brañillín —me responde en un español a tropezones pero entendible.

«¿Dejarle ganar yo? ¡Sí, hombre!». Si a duras penas llegué vivo aquel día a la meta. Como para hacer concesiones estaba yo...

Pero me veo en la obligación de hacer algo más. Con lo bien que se ha portado conmigo, se lo debo. No sé si me ha salvado la Vuelta, pero prefiero agradecérselo. Y más cuando ha sido decisión suya.

Busco un sobre, meto mi tarjeta con mi dirección —por si alguna vez quiere venir a verme o a entrenar por Segovia— y las «gracias» para entregárselo al día siguiente.

El tiempo no espera a nadie.
Ni siquiera al vigente campeón del Tour de Francia.

NIGE TASSELL

7
3 de marzo de 1973

Aquí sigue.

Donde siempre.

Colgada y sola.

Llena de polvo, la bici de Jesús.

Mis viajes a la carbonera tienen ese aliciente. Antes de cargar el carbón en el cubo, me acerco al trastero del vecino, me sujeto desde la parte inferior de la alta ventanita de su carbonera y aguanto a pulso con mis brazos delgados todo el rato que puedo para disfrutar de esa visión, de ver una bicicleta de carreras de verdad. Ahí está. Sola. Abandonada por su dueño.

Qué pena.

Qué maravilla de bici.

Esas ruedas con llantas de aluminio, ese sillín, qué chulada. Y vaya manillar tan elegante, esos frenos taladrados, las bielas, todo de aluminio. No debe de pesar nada.

Es un momento místico. Donde se junta el silencio y la soledad del lugar con mis sueños alrededor de esa bicicleta.

Qué pena.

Ojalá pudiese tener yo una así.

Con lo bien que me lo pasaría yo con ella. No la soltaría ni un minuto. Todo el tiempo pedaleando, haciendo girar esas magníficas ruedas, probando lo que es sentir el aire azotándome en la cara.

Quién pudiera.

Aún está en mi cabeza, como si fuera ayer, la mañana del 6 de enero, hace ya un par de meses. Fui corriendo al salón a ver qué habían dejado los Reyes Magos, a ver si esta vez sí. Me acerqué al Nacimiento, donde los Reyes Magos ya habían llegado al portal del Niño Jesús. Al lado, en el suelo, es donde siempre nos dejan sus Majestades nuestros regalos. Este año apenas había bultos. Era fácil adivinar por el tamaño de los regalos que la bici, un año más, no la habían traído. Los cuadernos, la caja de pinturas Alpino de siempre y un poco de carbón.

«Los Reyes necesitan el dinero para otras cosas», Pedrito, me había dicho mamá para consolarme.

Otro año sin la bici.

Y aquí estoy, en los bajos de casa, el submundo de las carboneras que tenemos en el barrio de Pío XII, con el cubo que papá me ha mandado llenar de carbón para así poder calentar la casa.

Son los últimos días del invierno, pero el frío aún aprieta. Pronto llegará el buen tiempo y entonces todos los niños del barrio sacarán sus bicicletas para ir hasta el río. Todos menos yo, que sigo sin tenerla, y me tendré que quedar en el barrio colgado y solo. Como la bici de Jesús Pérez Soria.

Cierro nuestra puerta de la carbonera y me encamino por el pasillo hacia la salida. Pero no puedo marcharme sin echarle un último vistazo a esa bici de mis sueños.

¡Yo quiero una!

No puedo estar así.

Me encamino escaleras arriba por mi bloque hasta el quinto piso. Cómo pesan estas endemoniadas piedras negras. Hace un año que pasé la hepatitis y desde entonces la salud me ha respetado. Tengo que hacer un par de descansillos y aprovechar para pegar un salto hacia el techo. Cada día está más cerca, casi lo rozo. Descanso un poco y vuelvo a saltar. Nada, por poco, pero no lo toco. Esperaré a la semana que viene. Apenas crezca un poco estoy seguro de que lo lograré.

Cuando entro en casa, compruebo que mi hermano Julio acaba de llegar. Aún tiene la ropa de la calle puesta. Hace ya unas horas que hemos terminado las clases, pero él está repartiendo periódicos a domicilio desde hace unos días y por eso tarda más en volver.

—¿Qué tal, hijo, con el reparto? —le pregunta mamá.

—Pero ¿qué es exactamente lo que haces, Juli? —me ha salido preguntarle antes de darle tiempo a contestar.

—Reparto por el barrio *El Adelantado de Segovia* a la gente que está abonada. No está nada mal, y así tengo unos ahorros para mí.

De pronto, algo se proyecta en mi interior. Una idea.

—¡Eh! ¿Y yo puedo hacer eso contigo? Así ganamos dinero los dos. ¡Ahorramos juntos! Y compramos la bici entre ambos. ¿Cuánto te pagan?

—Quinientas pesetas al mes.

—¡Quinientas! Eso es una fortuna. ¡En pocos meses podremos tener una bicicleta si la pagamos entre los dos!

Juli frunce el ceño, no le veo muy convencido, pero yo me siento revolucionado. Acelerado. ¡Por fin he dado con la fórmula para poder tener una bici!

—Vamos, Juli, por favor —le suplico—. ¡¡Llévame a trabajar contigo!!

Este trabajo tiene que ser más fácil que el que hace mi amigo Frutos Arenal, otro que también tiene una bici de carreras y está con su tío todos los veranos de peón en la construcción. El año pasado le pedí que me buscase trabajo, llevando arena, agua, haciendo el cemento..., lo que fuese, pero el tío de Frutos no quería cargarse de más responsabilidad que la de su sobrino, por si acaso sucedía cualquier cosa.

Pero esto es distinto: ir de casa en casa repartiendo periódicos no tiene peligro alguno. Solo que tendré que vencer mi timidez y la vergüenza que me da hablar con la gente. Con lo callado que soy yo... ¡Ay! Pero no, qué más da eso. Con el dinero que voy a ganar. Tengo que pensar en ello. ¡Y en la bici! Por fin voy a poder tener la mía propia. Bueno, compartida con mi hermano Julio, pero ¡¡nuestra!!

—Bueeeeeeeno, vale —acepta al final Juli, y yo no puedo parar de saltar de alegría—. Tendrás que venir todas las tardes conmigo cuando acaben las clases. Vamos directos a la redacción y allí te darán los periódicos y te dirán la zona donde tienes que repartirlos. ¡Pero no se puede fallar ninguna tarde, Pedrito! Si te comprometes, es para ir todos los días, de lunes a sábado.

Así que al día siguiente, como un clavo, cuando suena la campana del final de las clases, salgo corriendo del colegio. Julio ya me espera en la salida y juntos nos vamos hasta la redacción de *El Adelantado de Segovia*. Qué emocionante. Con todo el dinero que voy a reunir, pronto podré tener la bicicleta. ¡Mi bicicleta! ¡Qué ganas! No veo la hora…

Son unos veinte minutos de paseo hasta el edificio del periódico, donde está la imprenta.

—¡Vamos para adentro! —me espeta mi hermano.

17:12.

Un hombrecillo delgado, calvo y con bigote, grita las instrucciones a unos cuantos chicos que estaban esperando. Deben de ir a lo mismo que nosotros.

—¡La edición va con un poco de retraso! Tendréis que esperar un poco —nos dice a voces.

Aprovecho la espera para girarme sobre mí mismo. Frente a mí, un mundo de máquinas enormes, ensordecedoras y un fuerte olor a tinta despiertan todos mis sentidos. «Así que aquí es donde se fabrican los periódicos, después de que los escriban los periodistas».

Distingo por doquier moldes con las letras. Esta debe de ser la primera parte del proceso. Las encajan y pasan a convertirse en una especie de plancha. Y a los pocos segundos circulan por ahí los rollos de papel, que van grabando la tinta. Parece magia, es fascinante.

Y este olor de papel. Como el de los libros cuando son nuevos, pero más tosco, que, mezclado con el aroma tan potente a tinta, me lleva a desconectar de todo.

—¡La edición va con un poco de retraso!

Vuelve a gritar el hombrecillo por encima del sonido ensordecedor de las máquinas a los niños que han ido llegando después que nosotros.

Retraso. Y ruido. Mucho ruido.

* * *

17:12
Luxemburgo, 1 de julio de 1989

Ruido. Mucho ruido.

—*Allez, Perico!!*

—*Allez, Pericooooo!!*

No puedo aguantar más tanto griterío y tanto jaleo a mi alrededor.

¡¡Uf!! Me voy de aquí, a rodar solo para aislarme de esta locura. Quiero empezar bien este Tour de Francia y, en la forma en la que me encuentro, sé que puedo marcar las primeras diferencias en este prólogo. No es algo habitual en mí, pero sé que estoy muy bien. Llego en un momento sensacional, así que no quiero parar ni un segundo, y hasta que no sea mi hora de arrancar no iré a la rampa de salida. En ese remolque con forma de caravana de color crema y gris, enormes ventanas en los laterales, al que subimos por la parte trasera, están los comisarios para coordinar la salida de cada uno con el horario establecido, para que nos sujeten hasta que marque nuestra hora y soltarnos. Y entonces me deslizo por la rampa y todo comienza.

Mi hora de salida, 17:17; me lo ha recordado hace un momento José Miguel Echavarri, que está ya por aquí acompañado de Arturo Romaní y Martín Rivas, los mandamases de Banesto que acaban de firmar el acuerdo de patrocinio para el resto del año y dos temporadas más. Es la salvación del equipo.

Por ahí, cerca del coche del equipo, veo también a Carlos Vidales, mi mecánico, con las ruedas lenticulares en las manos.

Me aproximo todo concentrado a la zona de salida. Pedaleo despacio y, como si fuese un trueno, escucho a mi alrededor el griterío de la gente, que me saca de mi mundo interior y me mete una tensión añadida. Yo lo único que quiero ahora es estar tranquilo, solo con mi calentamiento, mi concentración, visualizar en mi interior el recorrido y mantener el cuerpo siempre a tono, en perfectas condiciones para esta crono.

Doy otra media vuelta, tan solo unos metros, por no alejarme demasiado, pero es que cada vez que me acerco a la zona de salida la gente empieza a vociferar mi nombre, los periodistas a reclamarme…

—No te alejes tanto, Pedro, que tienes que salir ya —me dice Vidales.

Pero quiero aislarme. Estar solo es imposible en medio de este barullo escuchando por todos lados los gritos de ánimo de la multitud aglomerada en esta zona. Prefiero buscar un sitio tranquilo y aislado para disputar este prólogo en las mejores condiciones posibles porque quiero demostrar, desde ya, lo bien que estoy.

Miro hacia arriba. El cielo encapotado da un tono gris a todo a mi alrededor. Al menos ha dejado de chispear, que cuando han salido los primeros, caía algo de agua.

«Ventajas de ser el último en partir», pienso con una sonrisa que sale de mi boca, y con el maillot amarillo puesto, la cinta que me sujeta el pelo y el dorsal 1 a mis espaldas. El del último vencedor del Tour de Francia, que tengo que revalidar este año. Que voy a hacerlo.

Podría buscar el coche y aislarme ahí, pero siempre se acerca alguien y necesito estar activo. Rodar, rodar, tal y como a mí me gusta, aprovechar hasta el último momento pedaleando. No estar ni un minuto parado. Tengo planeado, como mucho, llegar a la salida un minuto o dos antes de mi hora. Y mejor un minuto que dos. Subirme a la rampa y arrancar. Cada vez que me acerco, ¡uf!, qué follón. «Quita, quita, Pedro, ¡media vuelta!».

Necesito estar tranquilo, en mi soledad y concentrado en la crono.

Voy a marcharme de aquí porque me siento muy agobiado, acosado. No hay más que gente y gritos. Aún me queda algo de tiempo y necesito aire y espacio para respirar. Giro y me encamino a la estación de tren, por donde está ubicada la zona de calentamiento. Aunque no es la ideal porque hay gente cruzando cada dos por tres, al menos allí puedo estar rodando relativamente tranquilo y con velocidad para mantener a tono las piernas.

17:16.

Echo un vistazo a mi reloj mientras me aparto de todo el gentío y avisto la zona de calentamiento. Los de Banesto nos han regalado uno a cada uno para que los luzcamos en el primer día en que el equipo lleva su nombre. Es de plástico, esfera negra y agujas indescifrables, las tres con la misma forma en B, una azul, una roja y otra amarilla. Cuesta distinguir la manecilla de los minutos de la de las horas y los segundos, casi tienen la misma longitud.

Todavía me quedan unos cinco minutos, me da tiempo a dar una vuelta más y llegar justo al arranque del prólogo.

* * *

17:16.

—¡Ya podéis ir recogiendo los periódicos! —nos grita el hombre de la imprenta.

De golpe y porrazo me saca de mi ensimismamiento, de las ensoñaciones en las que me había quedado preso por unos minutos, justo lo que estaban tardando en sacar los periódicos por el retraso con el que van, y dárnoslos. Estaba pensando en mi futura bicicleta, será cuestión de unos meses, en cuanto mi hermano y yo reunamos el dinero. Si le convenzo en dedicar todo, tampoco va a hacer falta tanto tiempo; con que estemos unos pocos meses la conseguiremos.

Ya me imagino dando vueltas y vueltas, pedaleando sin parar encima de mi bici. Bueno, de nuestra bici. Pero yo no pienso bajarme de ella.

—¡¡Niño!! ¡¡Tú!! ¡¡El de Pío XII!! ¿Cuántos necesitas?

El hombrecillo me vuelve a sacar de mi mundo paralelo para traerme a la realidad de la imprenta. A pesar de ese estruendo que provocan las máquinas o el potente olor a tinta, todo ayuda a escaparme a mi mundo con facilidad.

—Me han dicho que unos cincuenta. Mire, aquí tengo la lista de los abonados.

Ni se molesta en echarle una ojeada. Inmediatamente extiende sus manos hacia mí con un fajo de periódicos para que los coja. Le doy la mitad aproximadamente a mi hermano.

—Venga, a repartir. ¡El siguiente! —y me empuja ligeramente para que me vaya, «que no pierda más tiempo porque ya vamos tarde», no se cansa de repetir.

Salimos a la calle, respirando el aire puro y recuperando los sonidos cotidianos de la ciudad. Colocamos los periódicos bajo el brazo para poder sostenerlos e ir echando un vistazo a la lista de abonados a los que nos toca hacer el reparto.

Casa a casa, como si fuese un cartero. Metiéndolos en el buzón, llamando a veces a las puertas para entregarlos directamente o introduciéndolos por debajo de esas mismas puertas cuando no te abren, echando un vistazo de reojo a la lista para saber dónde es el siguiente y no saltarme ninguno, que si no, el abonado protesta por no recibir el periódico y te llaman la atención. Y si pasa más de una vez, de patitas a la calle y adiós bicicleta.

Cuando apenas queda media docena de ellos por repartir, mi brazo está ya adormecido por el peso y la postura forzada. Y en verano, las manos y los brazos se vuelven negros de irlos pasando de un brazo al otro y entregarlos a sus destinatarios. Esos periódicos recién hechos como si fuesen pan, calientes, olorosos, con restos de tinta negra todavía a medio secar en el papel y que se va impregnando en nuestra piel. Y a callejear con ellos.

★ ★ ★

Callejear.

17:17.

¡Por fin, espacio para rodar! Dejo atrás la Avenue de la Liberté, desde la que parte el prólogo hacia la Place de la Gare y la estación de tren, que puedo ver a lo lejos. Aprovecho para hacer una aceleración de 1 kilómetro sostenido, pues no puedo irme muy lejos.

Giro sobre mí mismo, no se me vaya a hacer tarde…

«¡Anda! ¿El que viene por ahí parece Thierry Marie?».

—¡Eh, Thierry!

—*Salut, Pegggico!*

No importa que corra junto a Laurent Fignon, uno de mis mayores rivales y enemigos en el Super U. Él es un gran tío, muy simpático y especialista en la crono. Debe de haber terminado ahora mismo el prólogo. Vuelvo a girar sobre mí mismo y ruedo unos metros con él, acompañándole.

—¿Cómo estás?

—¡Bien! Acabo de cruzar la meta ahora mismo. Buenas sensaciones, aunque no haya marcado el mejor tiempo. ¡Breukink iba demasiado fuerte!

—¿Qué tal te fue el recorrido?

—¡Bien! Es muy entretenido. Los casi 8 kilómetros se hacen muy rápidos. Puedes ir a tope de salida. Verás que subes, bajas, hay rectas… Luego está el repecho, pero es corto. Y hay alguna zona de bajada para recuperar. Vamos, muy variado, todo entre las calles de la ciudad y sin curvas peligrosas.

—*Merci!* —le respondo mientras seguimos pedaleando hacia su hotel, en sentido contrario a la salida.

—¡A tope de salida, que es muy rápida!

—*Merci!* —le vuelvo a responder, y miro el reloj que llevo en la muñeca, el de las manecillas indescifrables—. Bueno, me voy, que debe de estar a punto de que sea mi hora. Ya voy un poco justito.

—*Merde, Peggggico!*

—*Merci, Thierry!*

Doy la vuelta y me encamino a la salida, hacia el tumulto de gente y los aficionados que gritan mi nombre. El mundo pendiente de mí. Una sensación agradable, pero también estresante cuando estás muy concentrado, pues me gusta estar tranquilo en los sitios, ser uno más. Siento que todos los ojos de la gente confluyen en mi persona. Qué cosas. Aún recuerdo como si fuese hoy aquel día en que mis ojos se llenaron de admiración cuando me crucé con Carlos Melero por Segovia. Yo ya estaba en la escuela de ciclismo, con la segunda bici, la de carreras, azul como la primera…

⋆ ⋆ ⋆

Maravilloso fue poder tener la primera, azul, de ruedas pequeñas; decían que era de chica, pues no tenía barra, la típica que usaban en mi barrio casi todos. Nos costó una pequeña fortuna para nosotros, tres mil pesetas, pero cumplir un sueño tantas veces imaginado en mi mente merecía la pena. Unos meses ahorrando con el sueldo que nos daban repartiendo periódicos y… ahí estaba. ¡Maravilloso! Cuando al final la conseguimos, yo no cabía en mí mismo de felicidad. Debía de pesar unos quince kilos ese trasto, pero a mí me daba igual. Cuando se hacía de noche, ahí seguía yo, en el patio de Pío XII dando pedales. Mi amigo Jesús Pérez Soria me contó años después que, a veces, se asomaban a la ventana después de cenar y… «Ahí está el chico de Julio. No para de dar vueltas».

Parte de culpa fue suya, por aquella maravillosa bicicleta de carreras que tenía siempre colgada y abandonada en las carboneras, y que, sin que él lo supiera, me hacía soñar con tener una. A los pocos meses de conseguir esa primera bici compré la que de verdad quería, una como la de Pérez Soria. Una de carreras. Continuaron meses de seguir ahorrando; ahora ya sabía cómo tener una. Y gracias a la generosidad de mi hermano

Julio, el sueño de tener una bici de carreras llegó antes de lo pensado, pues me dejó su parte del sueldo para que yo comprase ese objeto de deseo de tantos años, una bicicleta de carreras de cinco mil pesetas, cuatro mil quinientas por pronto pago. ¡Guau!

Una Orbea también, azul como la primera. Era lo que había. En Segovia no teníamos tienda de bicis. Las vendían en las ferreterías. Ahí podías encontrar de todo, desde un bote de pintura hasta una lavadora, desde tornillos y piezas de jardinería hasta bicicletas. Y solo había ese modelo. Pero qué más daba, era justo la que yo quería. Una bicicleta con manillar de carreras. Era indiferente que fuera toda de hierro, manillar, ruedas, bielas, cuadro…, en lugar del ligero aluminio.

Mi amigo Frutos, compañero de clase y de pandilla, que vivía cerca del cole donde estudiábamos, el Calvo Sotelo, me llevaba a menudo a su casa después de clase y me quedaba embobado mirando los trofeos, medallas y copas en las estanterías de su habitación.

—¿Y por qué no te apuntas a correr y así me acompañas en mis salidas en bici y a las carreras?

Una vez con la bici de carreras, todo era más fácil, y así me inscribí en la Escuela de Ciclismo de Segovia. Hacíamos de todo, no solo competir. Durante los inviernos nos llevaban al campo, a un prado a las afueras de la ciudad a correr, jugar al fútbol o hacer gimnasia. Íbamos pedaleando, eso sí. Y ahí, estiramientos, partidos de fútbol… Era un planazo, en lugar de quedarte en el barrio. Era salir de la ciudad a lo desconocido, a conocer otros lugares.

Y los viernes a las siete de la tarde, en la Casa del Deporte, los monitores nos explicaban todos los secretos de la bicicleta y la mecánica. Que si los 36 radios, que si cómo se centran las ruedas, que si así se arregla un pinchazo… Y un buen día, en una salida de esas, me crucé con él… Carlos Melero, ciclista profesional del Teka, anteriormente del mítico Kas, con su equipación, con su superbici de aluminio.

¡Buah! Me quedé deslumbrado. Un ciclista profesional y ganador de una etapa en la Vuelta a España.

—¡He visto a Melero! ¡He visto a Melero! —les dije a mis compañeros de la escuela ciclista dándoles envidia.

Aún recuerdo cómo le miré, totalmente fascinado. No me atreví a más, con lo vergonzoso y tímido que era. ¡Si en clase me sentaba de los últimos para pasar desapercibido! El profesor, que ni me mirase, porque me ponía rojo, preso de los nervios, y no era capaz de articular una sola palabra.

Así que cuando vi a Melero me pasó lo mismo. Aluciné. Fue como haber visto a Dios. ¡Un ciclista profesional!

«Y fíjate, Pedro, ahora toda esta gente, aquí en Luxemburgo, a punto de empezar este Tour, te miran así a ti». Tal y como yo contemplaba a Melero. Puedo percibir esas miradas de admiración.

★ ★ ★

17:19.

A lo lejos ya diviso a Carlos Vidales, agitando el brazo y corriendo apresuradamente hacia mí. ¿Qué pasará?

—¡¡Pericooo!! ¿Pero dónde te has metido? ¡Tira para la salida, que tenías que haber salido ya!

—Joé, tío, sois unos cagaprisas. ¡Siempre igual! Algún día os va a dar un ataque al corazón de lo estresados que vais por la vida.

—Que no, joder. ¡Corre!

Griterío.

Revuelo.

Llego a la rampa de salida, denoto cierto nerviosismo a mi alrededor, pero yo me aíslo, quiero visualizar por última vez cómo afrontar la crono. Me abro paso, bajo de la bici y la aúpo con mis manos para subir un par de escalones, tres, a la rampa. Venga, ya estoy arriba.

Miro a mi lado el reloj analógico que marca las horas de cada participante.

35, 36 segundos.

«¡Ostras! Sí que he apurado», pienso.

Veo de pie, al lado de la rampa, a José Miguel Echavarri. «Pero ¿qué hace ahí, en el asfalto, sin esperar al volante para arrancar el coche detrás de mí?».

Zarandea los brazos de un lado a otro, «pero ¿qué está diciéndome?».

—¡¡Sal!! Sal yaaaaaa —me grita con los ojos como salidos de sus órbitas.

37, 38 segundos...

Trato de salir. El comisario me sujeta fuertemente y no me deja. Miro de reojo el reloj analógico que indica el momento de salida al llegar al segundo 60 o el 0. «Por los pelos. Aún estoy a tiempo».

39 segundos.

—¡¡QUE SALGAS DE UNA VEZ!! —vuelve a gritar José Miguel.

Engancho el pie que me falta en el otro pedal automático y entonces el juez me empuja.

Miro por última vez el reloj.

40 segundos.

«Ay, Perico..., que has salido tarde».

La crono la hago a tope, como siempre, pero de vez en cuando en mi mente fluye la incertidumbre de con cuánto retraso habré salido. ¿Solo 40 segundos o 1'40", 2'40", 3'40"...?

Tal y como me ha comentado Thierry Marie, la crono se hace muy entretenida y hasta se me hace corta, pero por más que trato de concentrarme en mi pedaleo, no soy capaz de quitarme de encima esta incertidumbre. El retraso. ¿Cuánto habrá sido?

«Ay, Perico, que la has liado».

En cuanto cruzo la meta, a unos cincuenta metros, veo a toda la gente que me está esperando. Una muralla de periodistas y fotógrafos que parecen extenderse a lo ancho de la carretera. ¿Qué hago? ¿Paro? ¿Sigo?...

Veo que Francis Lafargue me hace una señal, como si fuese un gendarme, intentando abrirme un pequeño corredor entre todos.

—¡Cuidado, cuidadoooo! —les grita a todos para que se aparten.

—Un momento, Perico, ¡para! —oigo que me chillan.

Distingo a Íñigo Muñoyerro, a Benito Urraburu y también a Julián Redondo. Y a Luis Gómez. No, no puedo detenerme y dar una explicación que ni siquiera tengo. Necesito averiguar en privado cuánto tiempo he salido tarde. Así que no echo ni la punta del pie a tierra. Me voy derecho al Hotel Pullman, donde estamos instalados y que está a pocos kilómetros de la meta.

Cuando llego, libero el pie del pedal; no lo había hecho desde que el juez me sujetaba con fuerza en la rampa y ha comenzado toda esta pesadilla. Suelto la bicicleta y me meto en el hotel. Ahí me encuentro con Manuel Arizcorreta. Él es quien se queda siempre en los hoteles preparando todo para cuando llegamos. Necesito saber mi retraso.

—¡¡Pero Pedro, ¿qué te ha pasado?!!

—Joé, que me he despistado. ¿Cuánto tiempo he perdido?

—Pues casi tres minutos.

Vaya cagada.

«¡Seré gilipollas! Vaya forma de empezar la carrera».

Me meto en mi habitación y ahí está ya descansando, tirado en su cama, Miguel Induráin, mi compañero de habitación. Él hace rato que ha hecho el prólogo, a tiempo, claro. Como todos. Como todos menos yo. Desde su cama me mira con cara de asombro.

—¡Pedro, ¿qué ha sucedido?! —me pregunta con su voz contundente y tranquila, esa que parece que jamás se impacienta por nada.

Entiendo que a partir de ahora tendré que acostumbrarme a esta pregunta.

De todas formas, oye, son 2'40". Y la crono la he hecho bien, porque «solo» he perdido 14 segundos con Erik Breukink, que es quien ha ganado la etapa y se ha vestido con el primer amarillo. El maillot que yo llevaba hoy, que todavía, de hecho, ni me he quitado. El amarillo con el que me he despistado. Del amarillo del campeón al farolillo rojo. Porque ahora soy el último de la clasificación general: a 2'54" del líder. «¡Qué desastre, Dios mío!».

Trato de ser realista. Realmente, tampoco es para tanto. En otros Tours he llegado a la montaña con más tiempo perdido y lo he recuperado. La carrera no está perdida. Me despojo del buzo del maillot amarillo, que ya no me pertenece, de la cinta de la cabeza y me meto en la ducha.

Dejo que corra el agua y que se deslice por mi cuerpo. Que me limpie este sudor, que me purifique tanto por fuera como por dentro, pero, por mucho que froto mi piel, no soy capaz de quitarme de encima esta sensación que tengo. De vergüenza, de bochorno.

«Seré tonto».

«Qué manera de hacer el ridículo. Y delante de todo el mundo».

Noto cómo ese enfado va ganando protagonismo en mi interior y no puedo evitar ese cabreo conmigo mismo.

Bajo la temperatura del agua, pero da igual porque me voy calentando yo solito.

«Seré tonto».

«¿Pero cómo puedo cometer este error? ¿Cómo puedo ser tan inútil?».

«¡¡Seré gilipollas!!».

Me froto fuerte la piel, pero mi cabreo no se calma. Me hierve la sangre.

«¿Pero cómo he podido salir tarde?».

Cuando salgo de la ducha, me seco el cuerpo. Todo menos las lágrimas, que caen irremediables por mi rostro. Son de rabia, de furia, de indignación conmigo mismo.

Entonces llega José Miguel Echavarri a la habitación. Me encuentra llorando y se queda mudo, encogido.

—Pero ¿qué ha pasado, Pedro? Nos has dejado preocupados. ¿Estás bien?

Echavarri, que siempre trata de ir a la vertiente moral, sé que lo menos que va a hacer es echarme en cara el tiempo que he perdido.

—No, no me pasa nada. Pero tengo un cabreo… No quiero hablar con nadie, José Miguel. Quiero estar solo.

—Claro, claro. Tienes a toda la prensa esperando abajo. Con tal de que bajes y les des una explicación…, así se van del hotel y todo el mundo te deja tranquilo. Yo me encargo.

Bajo a la recepción y me los encuentro a todos, los mismos que estaban en la meta, intentando pararme para que hiciese declaraciones. No hace falta ni que pregunten, la cuestión es la que está en boca de todos: ¿qué ha sucedido?

Ha sido un error, un accidente. Calculé mal el tiempo. Pensaba que tenía tiempo suficiente para calentar y cuando volví, pensaba que lo hacía en hora. Me di cuenta cuando me dijeron que iba con retraso y salí inmediatamente. Pero no me enteré exactamente de nada de lo que había pasado hasta que ha acabado la etapa. He tenido un despiste y solo puedo lamentarlo. Además de reconocer que soy el único culpable de lo sucedido.

Pero quedan veintiuna etapas por delante para intentar remediarlo.

Esto ha ocurrido en el prólogo, así que todavía hay carrera y, sobre todo, quedan las etapas más importantes para recuperar lo de hoy. Este percance puede dar cierta ventaja a mis rivales, pero, desde luego, ninguno de ellos puede tener tranquilidad absoluta. Ahora lo único que queda es la rabia de haber perdido dos minutos por un error. Pero eso dentro de un par de días ya se habrá olvidado y habrá que decidirlo todo en la carrera.

Y en cuanto a la culpa, ya me he regañado a mí mismo. Cuando una cosa como esta ha pasado ya no tiene remedio. Aún queda mucho Tour y lo importante es que estoy en perfectas condiciones.

Intento disimular mi enfado como puedo, pero por dentro no logro calmarme.

No consigo parar de hacerme las mismas preguntas: ¿cómo he podido ser tan imbécil de cometer un error así?

Es como si estuviese en guerra conmigo mismo. Mi mente no descansa. Mi cuerpo tampoco.

Después de la cena me voy a la corresponsalía de TVE, donde habíamos concertado una entrevista desde hacía días; me sabía mal no ir, pues había dado mi palabra; ganas de hablar del tema no tenía ninguna, pero el error era mío, de nadie más, y acudí a la cita. De allí directo al hotel, quería estar solo, calmar la estupidez en la soledad de la habitación. El año pasado tuve que tomarme una pastilla para poder conciliar el sueño cuando salió el bombazo del «positivo» por probenecid, y tres años atrás, la primera, cuando mi hermana Marisa me llamó para contarme que mamá había muerto. «Bueno, con lo bien que duermo normalmente, no creo que esta vez sea necesario, así que a descansar, Pedro. Y mañana será otro día».

Miguel y yo apagamos la luz. La habitación se vuelve oscura y negra. Igual que mis pensamientos.

No paro de moverme en la cama de un lado a otro, ni de pensar en lo acontecido.

«¿Cómo has podido, Pedro?».

«Qué ridículo».

Repaso milímetro a milímetro todo lo que he hecho esta tarde. «¡Si hasta salí antes de tiempo del hotel para evitar cualquier contratiempo de última hora! Por el control de firmas pasé veinte minutos antes».

Mi mente se acelera y no logra relajarse. Mucho menos dormir.

«¿Cómo se me ocurriría darme media vuelta y largarme a la zona de calentamiento?».

No logro calmarme, ni conciliar el sueño. Sin ser consciente me estoy destrozando mentalmente. Fustigándome. Pero no puedo evitarlo.

Me es imposible salir de ese torbellino de culpabilidad y soy incapaz de examinar la situación de manera objetiva.

La rabia de mi interior me hace pensar en esos casi 3 minutos perdidos, que son asumibles, que los puedo recuperar, que tampoco es para tanto. «¡Si el Tour del año pasado lo gané con 7'13" de diferencia con Steven Rooks! Y estoy en mejor forma que entonces, de eso no tengo dudas pero…, ¡uf!, este cabreo que tengo encima».

Giro todo mi cuerpo hacia el otro lado de la cama.

No, así, en esta postura, tampoco logro dormir.

«Serás tonto, Pedro. Llegar tarde, qué ridículo has hecho».

Me pongo boca arriba, relajo las piernas, mis brazos con las palmas de las manos hacia arriba, a ver si así… Me molesta la almohada, la tiro a un lado y lo intento de nuevo.

Pero qué va. Soy incapaz de pasar página y olvidarlo. Y relajarme. Cuánto me odio a mí mismo.

Otra vuelta.

Y otra más.

Y otra.

Y así se me hace de día. Sin haber dormido prácticamente nada. Me subo a la báscula, como cada mañana en las carreras. Tengo un kilo menos con respecto a ayer. Los nervios me han consumido toda la noche.

Estoy deseando que arranque la etapa, necesito la competición, a ver si me relaja esa tensión interior que se ha apoderado de mí desde ayer. Hoy toca doble sector: 135 kilómetros por la mañana y una crono por equipos de 46 por la tarde.

El terreno en Luxemburgo está plagado de repechos y en los últimos kilómetros aprovecho alguno de ellos para atacar con toda mi fuerza y expulsar todo el cabreo interior.

Quiero demostrarme a mí mismo que estoy aquí, vivo, que sigo en pie. Los nervios me pueden, no he sido capaz de dejarlos ni siquiera en la cama después de toda la noche en vela. Y arranco. Una, dos veces. A ver si puedo arañar algunos segundos y empezar mi remontada y serenarme. Pero lo único que hago es que el pelotón se estire. Y que todos se me echen encima.

Vuelvo a atacar. «Vamos, Pedro, igual que aquella vez, cuando Moncho vino a verme y saqué todo mi carácter»...

* * *

Aquel día, en vísperas de la festividad de El Pilar, era el del campeonato provincial de Segovia. Octubre de 1975, pleno otoño. Yo todavía era un cadete, quince años, pero como éramos pocos, corríamos con juveniles, los más mayores ya con dieciocho. Y cuando estábamos en la salida, a poco de salir, de repente aparecen ellos, los del coche azul. El Moliner Vereco, el equipo de aficionados más potente y temible. Habían venido con tres ciclistas...

—¿Estos qué hacen aquí? —escucho a los juveniles de Segovia, que no pueden entenderlo.

—Si son de Valladolid, y esto es un campeonato provincial de Segovia...

—Qué rabia. Vienen a quitarnos las victorias a los de casa.

Yo no sé quiénes son, pero, con esas expresiones, entiendo que va a ser un día más duro de lo normal.

El circuito lo conozco de sobra, el de la Piedad. Ya lo he hecho en otras pruebas. Con una subida adoquinada de un kilómetro y dura, como a mí me gusta.

«Y vienen estos a fastidiarnos».

Comenzamos y se escapa uno de ellos. Y yo voy a por él. Los demás, a mi rueda. Gastando todas las fuerzas que tengo ya de salida, pero me da igual. «A estos tengo que ganarles. Aunque sea con esta Orbea, la misma con la que empecé y que pesa unos quince kilos. Aunque ellos tengan bicicletas de aluminio y yo un trozo de hierro».

Le cojo, y salta otro compañero suyo. «Pues a por él».

Y, según le cazo, salta el que quedaba. «Maldita sea. ¡Pues yo no me voy a rendir!».

Me quedo con los tres y no paran de darme palos. Salta uno, le cazo. Luego otro, le neutralizo. Después el tercero en discordia. Y yo, cabezón, saliendo todo el rato a por ellos.

Hasta me atrevo a atacarles un par de veces, pero nada. Así vamos hasta que en la tercera vuelta exploto. Ellos acaban copando el primer y el segundo puesto del podio.

Entonces es cuando entiendo a mis paisanos. «¡Han venido a quitarnos la victoria! —pienso con rabia—. ¿Qué se les habrá perdido aquí? ¿Es que no tienen carreras en su casa o qué?».

Terminada la carrera, se me acerca Carlos Melero. Viene acompañado...

—Pedrito, mira, te quiero presentar: este es Moncho Moliner. El director del Moliner Vereco. Que sepas que han venido a esta carrera solo para verte.

—¡Abusones! —le grito, extendiendo el brazo y señalándole—. ¡Sois unos abusones! ¿Para qué venís aquí? Que esto es un campeonato de Segovia.

Moliner me mira con los ojos abiertos como platos. Estupefacto.

—Así que tú eres el mocoso que ha hecho sufrir a mis corredores, ¿eh? ¡A este me lo llevo yo!

Ahora el que se queda sin palabra soy yo.

—¡Enhorabuena, chaval! Corres muy bien. ¡Y vaya carácter! Me gustas, me gustas... ¡He hecho bien en venir! Me lo había dicho Melero. Él me convenció para que viniera a Segovia a conocerte, a ver cómo corrías, y ha acertado. ¡Y con genio! Si ya me has gustado como ciclista, ahora todavía mucho más. ¿Tienes teléfono en casa?

Entonces empecé a calmarme. Mi cuerpo empezó a reaccionar, y también mi mente. «¿Habrá venido hasta Segovia expresamente a verme a mí?».

—Sí, sí que tengo, porque mi padre es camionero y somos de los pocos del barrio que tenemos teléfono en casa —le respondí, y acto seguido le dicté mi número.

—Te llamaré, chaval. ¡Pedrito! ¿Cómo has dicho que te apellidas?

—Delgado. ¡Delgado Robledo!

Y tardó la llamada. Pensé que se había olvidado de mí, pero cumplió su promesa. Al cabo de unos tres meses, cuando terminaron las Navidades de aquel 1975 que tantos cambios iba a traer para todos, el teléfono sonó en casa. Era Moncho Moliner.

—Pedrito, ¿qué te parece si vamos mañana a Segovia para firmar el contrato del que hablamos y de paso te llevo algo de ropa?

No podía creerlo. Acepté de inmediato, pero enseguida terció mi padre, que me arrebató el teléfono para dejar las cosas claras.

—Mi hijo podrá ir con usted a correr siempre y cuando no deje los estudios de lado. El curso tiene que sacarlo adelante, si no, se acabó lo de la bici.

Mi padre siempre me había dicho que de la bicicleta no iba a vivir, y que no descuidase los libros. Esa fue su única condición. Y Moncho la aceptó.

—Eso, sin lugar a dudas, señor Delgado —le prometió—. Ahora vuélvame a pasar con su hijo para fijar la hora y el lugar para mañana.

—Sí, aquí estoy, señor Moliner —le respondí con timidez.

—¿Qué te parece si quedamos en Cándido?

—...

—¿Pedrito? ¿Estás ahí?

Mi silencio debió de desconcertarle.

—Sí, aquí sigo...

—Muy bien. ¿Entonces mañana en Cándido?

—Vale. Pero por la tarde, después del colegio.

—¡Perfecto! Hasta mañana entonces.

Y colgamos.

«¿¡Cándido!? ¿Pero eso qué es?», pensé para mis adentros.

Menos mal que estaba mi padre para explicármelo. Cándido es un restaurante, uno de los más famosos de Segovia, donde se sirve el cochinillo con más solera de toda la ciudad. Y está pegado al Acueducto.

¡Un restaurante! ¿Cómo sería? Nunca había estado en uno. «Será para la gente de fuera o para los ricos». Yo siempre había comido en casa.

—Pero, papá, será para la gente que viene de fuera o está de viaje, ¿no?

—No, hijo, la gente de Segovia también va a comer ahí.

—¿Cómo? —No entendía nada—. Si vives en Segovia, comerás en tu casa, ¡digo yo! Como hacemos nosotros siempre.

—No, hijo —volvía a repetir mi padre—. Hay personas que sí pueden permitirse comer fuera, aunque vivan aquí.

A mí no me entraba en la cabeza. Menos mal que no le dije a Moncho que no tenía ni idea de qué era eso de Cándido. ¡Qué vergüenza!

Al día siguiente, y después de las clases, pasé por casa y me encaminé hacia el Acueducto. Hacia Cándido. El frío de enero hacía apretar los dientes casi de manera inconsciente. ¡Brrrr!

Caminaba despacio, preso de mis pensamientos. «¡Voy a fichar por un equipo ciclista! Y el Moliner Vereco nada menos. El más importante y potente de toda Castilla la Vieja».

Me detengo casi a cada paso, no puedo evitarlo; me embargan los sueños, que cada vez tienen más de realidad que de quimera.

«¡Voy a correr en un equipo! Voy a conocer otras ciudades, otros lugares. A gente nueva...».

Cuando llegué a la puerta de Cándido eran las seis. Treinta minutos más tarde de la hora acordada. El Acueducto es tan largo que no sabía exactamente dónde estaba. Podía preguntar, pero me moría de vergüenza por culpa de mi timidez. Pero ahí estaba Moncho, acompañado de un periodista, José Miguel Ortega se llamaba. Me dieron una equipación completa del equipo. ¡Qué ilusión! Yo, que para correr hasta entonces usaba unas playeras y un pantalón de deporte... «¡Ahora ya tengo maillot y *culotte!* Esto empieza a lo grande».

—Fíjate que no nos acordábamos de tu cara, ¡chaval! —me dijo el director vallisoletano entre risas—. Estábamos aquí analizando a cada quinceañero que pasaba a ver cómo tenía el cuello, pues recordaba que tú tenías la nuez muy marcada. Menos mal que me has reconocido tú.

Acabamos fijando aquel acuerdo de manera verbal y me perdonaron el retraso.

* * *

Ellos sí lo pasaron por alto. Pero hoy, casi quince años más tarde, en Luxemburgo, eso es inviable. Perdonarlo. Perdonarme. Ni siquiera yo soy capaz. Y ahora toca el segundo sector, la contrarreloj por equipos, 46 kilómetros. Si por la mañana no he podido recuperar tiempo, habrá que hacerlo ahora.

Arrancamos bien acoplados, todos juntos casi hasta mitad del recorrido. Solo Abelardo Rondón se ha quedado descolgado. Las referencias no son malas: pasado el ecuador de la crono, cedemos apenas 49 segundos con el Super U de Fignon.

Pero a apenas 15 kilómetros del final, todo estalla en mil pedazos.

¡Bum!

El vacío. Todo queda desenfocado.

Las piernas parecen de plastilina. No soy capaz de pedalear con fuerza. Dejo de escuchar mi respiración, tampoco oigo las voces de mis compañeros o el sonido característico del rodar de las ruedas lenticulares. Todo queda en suspense.

Vivo y siento todo a cámara lenta.

Ruedo en última posición. Veo la rueda de Julián Gorospe, que va delante de mí, cada vez un poco más lejos.

La explosión.

«¡No puedo! No puedo más».

Gorospe se percata y se deja caer de inmediato.

—¡Vamos, Pedro, vamos!

No tengo fuerzas ni para contestar. Lo intento, mientras veo que el resto de los compañeros paran el ritmo para permitirme llegar a su altura cuanto antes.

«¡No puedo!».

La impotencia invade todo mi cuerpo y mi mente.

Ni siquiera soy capaz de seguir la estela de mis compañeros. Y entonces..., el hundimiento. Me descuelgo de nuevo sin poder hacer nada. De repente me ha venido todo el cansancio encima, las horas sin dormir. Las pocas fuerzas que tenía se han esfumado por ensalmo.

Me gritan, pero yo no puedo más.

Intento de nuevo coger sus ruedas como sea. Por momentos lo consigo con el bueno de Julián. Me lleva de nuevo hasta los demás.

Pero es solo una ilusión momentánea. En una curva a derechas me vuelvo a quedar en el momento en que empiezan a acelerar. Y el hueco ahora es enorme para cuando se dan cuenta. Entonces veo que todos dejan de pedalear de inmediato. Me están esperando.

Me siento fatal, débil. Avergonzado de la faena que estoy haciendo a mis compañeros.

—¡¡Venga Pedro, vamos!! —oigo que me anima Melchor Mauri.

Nos reagrupamos en un pequeño descenso que me da aire, pero enseguida llega otro repecho. Y con él, otra vez, toda mi fragilidad. No puedo más. Bajo hasta el coche que nos sigue, donde viaja José Miguel Echavarri. Necesito hablar con él.

—Deja que se vaya Induráin con otros cuatro más.

Se niega. Y mis compañeros también.

—¡¡PARAD!! ¡¡PARAD!! —oigo a la perfección que se gritan entre ellos.

Todos vuelven a esperarme para reintegrarme al grupo. Alguno hasta me empuja ligeramente con la mano. No durante mucho tiempo, eso sí, porque la cagaremos definitivamente si nos sancionan o nos expulsan.

—¡¡Vamos, Pedro, vamos!! —me siguen alentando, pero estoy en un profundo hoyo. Completamente roto. Hundido.

Cruzamos la meta en última posición, a 4'32" del Super U, que ha sido el vencedor.

En apenas 189 kilómetros que llevamos de Tour en estos primeros dos días ya cedo 7'20" a Fignon y casi 10 a Acácio da Silva, que es el maillot amarillo. Estoy viviendo una auténtica pesadilla. Yo, que venía a ganar esta carrera con una pata, estoy en lo más parecido al Infierno.

«¿Qué vas a hacer?» es la pregunta que todo el mundo me hace, que, por cierto, yo, en mi estado de *shock*, ni me había planteado. Todos, la misma cuestión. Si ayer era «¿qué ha pasado?», ahora la pregunta en la boca de muchos es «¿qué vas a hacer?».

La prensa, la gente del equipo: «¿Vas a abandonar?». No sé qué decir, bastante tengo con mi vía crucis como para pensar en otras cuestiones. Tanto me preguntan que al final me siento raro si no me lo planteo.

—Eh, Perico, ¿todavía en carrera? ¡Yo en tu lugar me iría a casa! —Laurent Fignon, tan agradable como siempre.

Cada vez que nos cruzamos en el pelotón se queda un rato a mi lado para intercambiar frases de este estilo. «Cruzarnos» es un decir, pues voy siempre el último o a cola del pelotón; allí nadie me disputa el lugar y casi nadie me dice nada, pues mi cara lo dice todo. Menos Laurent en estos encuentros que suceden cuando para a hacer pipí o ha ido al coche del equipo en busca de agua u otra cosa. Lo suyo no son ánimos precisamente. Tan arrogante como acostumbra. Yo no me lo tomo a mal, pues siento que sus palabras son sinceras, pero, viniendo de él, podría tener otra vertiente… Fignon aprovecha cualquier cosa para hundir a sus rivales. A veces los ataques no son cambiando el ritmo sobre la bici.

Ruedo en la parte trasera del pelotón todo el rato, prácticamente los 240 kilómetros de la etapa. Ese dorsal 1 es la frontera entre el pelotón y la caravana de coches y motos que ruedan detrás. A cola de pelotón, igual que en la clasificación. El último. No tengo moral, no tengo fuerzas. No tengo nada. Necesito hacer algo, pero ahora no tengo ni fuerzas físicas ni mentales, ni siquiera me lo planteo.

«¿Qué vas hacer Pedro? ¿Abandonar? ¿Seguir?».

«La decisión va a ser mía», e interiorizo el dilema.

«Si me voy a casa, no voy a parar de torturarme». El Tour mediatiza las noticias de deportes el mes de julio: radios, televisiones, prensa…, todo será hablar de la carrera. Me veo en casa con un sentimiento mucho peor, de derrotado y hundido. No podría salir de ella para evitar preguntas incómodas. En conclusión: «Creo que me voy a sentir todavía mucho peor si abandono. He cometido un error enorme, pero necesito recuperarme primero mentalmente, y huir a casa no creo que sea la decisión más adecuada. Mejor me voy a dormir. Eso sobre todo. Esta noche me tomaré la pastilla para poder descansar porque lo necesita mi cabeza y mañana ya veré cómo amanezco. De momento, seguir en carrera creo que será lo mejor para mi salud mental».

En la soledad de la habitación de este Hotel Holiday Inn de Lieja, cerca de donde ha finalizado la etapa de hoy, siento que sigo inmerso en una pesadilla que no acaba. José Miguel Echavarri me habla.

—Ya te lo dije ayer. Tenemos que estar preparados para escuchar las mayores críticas y también las mayores chorradas. Imagina que te has caído y que has perdido siete minutos, y que tienes que recuperar ese tiempo con todo el dolor de las heridas en tu cuerpo. Bueno, pues cuando te veas que estás sin ningún rasguño, pensarás que es una suerte no haberte caído. —«Hombre, visto así…, no le falta razón». Y prosigue antes de dejarme dormir—: Aquí, Pedro, empieza otro Tour distinto del que veníamos a disputar.

Con Perico puede pasar de todo
y en cualquier momento.
Es estar sobre el hilo,
entre el desastre y la gloria,
lo que apasiona.

Javier García Sánchez

8
20 de julio de 1986

Mis sentimientos van de la euforia a la rabia.

Hace ya un buen rato que llevamos montados en el coche descendiendo el Col du Granon y no se me quita esta sensación de excitación y enfado conmigo mismo desde que he cruzado la línea de meta.

Todo el mundo habla de cómo se ha puesto el Tour. Greg LeMond vistiéndose de amarillo; su compañero Bernard Hinault, el gran patrón de la carrera, se ha dejado bastante tiempo, y todo son elucubraciones alrededor de ambos por el mal ambiente que hay o debe de haber dentro del equipo. Pero yo no paro de rumiar esa sensación de irritación hacia mí mismo.

Me falta decisión, ser más decidido y no esperar a lo que hacen otros, que luego «se me va el caballo».

Hoy me ha faltado más confianza, porque cuando se ha ido Zimmermann con LeMond tenía que haber saltado a por ellos, o haber tirado y unir fuerzas con otros corredores para estar con ellos o al menos más cerca, especialmente con Robert Millar, porque luego recortar tiempos en la parte final del Granon ha sido muy difícil.

Si hubiésemos colaborado…, habría llegado con el suizo y el estadounidense… Creo que sí. Sigo igual en la clasificación general, quinto, como por la mañana antes de esta primera etapa alpina, pero no sé, todo lo que acaba de pasar me ha dado un chute de moral increíble, puedo estar con los mejores y ver a un Hinault tocado. ¡Me siento exultante! Y mañana es el gran día, ¡el Alpe d'Huez! Con el Galibier y la Croix de Fer antes del gran final de esa montaña mítica. Va a ser mi gran día, lo presiento.

Hoy, ya desde el Izoard, el puerto anterior al Granon, Hinault sufría. Y cuando Zimmermann y LeMond se fueron, la carrera se quedó sin patrón, nadie quería tirar, todo era mirarse y atacar, no manteníamos el ritmo constante para estar todos juntos o más cerca al pie del Granon.

Sigo de lleno en la lucha por la general. A LeMond se le pueden atragantar esos puertos, Hinault está tocado y el que va como una moto es el suizo Zimmermann. Esto pinta bien para poder acceder al podio mañana.

Ya estamos terminando de bajar el puerto. Recostado en el asiento, mirando estas prodigiosas montañas desde la ventanilla, sigo dejando volar mi imaginación después de ver lo bien que he acabado. En la cima, donde ha ganado Eduardo Chozas, y según iban llegando los corredores, había caras de mucha fatiga.

Con el traqueteo del coche del equipo PDM, que conduce Jan Gisbers, mi director, camino de Briançon, del hotel y del reposo, siento que el cansancio y la fatiga se van adueñando de mí al completo. De las piernas se trasladan a todo el cuerpo. Pero la euforia me supera, mañana puede ser el gran día.

Ya debe de quedar muy poco para que lleguemos al hotel. El traslado hoy no ha sido muy pesado. Aunque había público, no se ha montado ningún *bouchon* o atasco tan típico cuando acaba una etapa de montaña en el Tour. Así podré aprovechar al máximo el tiempo de descanso. Las ganas que tengo de una buena ducha reparadora me hace ir saboreándola mucho antes de disfrutarla. Esa agua caliente deslizándose por mi cuerpo, relajando la tensión de todos mis músculos y de mi cerebro. Y luego el masaje para desconectar de la carrera, de su fatiga, con «cabezada» incluida. La cena, pronto, y a dormir cuanto antes;

todo tiempo de relax es poco para estar listo para mañana, cuando me espera una jornada que aspiro a convertir en épica.

Nada más sentarme a la mesa para la cena, uno de los auxiliares del PDM se acerca.

—Pedro…, te llaman de casa.

—¡Okey! *Dank je wel!*

Voy a recepción, donde veo un teléfono descolgado.

—¿Hola?

—Pedro, te he llamado porque tengo que darte una mala noticia —me dice mi hermana Marisa.

—¿Cuéntame?

—Mamá… Mamá ha muerto.

Ella solloza al otro lado del aparato. No entiendo nada. Siento que el tiempo se detiene, que mi mente entra en un *shock* absoluto. Casi como una parada cardiaca total, de pies a cabeza. ¿Que ha muerto mi madre? ¿Pero cómo? Eso es imposible.

—¿Cómo que se ha muerto? —consigo decir.

—Sí, Pedro. Parece ser que, por la mañana, cuando se levantó, le dijo a papá que tenía mucho dolor de cabeza. Se fue a la cocina a hacerse un té, él estaba con ella, y dice que inmediatamente después de tomárselo lo vomitó. Unos segundos después se desmayó y, suerte que estaba papá, porque la pudo coger en brazos. La llevó al hospital y allí le dijeron que tenía un derrame cerebral con pronóstico muy grave. Y que si había algo que hacer, era en Madrid. Así que la llevaron al Hospital Puerta de Hierro…, y nada más verla le dijeron que volviese a Segovia porque iba a ser cuestión de horas. Y a las cinco y pico de la tarde ha fallecido, Pedro.

—Pero ¿qué me estás contando, Marisa? Pero si mamá es muy joven.

—Sí, Pedro. Pero parece que el sintrom que tomaba para el edema pulmonar no ha ayudado nada. Por lo visto, se ha debido de dar un golpe en la cabeza, pero eso no lo sabe nadie, ninguno lo ha visto. Solo que le dolía la cabeza. Pero ese golpe le ha debido de provocar el derrame y con la medicación, pues, en vez de ser un coscorrón como para cualquier persona normal, en mamá ha sido fatal.

—Pero ¿cómo que se ha muerto, si hace dos días hablé con ella y estaba tan normal? —Noto como mi mente no asimila la noticia, que estoy en otra dimensión, en una realidad paralela a la que vivía hace apenas veinte minutos.

—Ya lo sé, Pedro, y que iba a ir a París la semana que viene a verte al final del Tour. Pero ha fallecido. Y ahora tenemos que pensar qué hacemos. Podemos retrasar el entierro un día si quieres venir. Haremos lo que tú digas, pero debemos tomar una decisión ya.

«Mamá... Mamá ha muerto».

Así de sencillo y de trágico en tres palabras: «Mamá ha muerto». No soy capaz de salir de mi conmoción. Me empieza a faltar el aire en los pulmones, el techo de la recepción del hotel, cuyo nombre ni sé, se echa encima de mí. Respiro profundamente. «Estoy tan lejos de casa..., tan lejos de los míos...». Me quedo mudo, no soy capaz de reaccionar a esto.

Todo empieza a dar vueltas a mi alrededor. Empiezo a pensar en el Pedro que soy. En Perico para todo el mundo. El ídolo de masas en el que me he convertido desde hace unos años, especialmente desde que gané la Vuelta a España el año pasado. Llevo ya un año conviviendo con lo que supone ser un personaje mediático. En 1983 fue el bombazo: de los pueblerinos que vinimos al Tour a casi volver con él bajo el brazo; de 1984, mi primer amarillo en la Vuelta, aunque finalmente acabé cuarto; o cuando me rompí la clavícula en Morzine durante el Tour de ese año con mi abandono y ver tantos periodistas que me esperaban en el aeropuerto. El estrellato absoluto fue la Vuelta que gané a Millar y el histórico vuelco que me catapultó al olimpo de la fama. Más allá del mundo del deporte. Llevo ya unos cuantos meses «degustando» en mis propias carnes las consecuencias que tiene ser una celebridad. Hace mucho que he dejado de ser un deportista notorio para convertirme en una persona pública.

—A ver, Marisa —reacciono saliendo de mis pensamientos—. Ya no podemos hacer nada, ni siquiera verla para despedirme porque ha muerto. Si voy allí, retirándome del Tour para estar en el entierro, nos van a estar sacando fotos. Allí, todos afligidos, con una pena enorme, llorando. Eso se va a convertir en un circo mediático. En un circo sin alegrías, en un valle de lágrimas, donde nosotros seremos los tristes protagonistas. —Es como si lo estuviese visualizando.

—Será lo que tú digas, Pedro. Si prefieres, esperamos a enterrarla o lo hacemos ya.

—Va a haber un mogollón de gente y no vamos a poder hacer una despedida entre nosotros, íntima. Mira, yo casi prefiero quedarme aquí y tratar de hacerle un homenaje mañana en el Alpe d'Huez. Ir a ganar. Ganar por ella.

—Si tienes fuerzas y quieres salir mañana, nosotros vamos a estar contigo.

Marisa y yo nos despedimos, y en cuanto cuelgo el teléfono, Jan Gisbers, que debía de estar observándome, se acerca y me pregunta:

—¿Qué pasa, Pedro? Tienes mala cara.

—Mi madre ha muerto —respondo en tono seco y vacío de sentimiento.

Su gesto cambia totalmente, y de la curiosidad pasa a la tristeza.

—¿Qué vas a hacer? El equipo te va a apoyar en todo, tanto si abandonas como si sigues. Es algo muy duro, y eres tú quien debe tomar la decisión.

—No —trato de explicarle, apoyado en el mostrador de recepción para sentir una estabilidad, pues todo me sigue dando vueltas—, no voy a abandonar, porque allí va a ser una locura entre los medios de comunicación y la gente que va haber... Quiero hacer un adiós a mi madre aquí. Ganar mañana en el Alpe d'Huez.

—¡Okey! —acepta Jan—, pero si te quedas en carrera, tómate alguna pastilla para poder dormir esta noche.

Termino de cenar con la cara de preocupación de mis compañeros y el silencio instalado a mi alrededor, salvo por un «te acompañamos en el sentimiento».

Tengo la sensación de que no se dirigen a mí mismo. Siento que mi mente pasa de un estado de euforia por la etapa de mañana a la pena de no volver a ver a mi madre, pero busco la motivación en mañana, en que tiene que ser un gran día. Ese homenaje que se merece mi madre. Ya lo estoy viendo. A ver cómo lo hago... Primero el Galibier, luego la Croix de Fer, que no lo conozco, pero me han dicho que es un puerto muy largo y ahí tendré que hacer de hormiguita, guardar fuerzas todo lo posible, regular todo lo que pueda, hasta llegar al Alpe d'Huez, y ahí sí, ahí... ¡atacar!

Hasta me visualizo entrando con los brazos en alto, señalando al cielo, ganando para ella. Siento que toda esa euforia bajando de la meta al hotel sigue dentro de mí. Ahora transformada por la muerte de mamá, pero con ese subidón tremendo de verme físicamente muy bien. «Mañana voy a hacer algo grandioso, mamá se lo merece».

Así saldo mi deuda con el Alpe d'Huez, esta montaña en la que me ha pasado de todo. Lo bien que me fue en 1983 cuando no la conocía de nada y hasta se me hizo corta y suave al final de todo lo que me reservé. El error de hace dos años, en el Col de Laffrey, cuando paré a hacer pipí poco antes de su ascensión y al poco arrancó Hinault, justo al comenzar la ascensión, y «perdí el caballo» de los buenos. Con lo confiado que iba, lo bien que me sentía, y cometí el error de parar en el peor momento posible. Me tocó tirar, tirar y tirar solo. Remar, remar y remar, viéndolos ahí todo el rato, hasta que finalmente exploté. Mañana debe ser diferente, será totalmente diferente, lo sé. Porque tengo una motivación extra, brindar a mi madre el triunfo. Y estoy bien. Una montaña mítica y el momento más idóneo posible para rendirle este tributo. También me servirá para enderezar un poco la general después del batacazo en Superbagnères. Sé que puedo hacerlo. Solo tengo que mantener la concentración, pues las fuerzas están en mis piernas.

* * *

Repecho va, repecho viene. Los ataques no han parado desde la salida en Bayona. El pelotón se estira como una goma a punto de romper su elasticidad; luego recupera una formación más agrupada, para volver a estirarse en fila india. Por momentos, el pelotón se fragmenta en varios grupos; poco más tarde volvemos a agruparnos, para volver a empezar inmediatamente. Esto es un no parar. Las piernas las siento en ocasiones como que van a explotar y pienso si serán capaces hoy de aguantar este ritmo endiablado.

Esta primera etapa de montaña del Tour de 1986 está siendo durísima, y eso que aún no estamos en los puertos de verdad. «No sé qué será de mí hoy. A este paso vamos a llegar todos "a gatas" a Pau». Un pequeño parón en la cabeza del pelotón permite que un grupo de ciclistas se vaya. ¡Por fin llega la paz! Pero es arrancar la dura ascensión de Burdincurutcheta y todo se reactiva de nuevo. Los equipos Carrera, System U, Panasonic y otros más modestos no dan tregua. A mitad de la ascensión, debemos quedar escasamente veinte corredores. La fatiga y las pendientes van pasando factura y poco a poco se va bajando el ritmo. Entre todos hay miradas de alucine del duro día que estamos llevando, y con la meta aún tan lejos. Coronamos y después de una corta bajada toca subir Bagargui. Esto permite hacer al grupo de los favoritos más numeroso. Pero pasado este puerto se reactiva de nuevo la carrera. A la altura del avituallamiento Fignon y sus compañeros quieren sorprendernos a todos. Se vuelve a rodar a mil, es un sálvese quien pueda, con bolsas de avituallamiento que se cazan *in extremis*. Hay otras tiradas por el asfalto con los bidones rodando, cada uno intentando no perder rueda del de delante. Esta última aceleración prácticamente neutraliza a los pocos corredores que aguantaban en cabeza.

Como ningún favorito ha sido pillado «fuera de juego», vuelve a reinar la ansiada calma en un terreno más llevadero que ayuda, ¡por fin!, a comer algo con menos tensión, incluso a masticar apaciblemente el bocadillito de jamón dulce y queso, y para hacer el momento más feliz, acompañado de un trago de Coca-Cola y su posterior eructo. «¡Hum!, qué rico sabe este momento en carrera cuando puedes disfrutarlo».

Así nos vamos acercando al próximo punto caliente, el tercer *catch* (meta volante) del día, pero, con las velocidades que llevamos hoy, tengo la sensación de que, salvo algún guerrero, nadie esprintará como se ha hecho hasta ahora en la primera semana larga de carrera en este punto, ya que no hay entre nosotros ningún corredor involucrado en la clasificación del maillot verde. En eso veo a Hinault llamar a Jeff Bernard y con un gesto le dice que se meta en el esprint.

«Aquí va a haber movida», pienso para mí mismo.

Y, en efecto, pasamos el esprint, todavía a 91 kilómetros de la meta, y según salimos de él, arranca Bernard a tope con Hinault a su rueda. Era el momento, porque los que disputan los puntos de esa clasificación paran para recuperarse del esfuerzo explosivo y el pelotón estirado se reagrupa al poco. La gente sabe que después de esa aceleración habrá parón, máxime después de la etapa que llevamos. Y con todo lo que queda todavía por delante... Pero Hinault, con su grandiosidad y su amor por la gesta, ve una oportunidad en romper la lógica. Lo conozco bien ya desde la etapa de Ávila en Serranillos, en la Vuelta de 1983, y la que le preparó a mi compañero Gorospe en ese día.

—*Allez! Allez, Jeff!!* —escuché animando a su gregario.

Cogí la rueda del «Caimán» (Hinault) y me fui con ellos. Chozas también nos acompañó unos kilómetros hasta que terminó por reventar. Bernard, con lo bien que andaba por el llano, nos llevó a mil por hora en esos kilómetros de aproximación al Marie Blanque. Para cuando quisieron reaccionar atrás, con un LeMond, compañero de Hinault, cabreado con el mundo por no haber sido avisado de ese movimiento, ya gozábamos de un minuto de ventaja.

Yo iba disfrutando como un niño pequeño con una golosina. En Marie Blanque nos quedamos los dos solos. ¡Qué honor para mí estar en fuga con el mejor ciclista del momento! No quería mostrarme reservón ante un corredor de tal entidad, pero me dijo que no, que le dejase hacer a él. Pedaleaba con un destino claro: el amarillo. Dar un golpe encima de la mesa a la carrera. Aunque el sentimiento de ser un ciclista de segunda categoría se dejó atrás en el 83, en ese momento estaba con el gran dominador de los últimos Tours y del ciclismo mundial, y eso da mucho respeto. Estaba codeándome de tú a tú con el número uno.

—Subiendo, *piano,* y luego ya hacemos la bajada juntos; prefiero marcar el ritmo yo ahora —fue de lo poco que me dijo.

No necesitaba más para entenderlo.

Desde la cima a meta eran 50 kilómetros y, quitando los 10 primeros de bajada, me llevó del «gancho» por ese terreno más favorable. Vaya manera de rodar. Qué envidia, con esa planta y moviendo el desarrollo con esa soltura. Daba relevos más largos que yo, y en más de uno ¡casi muero! Cada nueva referencia plasmaba perfectamente la velocidad que llevábamos: que si 2, que si 3, que si 4 minutos. Y nos plantamos en meta, en la Place Verdun de Pau. Me coloqué a su rueda y a *caraperro.* Sabía que el francés era más rápido, pero «por intentar sorprender, que no quede, Pedro», me dije a mí mismo. Esperé a que faltasen 250 metros y arranqué con todas las fuerzas que me quedaban. De reojo busqué su rueda delantera... Seguí esprintando en un último aliento y crucé primero.

¡Qué subidón! Llegar escapado con Hinault, ganar la etapa y pasar a ser cuarto de la clasificación general, todo en un día. Hinault se llevó la gran tajada, ya era líder del Tour de Francia. No habíamos hablado nada para la victoria, vamos, yo ni me atreví ni insinuárselo; ¿quién era yo frente al más grande?, pero pienso que su concepto del ciclismo debe ser de premiar a los valientes, todo un detalle hacia mí.

Qué liberación supuso aquella victoria. Y no tanto para mí —la segunda vez que alzaba los brazos después de haberlo hecho el año anterior en Luz Ardiden—, sino para el equipo. Con la inversión tan grande que habían hecho conmigo y la mala temporada que estábamos haciendo... Noté cómo les cambió la cara al verme ganar en Pau. Se quitaron un peso de encima. Necesitaban el triunfo incluso más que yo.

Si en el fondo yo siempre pensé que no acabaría aquí...

⋆ ⋆ ⋆

Fue una cantidad indecente de dinero la que pedí. Todo para que dijeran que no. Y la respuesta fue que sí. Que me fichaban.

«¡Ay, Pedro! ¿Qué has hecho? Ahora eres preso de tus palabras. Estás atrapado. ¿Qué hago yo en Países Bajos?». Philips y DuPont, dos empresas gigantes, se unen y crean este equipo, el PDM, que fabrican cintas de casetes de audio y vídeo. A mí me fichan como jefe de filas durante los critériums post Tour y después de haber ganado la Vuelta a España de 1985. Yo les hago una importante propuesta económica esperando escuchar el NO.

Y fue un SÍ.

Siendo ya oficial mi fichaje por este nuevo proyecto neerlandés, recuerdo una conversación con Francesco Moser. Viajábamos en un vuelo chárter desde el recién finalizado Mundial de Treviso a la Bretaña francesa, a participar en uno de los critériums más famosos en el país galo, en Châteaubriant. En el avión íbamos las figuras de aquel año. Una de ellas era yo. Y a mi lado, Moser. Ese sí que se sentía una estrella. Era Dios en Italia y con un respeto entre sus paisanos que rayaba a veces en la tiranía.

—¡Perico! ¿Pero cómo es que te vas a un equipo neerlandés? —me preguntó incrédulo.

—Es que la oferta económica era irrechazable —traté de justificarme.

—Ya, ya imagino. Pero, mira, esas cosas se hacen al final de tu carrera deportiva, no ahora que eres tan joven y tienes todo por hacer. Eso para tus últimos años, haces caja y a vivir. Pero si tienes veinticinco años solamente... ¡Es muy pronto!

Le agradecí mucho las palabras y su preocupación por mí, pues, aunque coincidíamos en bastantes carreras, nunca habíamos cruzado una palabra. Probablemente era la primera vez que algún ciclista fuera de mi entorno me daba un consejo, y que fuese precisamente él fue para mí muy especial.

No pude evitar pensar en el lío en el que me había metido. Pero ya que estaba, decidí verlo como un aprendizaje.

Tenía una enorme preocupación por mejorar en las cronos y desenvolverme bien en los momentos en que se producían abanicos.

«Estos mastodontes neerlandeses seguro que me hacen un máster en todo esto. Con lo buenos rodadores que son, voy a salir de ahí hasta provocando yo los abanicos. Ganando cronos y todo», pensé con una sonrisa en mi boca.

Iluso de mí.

* * *

Mi primera carrera oficial en los Países Bajos fue a finales de febrero. Aunque había corrido critériums post Tour, estos eran de alrededor de 100 kilómetros, dando vueltas a un circuito urbano; hoy, en cambio, son poco más de 200 kilómetros en línea. El hecho es que al despertar esa mañana, y, como es habitual en un ciclista que se precie, lo primero que hice nada más levantarme fue ir a la ventana de la habitación y correr las cortinas. Y vi... los árboles en posición de 45 grados debido al viento.

«Madre mía, ¿dónde me he metido? Pero... ¿quién te ha mandado venir aquí? ¿Qué va a ser de mí? Voy a perder hasta el apellido», no paraba de preguntarme.

Y pensé en mis compañeros neerlandeses. «Seguro que estarán encantados con este día. Bueno, Pedro, un día para aprender», me digo para darme algún ánimo o engañarme a mí mismo.

Bajé al desayuno y vi caras largas en todos. No es que fueran la alegría de la huerta precisamente, pero esas orejas gachas, esa mirada perdida... No había conversación en la mesa. Me senté en el hueco que quedaba libre y aguanté ese silencio incómodo durante unos minutos. Hasta que no pude más.

—¿Qué pasa?

—¿Qué pasa? ¡¿Pero tú has visto el día de mierda que hace?!

—Sí... ¿Y?

—¿Cómo que y? ¡Esto es una cabronada! ¡¿Cómo se puede permitir correr con este viento?! —me contestaron, totalmente indignados.

—¡Pero si yo pensaba que esto era lo que os gustaba! ¡Que hoy estaríais felices y frotándoos las manos, pensando en lo bien que os lo vais a pasar con los abanicos y el destrozo que vais a hacer!

—Pero ¿qué dices? ¿A quién le gusta correr con este vendaval?

Así que resulta que a los neerlandeses les cabreaba el viento igual que a nosotros, los españolitos. ¡Qué cosas! Me quedé totalmente alucinado. Me abrió tanto los ojos... Los mismos miedos, los mismos dolores de piernas y la misma impotencia que sentía no eran solo cosa mía ni de cualquier ciclista español. Ellos, los grandes rodadores de los Países Bajos, sentían exactamente lo mismo que nosotros. Yo, que fui allí sintiéndome todavía vulnerable en la lucha frente al viento o contra el reloj... Y ellos, que desde fuera parecían tan grandes y tan consistentes, tenían exactamente los mismos miedos que yo.

De golpe se me quitaron todos esos complejos y comprendí que, al final, los abanicos son una cosa individual. Que el equipo te puede ayudar, pero el que tiene que arriesgar, metiendo el manillar, es uno mismo, y esa impotencia e inseguridad que se siente en esos momentos o al verte cortado era igual en el Reynolds o en el Orbea que en el poderoso PDM o en el Panasonic.

Esa fue una de las mejores lecciones que aprendí.

Otra cosa positiva era su nivel organizativo. Siempre había un plan, una escaleta perfectamente establecida con semanas de antelación que se cumplía a rajatabla. Nada quedaba a merced de la improvisación. O eso pensaban ellos.

Me pidieron que me comprase un fax para poder mandarme información sobre vuelos, carreras, hoteles o lo que surgiese. Les tranquilicé, les dije que ya tenía uno y que además de teléfono tenía contestador automático incorporado...

—Pedro, te han llamado los holandeses preguntando por ti —me dijo mi madre nada más volver un día del entrenamiento—. No me he enterado muy bien, pero me pareció entender que querían saber dónde estabas; les he dicho que entrenando. Y que cuándo volvías; eso no dejaban de preguntarme. Les he dicho que a la hora de comer, así que seguro que volverán a llamar en breve.

Y así fue. No pasó ni siquiera una hora y el teléfono ultramoderno empezó a sonar. Eran ellos, claro.

—¡Pedro! ¿Dónde estás?

—En casa... En Segovia.

—¿Cómo que en casa? Si tenías el vuelo de avión esta mañana para venir a Bélgica. Te mandamos hace diez días la reserva y todos los detalles del viaje por fax. Mañana es la Flecha Valona. —Les noté totalmente alterados.

—¡Ah! Yo pensaba que volaba mañana y la carrera era pasado...

—Pues no... La carrera es mañana y volabas hoy. Te hemos sacado otro billete para que salgas esta tarde a última hora. ¿Podremos contar contigo, por favor?

—Por supuesto. Me pongo con la maleta y voy al aeropuerto. Perdón.

* * *

Esa llamada que atendió mi madre hace unos meses... «Y a partir de ahora ella ya no va a descolgar el teléfono nunca más. Porque ya no está». Los recuerdos me devuelven a la habitación del hotel en Briançon, adonde acabo de volver tras la cena. La euforia que sentía toda la tarde ha ido disminuyendo, siento que mis biorritmos empiezan a decaer. «Mañana tengo que brindarle el triunfo de etapa en Alpe d'Huez».

«Ya no la voy a volver a ver».

«Ya no voy a hablar nunca más con mamá».

Me dejo caer en la cama, recostado, y al poco tiempo aparece en la habitación uno de los masajistas del equipo. Trae algo en la mano.

—Tómate esto para dormir —me ordenó.

Es la pastilla para conciliar el sueño. Algo que nunca jamás hasta ahora he tenido que tomar.

—Pero si yo duermo bien. No me hace falta nada de esto —procuro insistir.

—No. Tómatela.

Por su mirada de preocupación tan directa y esa respuesta sin tapujos sé que debo hacerle caso. Que si quiero rendirle ese homenaje a mi madre que me está obsesionando y me tiene tan motivado, tengo que tomarla.

El efecto llegó pronto, porque ni me enteré de cuándo me quedé dormido. Enseguida entré en trance, y no he despertado hasta que han venido a buscarme para bajar al desayuno.

Objetivo cumplido. He conseguido dormir. Descansar y listo para la etapa.

Desayunamos, hago la maleta, me pongo el maillot y el *culotte* y voy a buscar la comida para la etapa a la habitación del masajista, la rutina de cada día en el Tour de Francia. Y a la salida, que hoy es aquí mismo, en Briançon.

«Hoy la lías, Pedro. A lo grande. Hay que gastar poco en Galibier, reservar fuerzas en la Croix de Fer, que la carrera no se vaya, y en Alpe d'Huez, a probar a tus rivales —me repito una y otra vez antes de empezar la etapa—. Por mamá, para que se sienta orgullosa de mí allá donde quiera que esté ahora».

Había sido testigo en varias ocasiones de corredores que habían abandonado alguna carrera cuando les había sucedido algo como a mí ahora. Y la verdad es que me costaba entenderlo del todo. Desconsolados, no salían y se iban a casa. Pero si ya no podían hacer nada... Por mucho que se retirasen, sus padres o sus madres ya habían muerto, como me ha pasado a mí, y no iban a solucionar nada por irse. Ya ha fallecido, eso no va a cambiar. Mi madre ha muerto y no va a volver, por mucho que yo me vaya del Tour. A mí me ha tocado estar aquí, pues lo que tengo que intentar es hacer algo importante. Me cuesta entender esa actitud débil de marcharse a casa, pero yo me siento fuerte.

Con esos pensamientos deambulo por la zona del control de firmas mientras se acercan corredores, que ya se han enterado de la noticia, a darme el pésame. No me percato muy bien de quiénes son, la verdad. Yo estoy a lo mío, con la mente puesta en ganar la etapa, obcecado totalmente en ese gran homenaje que en unas horas voy a hacerle a mi madre.

Busco mi gorra. Se lo digo a alguien.

«Me falta mi gorra».

Vuelvo al coche del equipo. Más pésames en el trayecto.

—¿Mi gorra? —pregunto.

—Pero si la llevas puesta —me dice alguien. No tengo ni idea de quién, pero «sí, tiene razón, la llevo en la cabeza».

Noto que los nervios se van apoderando de mí, que empiezo a ser dueño de ellos. Necesito que la carrera empiece ya. Con lo tranquilo y calmado que soy yo, me siento acelerado, quiero que esto dé comienzo.

Siempre me gusta dejar que la carrera se vaya haciendo poco a poco, dejar que te ponga en tu sitio, pero hoy me noto épico. Esa euforia de ayer por la tarde está otra vez dentro de mí. Se hace incontrolable. Quiero ganar.

«Tengo que vencer esta etapa por mamá».

Escondo mi mirada entre las gafas oscuras y grandes que me cubren buena parte de la cara y de mi gesto. Todos los periodistas quieren hablar conmigo, para expresarme sus condolencias y preguntarme cosas, pero ya he pedido en el equipo que traten de mantenerlos un poco lejos de mí. Hoy no es el día. Aunque en el punto de encuentro de salida es difícil no evitarlos.

Algo sí me sale decirles:

—Esta vez seguro que me voy a sacar la espina en Alpe d'Huez. No como la última vez, en 1984, que ganó Herrera y perdí la tira de tiempo. No, esta vez va a ser distinto. Mi madre me querría en el Tour, así que sigo adelante.

Esto le cuento a Antonio Valluguera, del diario *As*.

Hay más gente, sobre todo compañeros de pelotón, que se me acerca una vez he cumplido con los periodistas. Ya he encendido el piloto automático y respondo a todo el mundo como si fuese una máquina.

—¡Qué le vamos a hacer! La vida gasta estas malas pasadas —le digo a uno; la verdad es que ni me paro ya a mirar quién es—. ¡Qué le vamos a hacer! Hay que salir y darlo todo —le digo a otro.

Tampoco quiero detenerme mucho más en las respuestas, en explayarme ni explicar a nadie lo sucedido. Quiero que la etapa empiece ya porque quiero ganarla para mi madre. Sé que una vez arranque, y con el Galibier de inicio y lo que viene después, la gente no hablará y me dejarán tranquilo. Necesito estar solo con mis pensamientos. Aislarme y no gastar energías en atender a la gente que se me acerca, por muy buena voluntad que quieran mostrar.

Por fin arrancamos. Y sin salir apenas de la neutralizada, o al menos yo no me he dado cuenta de que hayan dado el banderazo, se me acerca Álvaro Pino.

—Oye, que no he querido decirte nada en la salida por si te derrumbabas, y he preferido esperar a estar ya en marcha. Cuánto lo siento, Pedro.

—Gracias, Álvaro. Ya ves, la vida a veces tiene estas cosas.

—Te veo muy entero. Mucho ánimo.

Toca el freno y desaparece. Y otro más que se acerca. Enrique Aja, creo que es. Empiezo a no ser consciente de toda la gente que viene a hablarme.

—Pedro, mi más sentido pésame, de todo corazón. Seguro que tu madre te está ahora mirando desde el cielo y se sentirá muy orgullosa de que sigas en el Tour.

—Gracias, gracias… ¡Qué le vamos a hacer! Hay que salir a darlo todo —repito. El piloto automático.

—La vida sigue, Perico —escucho a mi lado.

Me giro. Un maillot blanco y azul del Teka. Creo que es Chozas, gran triunfador ayer y compañero cuando éramos juveniles y aficionados, aunque curiosamente rivales siempre como profesionales. Aunque podría haber sido otro. Quiero aislarme en mí mismo para el esfuerzo de hoy.

Por fin empieza el puerto y la gente se centra en la carrera. Eso es justo lo que necesito. No podía ser una mejor etapa para este día. Para este momento. Con el Galibier de salida, aunque sea por la vertiente del Lautaret, que es la parte más suave; aun así, las fuerzas de cada uno lo pondrán en su sitio en la carrera. En cabeza, los que están listos para coger la escapada y, cerca de ellos, los hombres de la general… Y yo, que quiero darlo todo para brindárselo a mi madre.

¡Qué montañas tan majestuosas! Por esta vertiente del Galibier puedes ver los glaciares alpinos de la zona. Qué preciosidad disfrutar de estas vistas.

Qué pena no habérselo dicho a mi madre en alguna ocasión. Mi madre. Estas montañas salvajes con su roca gris contrastando con los valles que van quedando debajo de nosotros en su tono verde esmeralda.

Conforme vamos cogiendo altura me viene a la mente nuestra última conversación. Ocurrió hace apenas dos días, cuando llegamos a Gap…

—¡Hijo! ¿Cómo estás? Ya nos ha contado Marisa lo contenta que ha venido después de verte ganar en Pau. ¿Cómo te está yendo estos días?

—¡Bien, mamá! Ya llegan los Alpes, mi terreno. Y les tengo ganas... Me encuentro bastante bien, aunque Hinault tiene una fuerza descomunal. Espero poder estar cerca de él.

—¡Qué bien, hijo! Y ya no queda nada para que estemos contigo. ¡El domingo que viene nos vemos en París! Ya he hablado con la tía Boni y nos tiene preparada una habitación en su casa para cuando lleguemos. ¡Tenemos muchas ganas de verte! ¿Estás comiendo bien? Aliméntate, que tienes unas etapas muy duras por delante.

—Sí, mamá, claro que sí. Con el hambre con la que termino todos los días..., como para no comer.

—Este año vamos a París en avión, no como el pasado, que fuimos en coche. ¡Qué ilusión me hace volar! Y para ir a verte...

—Yo también tengo muchas ganas de verte, mamá, y a papá también. ¿Cómo estás tú? ¿Qué tal todo por ahí?

—Por aquí, todo bien, hijo. No paran de preguntar por ti, que si hemos hablado contigo, que cómo estás. Y yo, ya sabes, en la rutina de siempre: cocinar, planchar, lavar... ¡Y que se pasen pronto los días para viajar ya a París!

—Enseguida nos vemos.

—Venga, no te entretengo más, que tienes que descansar para mañana. Que te vaya muy bien. ¡Adiós, hijo! Te quiero mucho. ¡Ya queda un día menos para vernos en París!

—Yo también te quiero, mamá. ¡Nos vemos en París la semana que viene!

Y colgamos.

El clic del teléfono al colgarlo y despedirme de mi madre para siempre sin saberlo todavía me devuelve al tiempo presente, al Galibier, que estamos escalando. Todavía la estoy visualizando así, subiéndose a ese avión que tantas ganas tenían de coger por segunda vez en su vida. La primera fue en su viaje de novios a Mallorca. Luego, la economía familiar no le dio más opciones hasta ahora. Los tiempos estaban cambiando para bien para ellos. Pero ahora mi madre ya no está.

Coronamos el Galibier y ahora toca lanzarse en esta larguísima bajada. Mis pensamientos siguen anclados en recuerdos en torno a mi madre. Qué injusta es la vida. Ahora que a mis padres les iba bien y se podían hasta permitir dos billetes de avión para venir a verme a París... Con todo lo que han luchado y se han deslomado por darnos siempre algo que llevarnos a la boca y pasa esto, así, de repente.

Estiro un poco el cuello en el momento en que la carretera cambia por unos instantes, y lo que era un descenso pronunciado se torna en una pequeña subida. Debe de ser el Telegraphe, que por este lado es un largo repecho. La cabeza de carrera va muy estirada, pero esta subidita ayudará a cerrar los huecos que se han ido formando en la bajada. Distingo por delante a algún corredor atacando y a otros más que le siguen a rueda. ¿Adónde irán? Con todo lo que queda.

Más imágenes como si fuesen fotografías o vídeos cortitos surgen en mi mente sin parar. Muchos recuerdos rutinarios.

Una foto. ¡Clic!

Mi madre en la cocina.

Otra foto. ¡Clic!

Mi madre cosiendo.

¡Clic! Otra más.

Ahí está mi madre, entretenida viendo el televisor a color que traje cuando corría como *amateur* en el Gaylo Vanguard. En el nuevo piso al que nos mudamos, dos bloques más atrás del anterior de Pío XII, precisamente porque a mamá se le encharcaban los pulmones y no podía subir sin ascensor hasta el quinto piso, donde habíamos vivido siempre. Este era un bajo, perfecto para ella. Y entre la venta del anterior piso más algunos ahorros y un préstamo, allá que nos fuimos. Un televisor en color que todo el barrio tenía menos la familia Delgado. «¿¡Pero esto qué es!?», les protestábamos a mis padres.

No puedo evitar reírme al recordar cuando, de críos, les reprochábamos que no tuviéramos una televisión como Dios manda.

—¡Todos con una tele y nosotros no! ¿Por qué, mamá? Somos los pobres del barrio —les atacábamos de esta forma. Y tanto que lo éramos, aunque aún no nos dábamos cuenta.

Ellos nunca quisieron cogerme ni un solo duro cuando empecé a ganar dinero gracias a los premios de las carreras, por muy justos que llegasen a fin de mes.

—No, hijo. Lo tuyo guárdatelo en tu cuenta de ahorros, que para eso lo sudas encima de la bicicleta —me decía ella siempre.

Y yo le hacía caso, ahorraba para comprarme tubulares, ruedas..., lo que me hiciese falta para la bici.

Victorina. Mi madre. Solo la veo a ella, aunque vaya con la mirada fija en la carretera. No me hago a la idea de que eso sean recuerdos, no los siento como tales. Es parte de mi vida, de mi mundo, porque ella es eso: mi presente y mi día a día. Ella siempre en casa. Yo iba y venía a una carrera, a una entrevista, a una concentración o a entrenar. Daba igual. Podía salir y entrar de casa todas las veces que fuesen necesarias que ella siempre estaba ahí, en la cocina, cosiendo, escuchando la radio, viendo la tele. Siempre presente.

Expiro fuerte con la boca cerrada y tapándome la nariz para liberar los oídos, que con la diferencia de presión de esta eterna bajada se me han taponado un poco. En seguida noto más nítidamente los ruidos que acompañan a los ciclistas, los ruidos de los frenos, los cláxones de los coches de la carrera, la fuerza del viento al bajar a tanta velocidad, pero hoy no soy muy consciente de ello. Siempre se cuela, sin hacer ruido, la pena en mi corazón. ¿Cómo ha podido pasar esto, tan de sopetón?

«¡Ostras!, casi hago un "to tieso"». La curva tenía su miga y casi me salgo. «Pedro, vuelve a la carrera. ¡Concéntrate!, que la parte final de este puerto tiene curvas malas. Traza bien, que ya queda poco, que aún no hemos terminado de bajar el Galibier». Seguimos cuesta abajo camino de Saint-Jean-de-Maurienne. Ahí empezará la Croix de Fer. «Ya sabes que tienes que reservar todo lo que puedas, que vuelve a ser un puerto larguísimo y luego vendrá el punto clave, el Alpe d'Huez, donde tienes que atacar para ganar la etapa. Otra curva, y venga, que esto ya se acaba, y ahora hay un pequeño tramo llano antes del siguiente puerto».

De pronto alguien se me acerca. Alguien del equipo. La verdad, ni me percato de quién es. Solo le escucho decirme:

—¡Eh, Pedro! Ya sabes que van escapados Hinault y LeMond.

—¿Qué? —le respondo, incrédulo.

—Ha atacado Hinault en el Telegraphe. ¿Es que no lo has visto? Y LeMond se ha ido a su rueda. Zimmermann, Lucho Herrera y Cabestany iban con ellos, pero se han quedado ya y marchan solos, por delante, en cabeza, con un buen hueco.

—Pero ¿cuándo ha pasado eso? Si yo estaba aquí y no he visto nada.

Me doy cuenta de que no lo interiorizo y que casi me da igual. Yo sigo fantaseando en mi mente con lo que va a pasar. Con mi ataque en el Alpe d'Huez y la victoria que voy a dedicar a mi madre, con los recuerdos de momentos familiares cotidianos. El pasado y el presente no paran de entremezclarse en mi cabeza.

Sigo pedaleando. Creo que debe de ser por inercia porque mi mente se evade del cuerpo. Viaja en el tiempo. Al sábado. Un sábado cualquiera de esos de mi infancia…

* * *

—¡Vamos, Pedrito! Que hay que ir al mercado.

Termino de atarme las zapatillas y ya estoy listo para acompañar a mamá a la plaza de los Leones de Castilla con mi hermano Julio. Como todos los sábados. El mismo ritual de siempre, el de dar tres o cuatro vueltas por los mismos puestos. El de las frutas, el de las verduras, el de las carnes…, saludando a la misma gente y preguntando siempre lo mismo:

—¿A cuánto tienes las patatas, Mari?

—¿Y las peras?

—Oye, ¿y la carne? ¿A cuánto el kilo?

Así todo el rato. Y memorizar todas las cifras.

—¡Venga, vamos al segundo puesto, que ahí era más barata!

Mi madre se gira sobre sí misma, y nosotros, detrás. A desandarlo todo.

—Pero ¿y las peras, mamá?

—No, Pedrito. Peras esta semana no, que no nos llega. Vamos a comprar manzanas, que están mejor de precio…

—¡¡Pero si solo hay un céntimo de diferencia!!

—Eso es mucho, Pedrito. Y encima la Mari nos da los restos de la carne que le sobra. Venga, ¡vamos!

Y con eso ya teníamos el cocido. ¡Ay que ver! ¿Cómo se las ingeniaría mi madre para llenar el estómago de seis personas sin que papá ganase dinero durante algunas épocas?

⋆ ⋆ ⋆

Las primeras rampas de la Croix de Fer me devuelven al tiempo presente. Estamos atravesando un pequeño pueblecito, Les Oules. Estas cuestas se agarran de lo lindo. Pero mi mente no para de pensar. Es como si tuviera a mi madre delante. Aún puedo escuchar su voz melodiosa:

—Hijo, dábamos cuatro o cinco vueltas al mercado y donde era más barato, pues, ahí cogíamos todo —nos explicó años después.

Y esa carne… ¡dura como el diablo! Pero seguro que se lo quitaban de su boca para que nosotros tuviésemos algo que poder comer.

Y aquellos cocidos, con esos cuatro huesos que le daban en el mercado; los echaba a la cazuela y ya tenía sabor la sopa…

Cómo nos matábamos los hermanos por comer más, con lo ricos que le salían a mamá. Las alubias, las lentejas, los garbanzos. ¡Y eso que estos últimos a ella no le gustaban! Siempre poniéndonos la misma excusa: que se le hinchaban las muñecas...

Me descubro con una mueca sonriente al recordarlo mientras sigo pedaleando penosamente apabullado por todas esas imágenes tan presentes, tan vivas.

Pero tengo que volver a donde estoy. A la carrera.

Miro en derredor a los ciclistas que me rodean. Por detrás de mí, un par de compañeros; delante distingo a otro con el mismo maillot que yo. También veo a Zimmermann cerca. Y por ahí, a la derecha, está Lucho Herrera también.

Lo justos que íbamos de dinero en casa y el sacrificio que tendría que ser para mis padres cuando pillé la hepatitis y había que comprar uvas para hacerme zumos porque el médico dijo que eso era lo mejor para mi hígado. Cuánto me cuidó mamá aquellos meses. Bueno, aquellos y siempre.

Sus croquetas, por las que nos volvíamos locos Victoria, Marisa, Julito y yo cuando las preparaba. Se ponía a hacerlas y eso era un no parar. Nos gustaban tanto que nos las llevábamos hasta de bocadillo para el colegio. Vaya mezcla, ¡croquetas frías! entre pan y pan, y lo buenas que nos sabían.

Y siempre, el mismo menú semanal. Los lunes, el arroz con congrio, que mira que mamá se esforzaba, pero no conseguía que *esa paella* le saliese rica, y además con esas raspas que te encontrabas continuamente. Los martes y sábados, el cocido; los miércoles, lentejas y tortilla de patatas... Y de cena, huevos fritos todos los días. El poco dinero que teníamos en casa no daba para más. Pescado los viernes. ¡Claro!, ¿cómo no acordarme?: esa merluza congelada que no sabía a nada y con raspas que aparecían de pronto. ¡Cómo las odiaba! ¡Con toda mi alma! Pero había que comer pescado ese día, como buena familia cristiana que éramos. El más barato, pero pescado siempre. Y los domingos, a misa. Y a pasear toda la familia junta hasta la Plaza Mayor y la iglesia de San Millán.

Qué recuerdos…

¡Cronk!

¡Uf! Acabo de pillar un bache. Ni lo he visto. ¡Dios mío! Sí que voy despistado. Estoy como aturdido y no soy consciente de por dónde voy. Sé que subiendo la Croix de Fer, pero no sé cuánto tiempo llevo ascendiéndolo, ni cuánto queda. El cartel que anunciaba el comienzo del puerto ponía 30 kilómetros, toda una vida dando pedales, pero no sé por dónde voy, he perdido la noción del tiempo.

Los paseos de los domingos…, con esa parada obligatoria al volver a casa en la misma pastelería a comprar milhojas. Cómo le gustaban a mi madre esos pasteles de merengue grandotes que no cabían casi en la boca. Me imagino que esos antojos irían secundados por una pequeña bonanza en la economía familiar, y mamá se daba el capricho. Daba gusto verla cómo se las comía, igual que la abuela Paulina en Navidades, cuando le dábamos un poco de anís, un chupito solo, y cogía una marcha… Qué risas aquellos años.

Ahora parece que las rampas aflojan. Bajo una corona del piñón y tengo que pedalear con fuerza para no descolgarme. Pestañeo y… la siguiente imagen que tengo es de la cocina de Pío XII…

⋆ ⋆ ⋆

—Ese paño que has tirado, Pedrito, ¡recógelo!

—No. Yo no he sido, mamá. Lo ha tirado Julito.

—Pero cógelo tú, que Juli está con los deberes.

—Que no, ¡que yo no lo cojo!

—¿No has oído a tu madre, Pedrito? —Mi padre, que estaba en el salón, acaba de aparecer por la cocina—. Coge eso del suelo. —Silencio—. ¡He dicho que lo cojas! —insiste mi padre.

—¡Que lo ha tirado Juli! ¡Así que yo no lo voy a coger! —le grito alto y fuerte a mi padre en tono retador.

—Como no cojas el paño inmediatamente del suelo y se lo des a tu madre, te voy a castigar.

—¡¡Que no he sido yo y no lo voy a coger!!

Después de un tira y afloja de recibir la misma orden y no hacer caso, mi padre me agarra del brazo y me saca del piso. Bajamos las escaleras desde el quinto hasta a las carboneras en el sótano, prácticamente a trompicones.

—¡Venga! —no para de repetir—. ¡Vamos!

Pasamos al lado de la puerta del transformador con esa calavera dibujada que nos da tanto *canguele* a los niños del barrio.

Mi padre enciende la luz del pasillo, me lleva directamente hasta la puerta de nuestra carbonera, la abre y me hace entrar. Y en cuanto doy un par de pasos adelante, cierra la puerta tras de mí.

«¡¡Me va a dejar aquí encerrado!!».

—¡Para que aprendas a hacer caso a tu madre! —grita desde fuera. Y se marcha.

«Ostras, qué miedo». Al instante se apaga la luz del pasillo y todo se queda a oscuras. Lo único que rompe el silencio es ese bisbiseo diabólico del transformador de alta tensión.

¡Estoy muerto de miedo!

Al cabo de quince minutos, que a mí me parecieron horas, oigo pasos bajando las escaleras y la luz automática del pasillo se enciende. Alguien viene. Y la puerta inmediatamente se abre. Es papá, que vuelve a por mí.

—¡Venga, para arriba! Espero que hayas aprendido la lección y obedezcas a tu madre siempre, porque si no, vas a pasar la noche aquí. ¡Ahora, a la cama sin cenar!

* * *

No puedo evitar dibujar otra mueca de sonrisa tierna con este recuerdo, mientras proseguimos la ascensión del puerto. Vaya cabezonería la mía, ahí tendría yo seis o siete años como mucho. Con lo tranquilo que he sido siempre, pero cuando sacaba mi carácter no había quien me bajara del burro.

De todas formas, creo que he sido un buen niño, quitando momentos puntuales como este que acabo de recordar. De las trastadas huía siempre. Nunca me gustaron, excepto cuando era chinchar a mi hermano pequeño.

Como a los vecinos les daba siempre los buenos días, me tenían por el niño más educado del barrio. Por eso, la señora Tomasa, la madre de Jesús Pérez Soria (el de la bici de aluminio), me dejaba entrar en su casa y jugar con los juguetes de su hijo al salir del colegio.

—¡Modélico!

Al menos, quiero pensar que a mi madre nunca le he dado muchos disgustos y se ha ido tranquila.

Porque se ha ido…

Echo un vistazo a mis piernas, al desarrollo, a las montañas que nos rodean. Por delante siguen Hinault y LeMond; detrás, Zimmerman, que lleva el paso del grupo perseguidor. Yo sigo esperando, guardando fuerzas, a ver si el suizo u otros corredores de la general aceleran para reducir diferencias sobre el dúo de fugados. Ahora hay que esperar a bajar este puerto y que llegue el Alpe d'Huez. Un fuerte cambio de ritmo me hace jadear. Inmediatamente llega a mi memoria mi abuela aquella tarde. ¡Ay, qué risas me vienen! La abuela Paulina…

* * *

—¡Ah, ah, ah, ah!

Mamá y yo estamos en la cocina, ella cocinando y yo haciendo mis deberes, cuando de pronto, como un huracán, irrumpe la abuela Paulina por la puerta de la calle sin parar de jadear. Ahora le tocaba estar en nuestra casa. Cada dos meses vivía con una de sus tres hijas, se iban rotando.

Viene sin aliento, totalmente ahogada. Lleva cinco minutos resoplando entrecortadamente. Coge aire, respira otra vez y… nada, que no se le pasa. Mi madre se acerca a su lado.

—Pero, Paulina, ¿qué le pasa, que viene tan sofocada?

No consigue respirar más tranquila.

—¡Ah, ah, ah, ah! Ahora te cuento. ¡Ah, ah, ah, ah!

—¡Abuela! ¿Pero está usted bien? —le pregunto.

Ella asiente, pero no es capaz de articular palabra.

Aunque fuese su madre, mamá la trataba siempre con condescendencia y mucho respeto.

—Pero, señora Paulina, ¿cómo no se ha parado usted a descansar por el camino? Menudo sofoco trae. Se empeña en subir de un tirón las escaleras hasta el quinto y tiene que hacer un descanso.

—No, no… ¡Ah, ah, ah…!

Cinco minutos después todavía seguía intentando decirnos algo más. La respiración no se le calmaba.

—¡Ah, ah, ah, ah!

—Tranquila, abuela.

—¡Que venía persiguiéndome un hombre! —acierta por fin a decir, aunque los jadeos no la han abandonado todavía.

—Pero ¿qué dice, abuela? ¿Hasta aquí? ¿Hasta el portal?

—¡¡Hasta aquí!! Y no solo en el portal, ¡¡desde el Acueducto!!

Mamá y yo explotamos al unísono en una carcajada tan sonora que silencia de golpe los jadeos de la abuela. Creo que a los dos nos ha pasado lo mismo, nos la imaginábamos subiendo el Acueducto hasta Pío XII, todo cuesta arriba y corriendo como una descosida, creyendo que la perseguían, y, encima, subir a un quinto piso por las escaleras.

—¡Pero abuela! —Yo no paro de reír.

—He venido corriendo, Pedrito. No he parado del miedo que tenía. —Abre los ojos como platos, con ese temor todavía dibujado en el rostro—. No sabía si me iban a raptar o a robar.

—¡Pero, Paulina, ¿quién la iba a raptar a usted?! —ríe mi madre sin parar—. Con sus setenta años que tiene y tan delgadita. ¡Ay! —le dice mi madre, acariciando con una mano, cariñosa, su pelo.

Vuelvo a mis deberes. En cuanto los termine, toca, como todos los sábados, ducha al completo, con pelo y todo. Y con la poca agua caliente que proporciona el depósito, encima de la cocina de carbón, termina la ducha... con agua fría. ¡Brrr! ¡Qué pereza!, ahora que ya ha llegado el invierno.

* * *

Un poco de esa agua fría se agradecería ahora, subiendo este eterno puerto de la Croix de Fer.

Salta mi memoria de nuevo hasta mi abuela y no puedo evitar que me brote otra sonrisa cuando me veía salir de la ducha, después del entrenamiento.

—¡Ay, Pedrito! Tanta ducha y tanta bici van a acabar contigo. Así estás de flacucho. Madre mía, deja la bicicleta...

Que la dejara, decía la abuela Paulina. Y mira lo lejos que he llegado. Ahora corriendo el Tour de Francia, con dos etapas ganadas, siendo quinto en la general y peleando por meterme en el podio.

Mamá, en cambio, no dijo nunca nada. Ella era feliz de que tuviese la bicicleta que pedí tantas veces a los Reyes Magos y nunca me trajeron. Luego, las primeras carreras, los primeros viajes que tanta ilusión me hacían y de los que casi siempre volvía con algún que otro trofeo o alguna copa. Pronto se empezaron a acumular y llenaron todas las baldas del mueble del salón. Tendría unas sesenta o setenta. Apenas había espacio para más. Las más grandes, como una que me dieron en Asturias que medía un metro, estaban en una esquina del salón.

Vaya palizas que se pegó mi madre limpiándolas siempre.

—¡Ay, hijo! —me decía—. Las que son de alpaca, todavía, pero a las de plata..., lo que cuesta sacarles el brillo.

Ahora empezarán a ennegrecer: ya no estarán esas manos que con tanta paciencia les sacaban lustre.

Sigo pedaleando cuesta arriba.

«Ya no voy a poder llevarle más copas».

Echo la mirada hacia el valle, a los Alpes, a las rocas que se funden con el verde, pero no soy capaz de ver los colores. Poco a poco los grises se van adueñando de mi cabeza.

«Ella ya no va a venir a París. Ni a cocinarme croquetas. O las rosquillas esas tan tremendas que hace. Que hacía».

«Hacía».

Siento que mi cuerpo me abandona y también mi cerebro.

Todavía puedo escucharla reír, hablar. Su tono de voz y sus gestos. Es como si estuviera aquí. Todos esos recuerdos, esas imágenes, que no puedo frenar y se me agolpan. Ahora no soy capaz de apartarlos ni de vislumbrar la carretera. Ya no distingo ni el paisaje ni a ninguno de los compañeros de pelotón que me rodean.

«Es que ahora mi madre ya no está».

«Ahora, cuando vaya a casa, no la voy a encontrar».

«Ni en casa ni en ninguna parte».

«Ahora mi madre ya no va a estar. Nunca más».

Mamá. Con su tez blanca, con esos coloretes que se le ponían en las mejillas cuando tenía calor o estaba alegre, su pelo corto y rubio peinado siempre con rizos que le daban ese volumen único para encajar su mirada alegre con la que nos observaba a todos. Una familia que ella había creado con tanto esfuerzo y tan poco dinero. Su robusto cuerpo vestido casi siempre con camisas de cuadros y una falda de tubo hasta la cintura que le marcaba las caderas. Esa era mi madre. La imagen se queda retenida en mi mente. Las fotos que me venían como fogonazos ahora son una foto fija. Mi madre.

Y entonces el vacío.

«Mamá».

«Mamá ha muerto».

«¿Pero qué hago aquí? Se ha muerto tu madre, Pedro».

Y ya no puedo más.

Y de pronto todo explota. Exploto porque ya no puedo más. El mundo se viene abajo y entonces todo se vuelve vidrioso, del tono de las lágrimas que me inundan los ojos y caen como cascadas por mi rostro porque rompo a llorar, y ahora sí que no puedo parar.

Oigo que alguien me dice algo, pero ni siquiera lo escucho. No puedo escuchar nada. El mundo se acaba de venir abajo.

«Mi madre se ha muerto».

«¿Qué haces aquí, Pedro?».

Y automáticamente me sale un gesto, por instinto. Es para lo único que ya me quedan fuerzas: sacar el pie del rastral y tocar tierra.

No puedo más. Estoy completamente hundido. No soy capaz de parar de llorar ni cuando me bajo de la bici. Siento que alguien me quita los dorsales de la espalda. Y yo me hundo en el asiento del coche que me va a sacar de este Tour de Francia.

«¿Qué importa eso ahora?».

«Ya no voy a volver a ver a mi madre. Nunca más».

¡Cómo recordó el Alcázar
batallas de armas tomar!
al mirar desde sus torres
a un campeón singular
llamado Pedro Delgado,
de Segovia, ahí es *na*.
Por todo el mundo aclamado,
por su pundonor sin par.

MANUEL PASTOR

9
19 de julio de 1991

«Pedro, tranquilo».

«Mantén la calma».

«Da la cara cuando cruces la línea de meta».

«La has vuelto a cagar».

«Tienes que gestionar este nuevo descalabro. De nada te va a servir esconderte».

«Le has fallado a todo el equipo».

Habíamos venido al Tour para ganarlo después de la catástrofe en Luxemburgo de hace dos años, después de la diarrea del año pasado que me dejó noqueado y muerto al final de la carrera. Y hoy…

«Le has fallado a toda esta gente que se agolpa en las cunetas de esta eterna etapa pirenaica en Val Louron, con sus banderas de España, sus pancartas con tu nombre y animándote».

—¡¡Vamos, Perico!!

Puedo sentir su aliento en mi cogote mientras trepo por las rampas del último puerto del día. Se están dejando la voz por mí. El viaje que se habrán pegado para venir a ver el Tour, para venir a verme a mí, y la de horas que llevarán aquí esperando mi paso. Y yo fallando, qué desastre. Cuánto me gustaría pasar por aquí en otras circunstancias, sentir los gritos de otra manera, como cabeza de carrera de años anteriores, pero hoy el Tour se me ha escapado de nuevo.

«Le has fallado a todo el mundo, Perico, a los millones de personas que siguen la carrera en directo en las distintas emisoras de radio o en la televisión. Pero sobre todo te has fallado a ti mismo».

Estoy hecho una mierda anímicamente.

Y ahora a ver qué digo ahí arriba cuando cruce la línea de meta y estén todos los periodistas esperándome.

«Prepárate, Perico, que van a volar cuchillos y vas a tener que dar explicaciones».

Y no hay excusas, porque el que ha fallado he sido yo, y este Tour se ha ido a la mierda.

En realidad, ya lo presentía antes de empezar a subir el Tourmalet. En esas galerías justo antes de llegar a Luz-Saint-Sauveur que van todo el rato al 5%; ahí notaba que el golpe de pedal no era el adecuado. Las piernas no iban y me di cuenta de inmediato. Iba a ser cuestión de tiempo que pasara esto.

Empezó el puerto, y en las primeras rampas de herradura, sin una gran aceleración, perdí el contacto. Me quedé. De un grupo de unos treinta corredores. Demasiado pronto y demasiados corredores con mejores piernas que yo si quería ganar este Tour.

Qué desastre...

Ahora toca subir el Tourmalet al *trantrán*. No debo abandonarme ni perder la concentración y soñar con un hipotético parón en la cabeza de carrera, que me permita entrar en la bajada.

Aunque queda mucho puerto. Mucho.

No puedo venirme abajo, la esperanza es lo último que debo perder. Tal vez por el miedo a la distancia y a la dureza nadie decida arrancar la moto de verdad, quizá todo el mundo se vigile y pueda haber una segunda oportunidad.

«¡Qué calor! Hace mucho calor».

«Pedro, trata de comer y beber de vez en cuando, que la etapa es durísima y muy, muy larga».

—¡A 5 minutos de la cabeza de carrera! —escucho coronando el puerto.

Demasiado si les da por no parar, pero… ¿y si lo hacen?

El Aspin, el siguiente puerto, con rampas menos exigentes, me permite encontrar un mejor ritmo. Adelanto a corredores que iban por delante y han reventado, y eso me da motivación para seguir luchando. Desconozco las diferencias, pero las sensaciones son mejores. Pido referencias de la cabeza de carrera al público, a los coches que me adelantan.

—*Sont pas loin!* (¡No están lejos!).

—*Allez le gar!* (¡Ánimo muchacho!).

Respuestas que no ayudan mucho. Necesito tiempos. El primer coche del equipo se ha ido, como es lógico, con Miguel; el segundo vendrá más atrás, y yo vivo sin saber qué sucede delante.

Necesito comprender qué pasa; voy a tope y este ritmo no lo puedo mantener mucho tiempo.

«¿Estarán cerca?».

Al fondo siempre se ve algún ciclista, algún coche…, que me anima a exprimirme un poco más, pero… no tengo referencias reales, o al menos creíbles, solo las que recibo de los aficionados apostados en las cunetas.

Falta poco para coronar el Aspin. Por fin recibo las primeras reseñas creíbles.

Son devastadoras, unos te dicen 8 minutos; otros, 9…

Desconecto tanto física como mentalmente del esfuerzo que estaba haciendo y me lo tomo como si fuese un entrenamiento. No hay nada que hacer. *Au revoir Tour!*

Ahora toca acabar lo más dignamente posible y pensar en enderezar el cuerpo. A lo mejor puedo hacer algo algún día de aquí hasta que lleguemos a París. Trato de animar mi desilusión.

Arranca Val Louron, un puerto para mí desconocido, y lo subo a mi paso. De vez en cuando adelanto a algún ciclista. La jornada se le ha atragantado a más de uno, como a mí, pero esos a los que supero no venían a ganar el Tour.

—¡Vamos, Perico! ¡¡Que Miguel va por delante!! —me gritan los aficionados diseminados por la carretera.

«¿Pero delante dónde?».

«Qué cagada, Pedro. Y ahora vendrán las preguntas típicas: "¿Qué te pasa, Perico?". "¡Pues me pasa que estoy enfermo, malo, no lo sé, pero algo tengo! Que vaya temporadita llevo". Pero eso va a sonar a excusa, aunque tengo la sensación de que es verdad. O que si "¿ya está perdido el Tour?". "¡Pues claro! ¿O es que no veis que me he dejado hasta el carnet de identidad?". O que si "¿cómo vas a plantear la carrera a partir de ahora?". "¡¡Yo qué sé!!"».

Me fabrico las preguntas y las respuestas para ponerme en situación.

—¡¡Venga, Pericoooo!!

Mis pensamientos mientras subo por las últimas rampas de Val Louron se interrumpen por los continuos gritos de los aficionados españoles, que no dejan de animarme a pesar de todo, pero tengo que regresar a mi mundo interior. Ni siquiera soy capaz de disfrutar del paisaje tan maravilloso que se vislumbra aquí, con el Peyresourde de fondo y esas moles de montañas verdes que me rodean. Hoy no estoy para eso, tengo que seguir preparándome mentalmente para lo que va a suceder en cuestión de minutos, inevitablemente, en la meta, y el final de este sufrimiento.

«Tú mantén la calma, Pedro, tú tranquilo, que el que ha fallado has sido tú, y no te enfades si te hacen preguntas con segundas intenciones. Te tienes que contener. Mantén la concentración y sé amable, porque la culpa ha sido tuya, solo tuya, debido a este estado de forma tan nefasto que llevas ya desde el Giro».

Ahí está. Por fin distingo el arco de meta. Se acabó esta tortura.

Catorce minutos marca el tiempo desde que ha llegado el ganador, que vete a saber quién será. Esa ya, por desgracia, no va a ser mi batalla.

Pedaleo unos metros más buscando al auxiliar del equipo y mirando dónde está amontonada la prensa. Toco el freno y echo un pie a tierra. Me dan un refresco, que bebo casi de un trago mientras todo el mundo se arremolina a mi alrededor.

«Respira, Pedro. Tranquilo y calma. Recuerda: has fallado tú, no hay excusas, y si las piernas no van, hay que aceptarlo. Serénate porque creo que no te van a gustar las preguntas que te hagan».

Me tomo un par de segundos para coger aire y llega la primera.

—¡Qué, Perico! Estarás contento, ¿no? —suelta el periodista.

Bueno, lo que faltaba; encima con sarcasmos.

—Bueno..., ¡no sé! ¿Tú qué crees? —le espeto con un tono de voz que no puedo esconder y que evidencia mi cabreo por la pregunta.

—Ah, ¿que no estás contento de que Induráin se haya puesto líder del Tour de Francia?

—¿Cóm...? ¡Que Miguel, líd...! —Casi no soy capaz de articular palabra—. ¡Hombre, clarooooo! ¿Cómo no voy a estar contento? ¡¡Muchísimo!!

«¡¡Bufff!! Qué peso me he quitado de encima. Miguel se ha vestido de amarillo y eso tapa mi fracaso. Todos sabíamos que Miguel es un gran corredor, y esto lo refrenda». Qué gran alegría siento por él.

Y por mí, no voy a negármelo. Me ha hecho un favor porque ha llegado en el momento más oportuno. En mi día más negro y cuando mis debilidades más me han hundido. Siento una especie de paz o tal vez liberación.

Mi fracaso y el liderato de Induráin me dan una motivación nueva de aquí al final del Tour. Encuentro una ilusión para seguir luchando y no rendirme. Ayudar a Miguel será mi revulsivo hasta París. Menos mal, con lo duro que es esta carrera, si no encuentro un acicate que me mantenga la moral alta, me desmoronaría aún más.

Tengo que ser un gregario de lujo para el equipo. Con la filosofía de siempre, todos para uno y uno para todos. Lo que hemos hecho toda la vida desde que el Banesto era Reynolds ya en mis primeros años como profesional. Trabajando para Gorospe, para Laguía, para Ángel Arroyo, cuando se puso de líder en la Vuelta de 1982. La carrera decidía al líder del equipo, y los compañeros, por mucha proyección o potencial que tuviesen, se entregaban y lo daban todo por él, sin guardarse nada.

Equipo.

Eso lo he sentido aquí como en ningún otro lugar. Me acuerdo del PDM, en 1987, cuando acabé segundo en el Tour, el equipo en el que vestí por primera vez el maillot amarillo, y envuelto en la polémica alrededor de mi fichaje por el Kelme. Entonces, el conjunto neerlandés oficializaba la incorporación de Greg LeMond a sus filas. Y en París, conmigo en el podio, querían que renovase. ¿Pero cómo iba a quedarme con ellos y compartir escuadra con un hombre al que tengo que atacar y que no conozco de nada? A un compañero que tendría que agredir cuando la carretera se pusiese cuesta arriba si es que quería ganar; él, siendo más fuerte que yo en las cronos, me bloquearía en la montaña y con todo mi pesar tendría que ayudarle. Ni loco.

Por LeMond no.

No podía quedarme, debía irme de ahí.

Pero por Miguel sí. Me dejaré la piel por él. Como él y el resto de mis compañeros han hecho por mí en los últimos años.

¿Celos? Me pregunta alguno. No, Miguel se lo merece. Cómo tenerlos por un corredor que se ha sacrificado por mí, aun teniendo opciones de haber brillado personalmente en más de una ocasión. Como el año pasado camino de Saint Etienne...

* * *

... ¡Ahí está! Ya veo la figura inconfundible de Miguel pedaleando despacio, con esa planta sobre la bicicleta, frenándose a sí mismo y girando la cabeza hacia atrás, observando lo que me falta para llegar a su altura y ponerse a tirar de mí.

No sé muy bien cómo ha sido todo. En un momento, antes de empezar a subir el Col de la Croix, camino de Saint-Etienne, se han sucedido varios ataques, LeMond se ha ido delante junto con Chozas, Breukink, Hampsten y Miguel, entre otros. Yo me he quedado atrás con el líder, Chiapucci. Yo tenía un buen representante, Miguel, y estaba tranquilo y esperando la lógica reacción del italiano, que no ha llegado y me ha creado un problema de la leche.

He echado un poco de sangre fría, pero su equipo, el Carrera, como que la fiesta no iba para ellos. No entiendo nada. Mientras tanto, el hueco comienza a ser importante.

Ataco un par de veces y Chiapucci viene a por mí. Le hago entender que el peligro va por delante. Nada, ni él ni su equipo se mueven después de mis intentos.

A la desesperada vuelvo al ataque para que la diferencia no se dispare. Me olvido del italiano y consigo irme al inicio del puerto de la Croix de Chaubouret con Bugno. Desde el coche han mandado frenar a Miguel para que me espere; él, que podía ganar esta etapa perfectamente y ya está aquí, sacrificándose por mí.

Me mira, un gesto mío con la cabeza y no hace falta más. Como un caballo, tal es su envergadura, se pone a tirar.

Menos mal que está aquí. Por la cima del Col de la Croix los tenemos a la vista con 23 segundos perdidos. En algunos tramos sigo la estela de Miguel como puedo, en otros puedo entrar a los relevos. Vamos a mil. Finalmente, con su ayuda, minimizo las pérdidas. Apenas 30 segundos.

Días después se habría sacrificado de nuevo.

—Miguel —me acerco a él—, no cometamos el mismo error que en Saint-Etienne, donde podías haber ganado. Esta vez no. Hoy no. Yo estoy enfermo. Cada día me siento más débil. No lo sabe nadie, y así tiene que seguir porque no vamos a darle pistas a los rivales, pero, llegado el momento, olvídate de mí, que yo haré una carrera en versión supervivencia. Esta vez no me esperes, haz lo que tengas que hacer y no te preocupes por mí.

Y, libre de cargas, demuestra a todo el mundo, y creo que especialmente a sí mismo, que las etapas de alta montaña en la tercera semana de carrera ya no se le atragantan como en años anteriores. Mano derecha en alto, cruza la línea de meta en Luz Ardiden, anotándose su segunda victoria de etapa en el Tour.

Yo llevaba días con una gastroenteritis que no era capaz de cortar. Deshidratado, cada día más débil, veía como en la parte final de este Tour estaba cada vez más frágil.

Todo sobrevino camino de Millau, en la última parte de la decimocuarta etapa, con final en la ascensión de Causse Noir (Causa negra). Como su propio nombre indica, empecé a verlo todo negro y a notar que mis tripas se movían más de la cuenta. Primero lo hacían de manera suave, y lo controlaba perfectamente, pero a medida que llegábamos a la ascensión final, no sé si por los nervios o porque eso iba empeorando por momentos, las sacudidas comenzaron a ser muy intensas y más frecuentes. Unos retortijones tremendos se empezaron a adueñar de mi cuerpo…

«¡Uf, Pedro! Vas a tener que parar».

«Pero ¿dónde? Esto está plagado de público y queda poco para la meta».

Agarrotado, pedaleo por las rampas de este Causse Noir haciendo de tripas corazón (nunca mejor dicho). Lo último que quiero es no hacérmelo encima, ¡qué vergüenza, por favor!

«Vamos, Pedro, que ya queda poco». Hay pequeñas escaramuzas, pero nada importante. Nadie se anima a hacer daño. Distingo la pancarta de 2 kilómetros a la meta y me decido a cambiar el ritmo. Ataco. Lo que quiero es llegar cuanto antes porque ya no aguanto más.

Necesito evacuar todo esto que se remueve dentro de mi cuerpo. «¡Uf! Que no llego».

Cruzo la meta, no tengo ni idea ni de la posición ni de los segundos que he perdido. Como en la crono de Luxemburgo, no paro en la línea de llegada, mientras busco con desesperación un lugar donde «descargar». Los periodistas me siguen, me reclaman a gritos, pero no puedo parar. Ahora no. O me lo hago encima y el espectáculo va a ser bochornoso. Sigo pedaleando rápido para alejarlos.

Veo un descampado apartado del jaleo de la llegada, de los coches de equipo y de los auxiliares. Me meto campo a través lo más lejos posible. Me escondo de todo y de todos, y ahí sí. ¡¡Por fin!!

Qué desahogo, qué liberación. Todo lo que sale de mi cuerpo es absolutamente líquido.

Voy a tener que frenar esto cuanto antes, para estar sano en la etapa de Luz Ardiden, mi día marcado para asaltar el amarillo. Ya en el hotel busco en mi bolsa de aseo un medicamento que uso para cortar las diarreas, Salvacolina.

Me tomo media pastilla, más que suficiente. En eso llega Sabino Padilla, nuestro médico.

—Que me han dicho que te encuentras mal. ¿Qué te pasa?

—¡Ostras, Sabino! Lo he pasado fatal. Iba con unos retortijones que me veía morir.

—Ahora te busco algo —me responde.

—Tranquilo, he tomado esto, que me lo corta inmediatamente.

—¡¿Salvacolina?!

—Sí, es que todo era líquido. Si no sé ni cómo no me lo he hecho encima en la subida final.

—¡Este medicamento está prohibido!

«Ahora sí que me acabo de cagar encima».

—¡¡¿Cómo?!! —acierto a responderle.

Todavía no se me ha olvidado todo lo que viví en el 88 cuando a punto estuvieron de quitarme el Tour por el probenecid, que estaba prohibido por el COI pero no por la UCI. Y ahora esto. Es como revivir una terrible pesadilla.

—Ya podemos rezar para que mañana no te toque control. —Es lo único a lo que se encomienda Sabino.

No sé si es la impresión, el pavor que se ha apoderado de mí o qué, pero literalmente tengo que volver al baño inmediatamente, me estoy cagando otra vez. Esto no para.

Sabino vuelve a la habitación y me da Fortasec.

—Tómate esto, anda —me ordena—, que esto sí está permitido.

Aunque he conseguido frenar la diarrea, me siento débil, vacío y deshidratado para mi etapa soñada en este Tour con final en Luz Ardiden. Tenía tantas ganas de que llegase para dar el golpe de gracia a la carrera que me gustaría haber tenido un par de días más para recuperarme de esta gastroenteritis que me está dejando sin fuerzas.

Aspin, el primer puerto del día, lo supero bien. Me da miedo el Tourmalet. Siento las piernas pesadas. Sé que todo el mundo espera mis ataques, así habría sido en otras circunstancias, pero hoy toca salvar la etapa, guardar lo más posible, ser conservador y que las exiguas fuerzas me aguanten hasta cruzar la meta.

En las rampas de Luz Ardiden, en el momento en que pierdo contacto con los de cabeza, subo como si fuera una crono individual, a mi mejor paso, pero lejos de mi mejor potencial. Trato de apartar de mi cabeza los pensamientos de rabia al ver cómo se me escapa otro Tour que tenía la sensación de haber conseguido si este contratiempo de la gastroenteritis no se hubiese instalado en mi cuerpo. Ahora toca minimizar pérdidas. Miguel ni se da cuenta cuando cedo. Él ya no está pendiente de mí, esta vez no debe hacerlo. Le dije que hiciese su carrera, y así tiene que ser.

«Qué curioso. Todo empezó aquí hace cinco años. ¿Te acuerdas, Pedro? Prácticamente el mismo recorrido de hoy». Menos mal que queda eso, los recuerdos, para ir ascendiendo este tortuoso puerto que hoy me machaca y que aquella tarde de 1985 me encumbró por primera vez en el Tour de Francia…

* * *

La niebla. Otra vez la niebla, tan espesa como meses atrás, en Navacerrada, en la etapa que me puso en bandeja la Vuelta a

España cuando ataqué. Otra vez la niebla lo cubre todo, hasta en el verano de este Tour de Francia que parece haberse apagado de golpe.

—¡Venga, dale, dale, daleeeee!

Lo único que distinguen mis sentidos son los gritos de Txomin Perurena, mi director. Va en el coche bien pegado a mí, porque la niebla lo borra todo a los pocos metros. Las montañas, la carretera, hasta las motos que se supone que me rodean. No logro distinguir nada más que dos halos circulares de luz cuando me vuelvo para atrás. Imagino que serán las luces del coche del director de carrera o de Txomin.

—¡Aprieta, aprieta, que viene Lucho a medio minuto!

«Ostras. El colombiano ha atacado al empezar el puerto, justo cuando Pello me ha hecho el primer kilómetro. Con lo fuerte que está Herrera este año, me va a pasar que ni lo voy a ver».

Pedaleo con todas mis fuerzas, pero mi cabeza se debate entre hacerle caso a mi corazón, seguir derrochando mis energías, o esperar a Herrera.

«¿Qué hago?».

En los tres primeros kilómetros me ha recortado medio minuto, del minuto de ventaja con el que empecé.

No paro de tirar hacia delante, ni bajo el ritmo, «pero ¿y si me estoy inmolando? ¿Y si llega Lucho, me pasa como un misil y no soy capaz de seguirle? Voy a quedarme sin opción de luchar por la victoria de etapa. Me voy a quedar sin nada. Con el Tour tan gris que llevo, casi tanto como este día que tenemos hoy. El catarro y la fiebre que pasé en los Alpes, y ahora que estoy recuperado y con la opción de victoria a tiro, el colombiano me va a privar de ello. Realmente verle subir es precioso, parece que no le cuesta dar a los pedales en estas rampas. Pero no me puedo dar por vencido…».

—No sé si esperarle, Txomin —le transmito cuando se pone a mi altura para animarme.

—¡Lo que tú veas! ¡Como tú quieras!

«¿Qué hago? Solo tengo este cartucho. ¿Y si lo estoy malgastando?».

«Igual merece la pena levantar un poco el pie, esperar a que llegue para aguantarle a rueda y así respirar un poco, porque a este ritmo no sé si voy a llegar hasta arriba yo solo».

Todas estas dudas me paralizan. «Sé que me falta confianza en mí, pero con el Tour tan amargo que me está saliendo…».

Logro distinguir un cartel a un lado de la cuneta: 5 kilómetros para la meta.

—¡Treinta segundos! ¡La diferencia se mantiene! ¡¡Delgado —me grita Perurena—, aprieta, que le estás aguantando!!

Decido no aflojar, aunque empiezo a notar que la vista se nubla a veces por la fatiga. «Que sea lo que tenga que ser, pero viendo que las diferencias se mantienen, hay que apostar fuerte». Aprieto los dientes y saco lo poco que tengo dentro. «Tengo que darlo todo aquí, en estas cuestas que subimos por primera vez en el Tour hasta la cima de Luz Ardiden. Si me coge Lucho, que sea con mucho esfuerzo, todo el que yo estoy haciendo ahora, y así, si llega a mi altura, lo hará estando bien madurito».

«¡Vamos, Pedro! ¡Vamos! Tienes que hacerlo». Ya veo la señal de los 4 kilómetros y no me dan nuevas referencias. «¿Eso quiere decir que la diferencia se mantiene? Tienes que conseguirlo». Estrujo la espalda, los riñones y pedaleo fuerte escalando.

—¡¡Se ha quedado estancado, Delgado!!

Solo por llamarme por el apellido ya reconozco que el que se desgañita detrás de mí sigue siendo Txomin. En su tono está toda la emoción contenida de ganar esta etapa. ¡Como para no estarlo! Estamos calcando la estrategia tal cual nos ha dicho antes de salir.

—En el Aspin, el primer puerto del día, sería bueno que tú, Pepe [del Ramo], te fueses y, cuando estés coronando, que salte Pello, que baja bien, y se vaya a por ti. Tú, Pepe, esperas a Pello y entonces tiras de él hasta el pie del Tourmalet, ¡hasta donde llegues! Pello que vaya solo, y entonces tú, Delgado, en la parte final del Tourmalet, por la Mongie o así, atacas. Pello te esperará y ganas tú.

No puedo evitar sonreírme a pesar de lo que estoy sufriendo en estas rampas. La niebla persistente no me deja ver qué me viene por delante, si un descansillo o un trecho más duro. Voy a ciegas entre la niebla de Luz Ardiden. ¡Resulta que la táctica está saliendo clavada a como ha dicho! En cuanto Hinault, que tiene un pacto de no agresión con los colombianos, le ha pegado el bufido a Herrera en plena ascensión al Tourmalet he visto el momento y les he atacado, después con Pello, pero ahora solo…, navegando en este mar de nubes sin ver nada. Solo niebla.

«Vamos, Pedro, no te desconcentres. No dejes de tirar».

—¡¡Venga, que le estás aguantando!! ¡Siguen los 30 segundos, Delgado!

¡¡Último kilómetro!! Ya veo el banderín rojo, ahora sí que sí la victoria es mía. ¡No me lo puedo creer!

* * *

Hace ya seis años de aquel Tour, donde conseguí dar la vuelta a todas mis dudas. Pero ahora todo es distinto. Han pasado muchas cosas… Ahora la motivación es otra, las piernas han fallado y toca apoyar a Miguel. ¡Y… menos mal!

Mis pensamientos se interrumpen con la voz de José Miguel cuando estamos llegando al hotel:

—Pedro, a partir de hoy te he puesto de compañero de habitación a Miguel. Quiero que le ayudes a estar tranquilo, que le filtres las llamadas y seas tú el que coja siempre el teléfono para que no le molesten, y que controles quién entra y quién sale de la habitación, que no le importunen.

Acepto encantado, a pesar de que somos totalmente distintos. A mí, por ejemplo, me encanta relajarme tras la cena leyendo hasta tarde, mientras que Miguel es mucho más metódico. Cuando sube a la habitación le gusta ponerse a dormir cuanto antes.

Pero a mí no me importa. Seguro que nos entendemos.

Pasa una noche, dos. Y a la tercera, cuando hemos cubierto la decimoquinta etapa con final en Gap, llego a nuestra habitación y ni rastro del líder del Tour. No veo allí ni siquiera su maleta.

«¿Dónde está Miguel?».

Salgo al pasillo y busco a Manu Arrieta, uno de nuestros masajistas y encargado del reparto de las habitaciones.

—¡Manu! ¿Dónde está Miguel? Que me dijo José Miguel que tenemos que compartir habitación y hoy no estamos juntos —le pregunto con rostro de preocupación.

—Ya, ya... —Manu titubea en la respuesta—. Pero me ha dicho Miguel que no..., que le cambiase de compañero.

—¡¡¿Cómo?!! —Ahora sí que me preocupo—. ¿Y por qué?

—Ay, no sé. Pregúntale a él.

—¿Qué habitación tiene?

No puedo dejar de preguntarme qué le habré hecho. Yo, sacrificándome, acostándome antes por él, apagando la luz a la hora que a él le gusta dormir. Repaso mentalmente las últimas noches que hemos compartido juntos. No he encendido la televisión en ningún momento. Tampoco me he quedado a leer muy tarde...

Le encuentro con Marino Alonso.

—¡Miguel! ¿Pero qué pasa? ¿Te has cambiado de compañero?

—Sí, Pedro, perdóname. Pero es que contigo lo paso mal...

—Pero ¿por qué? Sea lo que sea, dímelo, que yo trato de cambiar para que estés a gusto...

—Son los bocadillos, Pedro. Lo paso mal al verte comer así después de la etapa. Ya sabes que yo no puedo comer tanto y me estás matando de hambre a nivel psicológico.

—¡¡Ah, bueno!! Si es por eso... ¡Pensaba que era por mí!

—No, ¡claro que no! Pero es que verte comer y yo tener que aguantarme y privarme de todo eso, con el hambre que paso, me hace pasar más hambre aún.

Ahora lo entendía todo. Miguel, con su masa y su envergadura, tiene que cuidar con gran esmero la alimentación para evitar coger peso y estar competitivo en los puertos. Su físico le hace ganar peso incluso durante una carrera tan dura como el Tour si no toma precauciones.

Acabada la etapa, en la habitación, teníamos normalmente un bocadillo, una lata de cerveza y unos mantecados que devoraba mientras esperaba tumbado en la cama a que me tocase el masaje y para apaciguar el hambre hasta la hora de la cena, a las ocho y media. Y, mientras, Miguel, al lado, debía de mirarme y sufrir con su tarro de muesli y su zumo de naranja. Yo no había caído en el mal rato que pasaba al verme comer todo eso, sobre todo con esa hambre atroz que tenemos todos nada más finalizar las etapas. Para él, ganar el Tour de Francia era una cuestión de peso.

En este Tour, mi papel, lejos ya del líder, me permite desahogarme cuando veo cosas que no me gustan dentro del equipo, en ese ideal cuando empecé a ser ciclista de «todos para uno y uno para todos». Ha ocurrido esta misma tarde, en la parte final de la etapa.

Hasta ahora, siempre he notado que, siendo líder me costaba un poco de trabajo echar broncas, llamar la atención a algún compañero o cualquier cosa por el estilo si no estaba contento con su actitud. Me imponía una barrera moral. Me convenía pensar que todos y cada uno de ellos estaban dando el todo por el todo de sí mismos y que si se quedaban o directamente no tiraban, era porque no podían. Pero ahora que estoy en este otro papel, es como si sintiera más libertad para decir las cosas que pienso. Porque soy un igual.

Echar en cara un comportamiento de poco compañero cuando era líder me parecía un acto de soberbia por mi parte, y tampoco he sentido que alguien se guardase fuerzas que sí tenían. Pero hoy sí lo he apreciado. Ha sido cuando se ha marchado un grupo de nueve corredores con Fignon, Chiappucci y Bugno, entre otros, camino de Gap...

Restan 60 kilómetros para la meta y solo quedamos Rondón y yo del equipo tirando a tope para neutralizar un grupo tan peligroso. Cada vez los vemos un poco más lejos, el trabajo no es suficiente y la desesperación empieza a apoderarse de nosotros, hasta el punto de que Induráin tiene que empezar a colaborar. En el cartel de la moto ya nos indican que están a 1 minuto. Se nos está yendo el «caballo».

Tras tirar muchos kilómetros, veo al fondo un maillot del Banesto.

Tengo que enfocar de nuevo la mirada, pues el sudor se mete en los ojos y no te deja distinguir bien.

«Sí, es un compañero. ¿Quién será?».

«¿No se habrá dado cuenta de la situación tan delicada que tenemos?».

«Ha tardado un montón en reaccionar».

«¡Es Philipot!».

Según le alcanzamos le indico que «a tope, a tirar».

No he coincidido mucho con él este año en las carreras, pero ya en el hotel me dicen que no es la primera que lo hace, que mira mucho por sí mismo.

Han sido muchos kilómetros de persecución. Al final no ha pasado de ser un susto. Pero también hay que dar las gracias por la colaboración de los equipos españoles Amaya, ONCE y Clas, que han puesto algún corredor a tirar, si no..., no sé qué habría pasado.

Toda mi rabia la guardo para la cena. Cuando estamos todos juntos a la mesa, no me contengo y se lo suelto todo.

—¡Eh, Fabrice! Tú aquí has venido a tirar del carro, como hacemos todos. Y a estar con Induráin siempre que se pueda.

—¡Perdón! Como no venía el coche del director, estaba esperando instrucciones.

—¡¿Instrucciones...?! —le corto de inmediato—. Van escapados Bugno, Fignon, Chiappucci, tercero, cuarto y sexto de la general, ¿y necesitas instrucciones...? Esto es un equipo, y aquí todos estamos para ayudar a Miguel. ¿Te queda claro?

Los demás no dicen nada y Philipot agacha la cabeza. Y las orejas. Hasta yo me sorprendo de mí mismo. Estoy seguro de que de líder no habría dicho tal cosa, pero es que me ha sentado tan mal…

He asumido el papel de capitán de este equipo. Sé que este es el lugar que me corresponde ahora. Antes trabajaban para mí y ahora me toca currar y comandar este barco. Y me siento bien en este papel porque me veo productivo, sé todo lo que puedo aportar a Miguel y así olvidarme del desastre de Val Louron.

Mañana llega Alpe d'Huez. Hay preocupación en el equipo por cómo va a responder Induráin en esta decisiva etapa alpina frente a los ataques, fundamentalmente, de los italianos Chiappucci y Bugno. Es una etapa demasiado corta, 120 kilómetros; a Miguel le van mejor las largas, y ahí quiero estar con él, hasta el final, siendo su gregario de lujo. Esta es ahora mi gran motivación.

Todas mis ilusiones se van al garete a las primeras de cambio: un ataque durísimo de Bugno al poco de comenzar el puerto selecciona la carrera en unos diez corredores y yo no puedo estar con Miguel. Los veía siempre ahí, cerca, pero inalcanzables.

Estoy exprimiendo mi cuerpo todo lo que puedo y no soy capaz de seguir el ritmo.

Qué desilusión más grande. Otra vez me estoy fallando a mí mismo. Esta vez siento que es a mí, y solo a mí. Ya llevamos el maillot amarillo en las espaldas de Miguel Induráin y afortunadamente no está solo: Jeff Bernard está con él haciendo un auténtico etapón, pero mi motivación era estar cerca de Miguel en la montaña. En este Alpe d'Huez. Y tampoco soy capaz.

Tengo que resignarme de nuevo este año. En los momentos clave, no voy, no sé por qué. Desde el Giro algo me pasa; allí no estuve fino y no le di más importancia, y me relajé pensando en el Tour. Pero ya estoy metido de lleno en la carrera francesa y siento las piernas de forma extraña, no tienen ese golpe de pedal de otras ocasiones. Están bien, pero no tengo ese cambio de ritmo para seguir los ataques. Tengo una velocidad de crucero, pero me falta explosividad. Es una sensación muy extraña, a las piernas les falta chispa, alegría para exprimirse; además, no llegan a esa frontera del esfuerzo agónico, del dolor con el que convive el ciclista profesional. Y lo más triste es que cruzo la meta cansado, sí, pero no exprimido, no he podido darlo todo. Algo me pasa y no soy capaz de acertar a saber qué es. Esta impotencia me provoca una desazón y una sensación de incompetente que no consigo quitarme de la cabeza.

Menos mal que los días posteriores logro sentirme un poco más provechoso. En Morzine el equipo está de diez y en la siguiente jornada nos toca trabajar de lo lindo camino de Aix les Bains. Vamos a mil por hora desde que hemos salido. No hay quien pare esto. Quedan apenas cuatro días para que lleguemos a París y todo el mundo quiere aprovechar las últimas oportunidades de victoria en esta etapa de media montaña.

En pleno zafarrancho con continuos cortes, unas veces se cuela Chiapucci; otras, Bugno, en grupos de diez o doce corredores. El equipo lo está controlando como puede. A veces se viven momentos críticos, especialmente cuando se meten los dos en la escapada. El pelotón, enfilado, y nosotros en la parte delantera, como todos los días. Pero hoy, a fuego.

En estos tiras y aflojas echo de menos a Miguel, y que no esté más cerca de los italianos. Giro la vista atrás y, para mi sorpresa, no veo por ningún lado su maillot de color amarillo. El instinto me obliga a dirigir la mirada en la misma dirección que va la bicicleta, no puedo despistarme, no vaya a ser que me enganche con otro corredor y provoque una desgracia en forma de montonera. Miro de nuevo para atrás. Nada.

Examino una tercera vez. «Pero ¿dónde está nuestro líder?».

Me topo con mi compañero Rodríguez Magro.

—¡Eh, ¿dónde está Miguel?!

—¡No lo sé, pero esto se está poniendo feo!

—Están Bugno y Chiappucci muy juguetones y no paran de filtrarse en las fugas, Magro. ¡¡Se nos puede escapar el caballo, y como no cerremos el hueco cuanto antes, podemos perder la carrera!! Voy a buscarle, a ver si ha pinchado o qué.

Levanto el pie y me dejo caer por un pelotón en fila de a uno para hacer un repaso más exhaustivo. Bajo posiciones, sigo bajando y nada, ni rastro de Miguel.

Por fin lo encuentro, a mitad del pelotón, pero lejos de la cabeza. No tardo en ponerme a su altura.

—¡Pero, Miguel, ¿qué haces aquí?! Que se nos están colando Chiapucci y Bugno en las fugas y nos van a dar un susto.

—Es que voy mal, Pedro... —me confiesa.

—¡Ah, vale! Pero dínoslo para estar pendiente de ti —le respondo, y me mira con gesto extraño—, ¡que para eso estamos, para protegerte entre todos! Venga, trata de estar más adelante para engañar a los rivales, a ver si se calma un poco la carrera.

Salvamos el día. Y París es una fiesta para nosotros y para Induráin, que ya tiene el Tour de Francia en su poder. Y yo, feliz, encantado. Los periodistas no paran de preguntarme si no tengo celos, si no siento que me han arrebatado mi trono desde mi propio equipo. Nada de eso. Ver a Miguel en lo más alto es para mí un triunfo, incluso una liberación, porque él me ha quitado ese peso de encima que habría sido cargar con toda la responsabilidad de no haber podido estar donde debía. Y además he podido ayudarle. ¿Qué más le puedo pedir a esta temporada tan nefasta?

Soy consciente en este Tour de que hay dos ciclistas que están por encima del resto y de mí también: son Gianni Bugno y Miguel Induráin. Pero hay vida más allá. Si no están estos corredores, confío en futuros objetivos, y lo más importante es recuperarme de ese «freno» que me impide rendir completamente durante esta temporada.

Semanas más tarde, con mi victoria en la Vuelta a Burgos, tengo por fin la sensación de que ese lastre invisible ha desaparecido.

* * *

Echavarri nos cambia los planes de cara a la temporada siguiente: yo haré la Vuelta, Miguel probará fortuna en el Giro y los dos, al Tour, pero yo como lugarteniente en el equipo. No me importa; el poderío del navarro y de Bugno me obliga a aceptarlo, y me siento más que orgulloso por estar en un equipo ganador.

Llego a la Vuelta con la confianza de siempre, con las ideas claras: ganar. Algunos me preguntan si mi tiempo se ha acabado. Yo no lo siento así. Es verdad que Bugno y Miguel, en un cara a cara, son más fuertes, pero si ellos no están en carrera, como aquí, puedo aspirar a lo máximo.

También descubro en mí un ciclista diferente. El mismo de siempre, pero algo ha cambiado dentro de mí desde que Miguel ganó el Tour y todo ese espacio que yo ocupaba dentro del equipo lo acapara él. Tengo una sensación más relajada a la hora de competir. Es como si disfrutase más de la competición, como hacía mucho que no me sucedía. Ya no tengo encima esa presión del equipo de no fallar que tanto pesa, de estar concentrado en la carrera todo el rato, que en muchas ocasiones me hacía ser arisco, mantener a distancia a los periodistas o a la gente, siempre obsesionado con descansar y no distraerme con agentes externos que podían hacerme perder energías extras que luego podría necesitar.

Noto que estoy reencontrándome con una parte de mí que creía olvidada en los últimos años. En esta Vuelta vuelvo a disfrutar con el ciclismo de ataque, con el pícaro que yo era en mis inicios. El momento más delirante de esta actitud fue en la etapa camino de Luz Ardiden, previo paso por el Tourmalet.

En este mismo puerto, pero en la vertiente de la Mongie, casi un año antes, en el último Tour, me vi vencido, arrastrándome; en cambio, ahora es el trampolín hacia mi nuevo yo. O al anterior yo, más bien, que está volviendo a mí. Qué diferentes son estas carreteras del pasado mes de julio, cuando el sol derretía el asfalto, y a mí. Y ahora estoy aquí, entre el frío y esta bruma que parece que me empuja, otra vez una aliada que nunca he sentido como tal, y este viento helador que nos azota la cara pero que, además de frío, me devuelve, a base de ráfagas, mis mejores sensaciones.

Aquí vamos el grupo de los favoritos, entre esta niebla de primeros de mayo que se adueña del paisaje pirenaico. El frío nos congela a todos; la lluvia, por momentos, amenaza con ser nieve según vamos ganando altura hacia la cima. Vamos poco más de media docena de corredores, los más fuertes de esta edición, en este ascenso a los infiernos helados: Lale Cubino, del Amaya, escapado; el suizo Tony Rominger, que hace unos días se cayó y a punto estuvo de retirarse, aguanta de momento con su compañero del Clas Fede Etxabe; también Marco Giovannetti y los compañeros del fugado Fabio Parra, el líder, Jesús Montoya, y yo, del Banesto. Los seis escalando el Tourmalet. La selección ya está hecha. Trato de mantener la concentración en la carrera y no pensar en el día de perros que estamos viviendo. Aislar mi mente del frío y del sufrimiento para seguir adelante. El día está siendo dantesco, pero siento que mis piernas responden. Estos puertos, por su longitud y dureza, hay que afrontarlos con precaución, y decido esperar al último. Mejor mantenerme con los corredores del Clas y tener aliados frente a los corredores del Amaya. Aunque creo que todos están demasiado pendientes de mí. Sé que el suizo es un corredor valiente y da siempre la cara. Mejor con ellos que meterme en la aventura de ir solo a por Cubino.

Las gotas de agua se mezclan con el sudor y en un lento caminar me producen un cosquilleo al deslizarse poco a poco desde el cabello a mi rostro. La fina lluvia parece hecha de minúsculos alfileres al caer y golpear contra mis piernas, brazos y manos. No me he puesto los guantes de invierno, y la equipación es toda la de verano, salvo por los manguitos que llevo arrebujados en las muñecas; hasta que no llegue el descenso del Tourmalet no pienso subírmelos. «Así que pedalea rápido, Pedro. Aunque solo sea para entrar en calor, ¡para no morir congelado aquí arriba!».

Respiro acompasado y fuerte al mismo tiempo. El halo que sale despedido de mi boca parece convertirse en humo, como si todos estuviésemos fumando. Es el contraste del frío externo y el calor que emana del interior de nuestro cuerpo.

El peso de la carrera la llevo yo, ¡cómo no! Tiro, intento atacar, levanto un poco el pie, trato de involucrar a los hombres del Clas para que colaboren…

«¡No querrán que haga yo todo el trabajo!».

Trato de mantener la calma y tirar hacia adelante. En un lance levanto el pie, invitando a otros a coger mi relevo. Todos paramos por momentos, y yo sigo disminuyendo la velocidad. Por fin, Rominger recoge mi guante y se pone a tirar. Aprovecho para ir al coche y pedir referencias del escapado y cómo viene la carrera detrás. Al descolgarme, veo que Montoya está todo el rato pegado a mi rueda. Da igual lo que haga: acelere o me siente. Él, como una lapa. Le miro, le hago un gesto con el cuello para que pase.

Nada.

A ver, lo entiendo porque lleva delante a su compañero Cubino, pero también se puede vigilar sin necesidad de ir a rueda. Máxime siendo tan pocos en el grupo.

Uno de los coches de su equipo se acerca para dar instrucciones. Con el espesor de la niebla apenas se puede distinguir nada, pero las voces son perfectamente perceptibles, sin necesidad de agudizar el oído:

—¡Montoyitaaaaa! Tú, a rueda de Delgado.

Las voces son intransferibles. Y la de Mínguez es inconfundible. Único e inimitable. Es él. Es él quien está aleccionando al líder, a su corredor, para que no se despegue de mí ni un centímetro.

Me río para mis adentros. Pero resulta que, sin quererlo, Mínguez despierta mi parte más juguetona. La que yo creía olvidada, casi enterrada desde hace años. Porque siento que me está provocando. Y resulta que me encanta. Y entro en el juego.

Poco a poco voy perdiendo posiciones en el grupo cabecero. Me descuelgo y me pongo el último, excepto Montoya, que sigue detrás de mí, pegadito a mí. Hago como que me quedo y el grupo se va del todo. Y el líder que no se mueve de mi rueda.

Les dejo 10, 20 metros... Cada vez pedaleo más despacio. Finalmente, el líder reacciona y me adelanta sin ni siquiera mirarme de reojo, y se marcha a por ellos.

Al fondo, entre la niebla, vislumbro las míticas galerías previas a la estación de la Mongie. Aún nos queda casi la mitad de la ascensión hasta la cima del Tourmalet. Yo emprendo el mismo camino que el maillot amarillo. Al llegar a la altura de todos, mantengo la velocidad de caza y la utilizo como lanzadera para atacarles, dejándoles a todos secos.

Escucho por detrás los gritos. Es la voz profunda y única de Mínguez:

—¿¡Qué te he dicho, Montoyita!? ¡¡Que a rueda de Delgado todo el rato, cojones!!

No puedo evitar reírme para mis adentros con las voces de Mínguez. Porque hace algún tiempo, casi en otra vida, a mí también me tocó sufrirlas en primera persona. ¡Qué recuerdos! Mientras prosigo con mi aceleración, me vienen a la mente imágenes casi tan nítidas como si hubieran sucedido ayer...

* * *

¡Uff!! Qué «pestosa» es esta maldita carretera. ¿Cuánto le quedará a esta subida? El Cerro de San Pedro se hace interminable entre el asfalto irregular y la pendiente, que sin ser mucha, se me está haciendo larguísima. Al fondo, mirando hacia arriba, atisbo una casita, tiene pinta de ser la cima.

«¡Venga, Pedrito!».

He contraatacado después de unas escaramuzas y voy solo desde hace un rato.

«¡A tope, a tope, a tope...! ¡Ya no paro!». Me voy animando yo mismo. No quiero mirar atrás. «¡A tope!».

Es el Trofeo Pedro Herrero, una de las citas más señaladas del calendario *amateur* en Madrid. Aunque podría seguir corriendo como juvenil, necesitaba alicientes para esta temporada de 1978, y nada más correr el Campeonato de España de juvenil he saltado de categoría en el bloque, que el Moliner Vereco tiene también de aficionados, con el prestigioso director Javier Mínguez.

«¡Venga, Pedrito! Aprieta, que vienen ahí». Los puedo ver. Y todavía peor: ellos a mí también.

—Venga, Pedrito, vengaaaaa, ¡¡con dos cojones!! —Es Mínguez, que acaba de llegar a mi altura con el coche para darme instrucciones.

Está casi más enloquecido que yo, ¡y eso que él solo lleva un volante y no pedalea! Yo no paro, sigo con el pulso a mil, todo lo rápido que puedo y todavía un poquito más.

—¡Vamos, Pedrito, que vienen, me cago en tu madre! ¡Vamooooos! —me empieza a animar con medio cuerpo fuera del coche.

«¿Pero qué dice?».

—Vamos, Pedritooooo. Me cago en tu padre, ¡vengaaaaa! ¡Con dos cojones! ¡Vamooooos! Dale fuerte.

«¿Pero por qué dice esas cosas?».

—Por tu madre, Pedrito, pedalea más fuerteeeeee. Me cago en tu padre, ¡vengaaaaa!

Se acabó. Me vuelvo hacia el coche y le miro seriamente. Mi rostro no deja lugar a dudas de mi cabreo. Le señalo con el dedo y le hablo alto:

—¡La próxima vez que te cagues en mi madre o en mi padre me paro! ¿Has oído? Me da igual perder la carrera. ¡¡Paro ahora mismo!!

Era tímido yo por aquel entonces, pero también tenía mi genio.

Qué tiempos aquellos. En el mismo instante en que saqué toda esa rabia Mínguez se amedrentó:

—¡No, no, no! Que vas muy bien, Pedrito. ¡Venga, sigue! —me dice al instante. Seguro que pensaría que quién me creía yo, un mocoso... ¡ay! Qué grandes momentos.

⋆ ⋆ ⋆

Regreso al presente, curiosamente echando la vista atrás, a ver qué daño he hecho.

Tony Rominger es mi primera víctima. A duras penas me alcanza Jesús Montoya y se suelda a mi rueda, ¡¡cómo no!! Obediente a las órdenes de su director.

Queda aún mucho puerto y prefiero levantar el pie y volver a hacer grupo, buscando la alianza de los Clas. Como me ha tocado un poco el orgullo con esa forma de correr, me giro y le digo:

—¡Jesús, entiendo que me vigiles, de verdad que no me importa, pero no hagas el ridículo yendo todo el rato a mi rueda!

—Yo, yo... —titubea—. Yo, lo que diga Mínguez...

Como para no hacerle caso con la bronca que le había echado. Bueno, y que le sigue echando, porque Mínguez no calla, con medio cuerpo asomado por la ventanilla, gritando desgañitado y sin dejar de dar golpes con su mano a la puerta del coche:

—¡¡A rueda de Delgadooooo!! ¡Y si se para, tú te paras también!

¡Anda! Mira por dónde el técnico vallisoletano y toda su bravura acaban de darme la mejor idea posible. Ahora, el que le va a hacer caso soy yo.

Reduzco de nuevo la velocidad progresivamente. Los rivales no deben de entender nada y siguen a su paso. Yo, cada vez más despacio, un poco más, más despacio todavía... Y Montoya, a rueda, soldado. Como la pendiente no deja de subir, es cuestión de segundos que suceda lo inevitable: que mi bici se pare y yo eche pie a tierra. Y así sucede.

«¿Y ahora qué, Montoyita?», pienso.

Jesús comprende que está jugando a un juego que a él, como líder, no le conviene. Cambia el ritmo y marcha hacia el grupo de los favoritos. A mi lado, con el coche del Seguros Amaya casi parado también, Javier Mínguez me mira y no dice nada.

Así que arranco, reemprendo la marcha y, llegando de nuevo a la altura de todos, vuelvo a atacar.

«Lo bien que me lo estoy pasando... Hacía tiempo que no disfrutaba de esta forma de correr, siendo así de granuja».

De nuevo tengo al maillot amarillo a mi rueda, vigilándome, pero Mínguez ya no vuelve a abrir la boca salvo para animarle.

—¡Montoya —aprovecho para decirle—, así no vas a ganar la Vuelta! Y yo tampoco. La va a ganar un tercero como sigas corriendo de esta manera.

En los últimos kilómetros de Luz Ardiden ataca Rominger, el único que había colaborado conmigo, y le dejo ir, buscando en última instancia una reacción de Parra o de Montoya para proteger a su compañero fugado, pero no se fían de mí. Así que el suizo consigue poco más de 1 minuto sobre nosotros, de un valor precioso para el desenlace de la carrera. Hemos metido al tercer corredor en discordia, de otro equipo, para la general. El suizo ya es segundo; yo, cuarto.

Interpreto que tener a otro hombre en la clasificación general me interesa para ese duelo desigual de «yo contra todos» y así poder tener un potencial aliado atacante en las próximas etapas. Con lo que no he contado es con que Rominger, el ciclista que quería abandonar días antes, se transformara en un corredor con opciones claras de ganar la carrera, pero...

«¿Y todo lo que estoy disfrutando?».

Llega la etapa talismán de la Vuelta: los Lagos de Covadonga. Aquí las he vivido de todos los colores: la victoria del 85; la derrota del año anterior, cuando perdí el amarillo frente a Éric Caritoux; en el 89 salvé el amarillo por un par de segundos... Gloria y miseria en este final asturiano. Así que si alguien sabe de sobra cómo tengo que actuar, ese soy yo.

La etapa la tengo en la mente, sé a la perfección cómo dosificarme, soy consciente de que es una ascensión que hace que, por muy buenas sensaciones que uno tenga al principio, el final pueda ser otro. «Así que tranquilo, Pedro, no te emociones antes de tiempo».

Asturias nos recibe con un cielo azul. El sol luce de pleno y hace brillar el asfalto, las cunetas todas plagadas de gente ya desde la Santina. Comienza la ascensión.

Empiezan a ceder ciclistas como moscas del grupo cabecero. Ni Breukink ni Cabestany aguantan el ritmo, tampoco Roche. Ni siquiera Millar.

Mis gafas de lente oscura me protegen el gesto y lo esconden de los rivales. Me siento pletórico.

Este mágico túnel de sonidos que provocan los gritos del gentío congregado me hechiza, me abstrae por momentos del dolor de piernas. Me siento totalmente embrujado entre este efecto: el estruendo que suena hueco, el movimiento casi celestial del público abriéndose a la vez hacia la cuneta para ensanchar el estrecho pasillo que ellos mismos han creado con su fervor. ¿Cuántas horas llevarán esperándonos? En esa pasión con la que rugen está la respuesta. Emociona. Contagia casi.

Pero... «tranquilo Pedro, recuerda: no te dejes llevar por las emociones, ya conoces de sobra este puerto y sabes de su peligro».

«Espera».

«Donde no hay que atacar bajo ningún concepto es en la Huesera, esa recta interminable con las rampas más duras. Ahí tienes que dejar que haya algún valiente y apriete al resto. Y quemar tu cartucho después».

Y sucede.

Mi previsualización se rompe con un grito. Un aullido de desesperación.

—¡Para, Fabito! ¡Para!

Es Fede Etxabe, que brama a Fabio Rodríguez para que detenga el paso. «Besito Lindo» le llaman, por su labio leporino. Parece que no escucha porque sigue con la marcha asfixiante en las rampas más verticales de la Huesera y no se da cuenta, pero está ahogando a Tony Rominger y a Fede, sus compañeros.

El suizo se queda.

Y Etxabe no para de gritar.

Por fin, Besito Lindo levanta el pie, pero el daño ya está hecho y yo ni me he movido todavía.

Ahora solo hay que esperar un poco más.

Me siento como un animal en plena caza. Puro instinto, oliendo la sangre de los rivales heridos. Esperando mi momento.

El relevo lo coge su paisano Martín Farfán, del Kelme. El ritmo no es tan duro y nos permite respirar por unos instantes. Pienso ya en atacar, pero no quiero precipitarme, pues me puede pasar factura a mí también.

Espero acechando las piernas de cada uno. Escruto sigilosamente los ojos inyectados en sangre de Montoya, siempre pegado a mi rueda, o la mirada a la nada de un desconcertado Fabito.

Pruebo un cambio de ritmo pasada la Huesera, en una zona más suave. Montoya, como un sabueso, me coge rueda. Nos quedamos los dos. Levanto el pie.

Espero a la siguiente curva, donde la pendiente vuelve a ser durísima. Es el Mirador de la Reina.

Aquí no ataco, empiezo a acelerar poco a poco según la pendiente se vuelve más pronunciada. Montoya, siempre que le he probado, ha aguantado mis ataques más explosivos. Pruebo a ver si un cambio de ritmo sostenido consigue romperle.

«A tope, Perico, y sin mirar atrás».

Es el momento de liarla.

«Ahora o nunca». Me voy dando ánimos para mis adentros.

Me alzo encima de la bicicleta para mantener la velocidad más alta.

La corona de 21 dientes me cuesta; podría poner la más grande, de 23, pero quiero todo o nada. Las piernas están a punto de explotar.

Siento a Jesús a mi rueda. No quiero mirar atrás. Sigo de pie sobre la bici.

«¡Un poco más, Pedro!».

Sé que le estoy llevando al límite. «Ahora no puedo parar».

Escucho detrás la moto de la televisión, que nos sigue en su ronroneo. ¡Quién pudiera ir montado en una de esas para ir más rápido!

—¡Se está quedando! ¡Se está quedando el líder! —oigo al cámara.

No tengo que volver la cara para saber a quién se refiere. Aprieto, no cejo en mi empeño porque sé lo que eso significa. Porque cada vez escucho más lejano el aliento de Montoya. Le estoy soltando. Me estoy quedando solo y me siento poderoso, majestuoso. Superior.

Al poco rato miro para atrás y, efectivamente, ya no hay nadie que pueda seguirme. Estoy volando. Ahora sí pongo la corona de 23 para mantener vivas las piernas, a punto de explotar, y, como si fuese una contrarreloj, asaltar el amarillo.

Vuelvo a hacer míos los Lagos. ¡Por fin una victoria de etapa! Qué bien me sabe y cuánto me libera después de todo lo acontecido, de tanto marcaje y vigilancia. Me reencuentro con mi yo de la Vuelta del 89, ese Perico tan fuerte y sólido precisamente hasta aquí, hasta los Lagos, donde todo se empezó a torcer y gané la carrera por los pelos. Esto me sabe casi como una recompensa por aquel fallo de hace tres años.

He podido con todos, y encima ya soy segundo en la general.

¡Pero ojo con Tony Rominger! El convidado de piedra está marchando magníficamente. Realiza un final de etapa impresionante y adelanta incluso a Montoya. Es tercero en la general, y para mí, teniendo presente la larga contrarreloj de Fuenlabrada, es ahora el gran favorito: lo tengo a 12" detrás y con Montoya a 55" de ventaja sobre el suizo. Hay que seguir jugando a ciclistas si quiero ganar esta Vuelta.

Debo ampliar las diferencias antes de la crono de mañana en Fuenlabrada, y no tengo otra: atacar. Pongo el ojo en la etapa de Ávila, a tres días del paseo triunfal en Madrid. Un calco de la etapa de la Vuelta del 83, donde Hinault puso la carrera patas arriba bajando el puerto del Pico y rematando en Serranillos. Si él pudo sorprender, ¿por qué yo no?

Quedan más de 90 kilómetros para la meta, ya hemos pasado la subida a Peñanegra; nos queda Serranillos y Navalmoral. Sé que está lejos. Sé que es un suicidio. Sé que estoy loco.

Pero tengo que intentarlo.

Tengo por delante en una fuga a mi compañero Paco San Román, que marcha con Martín Farfán, Edgar Corredor y William Palacio. Y ahora es mi turno. Le hago un gesto a Marino Alonso; él ya sabe lo que tiene que hacer.

Arrancar.

No espero como hizo el francés en la bajada: aprovecho el avituallamiento situado a pie del puerto de tercera categoría del Pico para sorprender a todos los moscardones que he tenido todo el día a mi rueda.

Y les sorprendo. Nadie esperaba un ataque en este punto, tan necesitados de cargar comida en el único avituallamiento del día, y les pillo en «fuera de juego».

Abrimos un pequeño corte, lo suficiente para aumentarlo en el descenso. Marino vuela en este terreno. Yo, como una moto, a su rueda. Empieza la ascensión a Serranillos y Marino Alonso ya no puede más; yo voy en solitario a por los corredores que van delante. De sopetón, el asfalto de piso irregular se transforma en suelo liso. La carretera la han arreglado y está mejor que en el 83. En este nuevo pavimento la bicicleta se desliza con más facilidad. No me gusta este detalle, frente a ese asfalto irregular que recordaba, pero la suerte está echada. Mientras tanto, desde el coche han avisado a San Román de que hemos saltado del pelotón. Pocos kilómetros después le alcanzo. Aunque la subida no sea muy dura, tengo que darlo todo porque aquí puedo ganar la Vuelta. Me apoyo en mi compañero lo máximo posible, antes de buscar la machada e irme solo.

Con nosotros hemos arrastrado al peleón Chozas, a Vargas y a Quevedo, del Amaya, que enseguida paran a ayudar a su líder. Su apuesta está detrás.

—40 segundos —me dicen que tengo de ventaja.

Estoy a tan solo 9 del amarillo, y siento que puedo acariciarlo. Pero tengo que aumentar esta ventaja si quiero ganar la Vuelta.

Pero Paco no va.

—30 segundos.

—¡Venga, Paco! Hazme 500 metros a tope y lo pruebo yo solo —le digo para que dé una marcha más.

«¡Maldita sea! No voy a poder vestirme de líder hoy. Y si no lo consigo hoy, mucho menos mañana con la crono en Fuenlabrada».

—20 segundos.

Están casi encima. Decido irme solo, aún falta mucho, pero es ahora o nunca. Finalmente, la colaboración de los corredores del Amaya y del Clas, y el asfalto tan fino, que permite rodar mejor en grupo, dan su fruto y me neutralizan.

«Bueno, por lo menos lo he intentado».

Ya en las calles de Ávila, con su preciosa muralla y calzadas empedradas, intento darles un nuevo susto. Arranco, aunque sea cerca de la meta. «Vamos a ver qué pasa…».

Este instinto juguetón no me abandona en la Vuelta. Me sorprendo a mí mismo. Y me encanta.

No saco apenas renta: 3" con Montoya. Rominger ha saltado conmigo, pero he escuchado que se ha ido al suelo y le acaban dando el mismo tiempo que a mí.

En la contrarreloj no tengo mi mejor día. Había gastado mucho tanto física como mentalmente; además, el suizo es un especialista, y con mi poca ventaja sobre él poco puedo hacer.

Así es: 1'41" me ha metido Tony Rominger, que ya es el nuevo líder, y con esto tiene la Vuelta a España prácticamente ganada. Es mucho tiempo, demasiado.

Todos le perdonamos la vida cuando estuvo al límite del abandono, y nos ha acabado doblegando.

Ya solo queda la etapa de la sierra de Guadarrama, con la Morcuera, Cotos y Navacerrada, en la que pocas veces pasa algo. Salvo en el 85, cuando di el vuelco a la general y se la arrebaté a Robert Millar.

Pero Rominger no es Millar y yo no tengo a ningún Recio. Esta vez todo es distinto. Y nada sucede.

Cuando quedan 2 kilómetros para coronar Navacerrada hago un amago de atacar, pero Rominger responde sin esfuerzo.

Ya solo queda el descenso y yo no puedo más. No puedo. Pero tengo que intentarlo

«Vamos, Pedro. Una vez más».

Arranco en la bajada, como a mí me gusta, cuesta abajo en este puerto que tanto me ha dado. Intentando volar como en el 85. Queriendo dinamitarlo todo. Hacer explosionar a todo el mundo. Todo corazón, toda mi alma aquí puestos, en este último empeño donde lo dejo todo.

Pero hoy no hay niebla. Un cielo azul y resplandeciente ilumina perfectamente la bajada. Enseguida siento a Montoya a mi rueda, al igual que a Rominger.

«Aquí se acaba esta Vuelta, Perico».

Había que intentarlo porque nunca se sabe... No podía irme con eso dentro, de no haberlo probado, aunque tuviese claro lo difícil de la misión.

Y termino tercero en la Castellana, sí. Y todo lo que tengo dentro de mí es orgullo. Me siento exultante. Es como si me hubiera reencontrado conmigo mismo en esta Vuelta, probablemente, ahora que echo la vista atrás, la más divertida de todas las que he corrido.

Y a pesar de no haber ganado la carrera, es curioso, porque me voy a casa con la sensación de que es la Vuelta de la que más orgulloso me siento. ¡Aunque solo haya ganado una etapa! Y ser el tercero en el cajón del podio. Después de las penurias del año pasado, que no había forma de levantar cabeza y todo me salía mal, de todo lo que sufrí en el Giro, o en el Tour, donde no pude ni estar en los momentos clave còn Miguel para ayudarle…; todo lo que ha pasado en esta Vuelta me ha devuelto la confianza.

Me siento reforzado. Aún tengo claro que me quedan grandes tardes de ciclismo en mis piernas, victorias por conquistar. Pueden estar Induráin y Bugno por delante de mí, de eso no tengo dudas, pero aún sigo siendo competitivo. Y sé que alguna grande aún puede ser mía.

Pedro Delgado, garra y solera.
Atracción en las carreras,
monarca de las montañas
y rey de las carreteras.

10
9 DE JULIO DE 1993

«Pero… ¿qué pasa hoy?».

«¿Qué locura es esta?».

Calculo que llevamos unos 50 kilómetros de carrera y esto es un no parar. Una auténtica locura.

Con las piernas doloridas e impotentes por querer estar delante y no poder. Me cuesta explicarlo.

Pulso el botón derecho del ciclocomputador Avocet para ver los kilómetros que llevamos: 52,3.

Pulso de nuevo y veo con asombro la media de la carrera: 51,4 kilómetros por hora. *«Mamma mía!»*.

Desde el pasado Tour de 1992 llevo este aparatito de gran ayuda para calcular lo que queda a meta o los distintos puntos calientes, sin necesidad de esperar impacientemente los carteles que indican cuánto falta para la llegada, las cimas de los puertos, etcétera. Muchas veces no sabes si los has pasado o están aún por llegar.

Hoy, como muchos días en este tipo de etapas llanas, es dar el banderazo de salida y el pelotón sale a rodar a mil por hora. Todos en fila de a uno. Un montón de corredores buscando la fuga, otros tantos queriéndose unir a ellos y todos yendo a neutralizarse. A estas alturas, lo normal es que ya se hubiera formado la fuga, pero hoy no hay manera. La gente tiene muchas ganas y mucho gas, un gas que busco con desesperación en mis piernas y no encuentro al nivel que se está rodando.

«¡Madre mía! ¡Qué día!».

A ver si se hace de una vez por todas la escapada y hay un parón. Me explotan las piernas cada vez que tengo que arrancar al llegar el latigazo a mi altura.

«¡Ánimo, Pedro! Trata de ganar posiciones en el pelotón, que vas bastante atrás. Si llega una aceleración con mayor intensidad, la posibilidad de quedarte cortado es cada vez mayor. Venga *palante,* que *quedado del pelotón* no vas a poder apoyar a Miguel».

Siguen pasando los kilómetros a alta velocidad, pero a mí se me hacen eternos. Según la cartulina del perfil de la etapa de hoy que nos da la organización, parecía que era terreno llano, pero la carretera es todo el rato un subir y bajar de forma suave. Cuando llegan los «látigos» —el efecto que atrás provoca el pelotón yendo a tanta velocidad y tan estirado—, ya no sé si prefiero los que suben o los que bajan. Ascendiendo las piernas me explotan y las tengo ya muy vacías de reservas. Y cuando son en bajada, las piernas no me dan de sí más que unos metros para mantener la cadencia alta, el piñón pequeño no me es suficiente.

Hoy no hay tregua. No se para. La velocidad es de vértigo y el «látigo» que llega una y otra vez hace cada vez más difícil que me mantenga en mi posición. Cuando sucede uno con mayor intensidad o duración, el dolor de piernas se intensifica hasta tal punto que siento que van a estallar como si fuese un petardo.

Mi cabeza, en estos momentos de dolor, quiere dejarse vencer y dejar ir a estos malditos ciclistas que me están matando.

Llevamos cuatro etapas llanas de este Tour de Francia para que los *sprinters* muestren todas sus capacidades, y esta, la sexta entre Evreux y Amiens, tenía la misma pinta, porque además es corta, solo 160 kilómetros.

Nosotros, el Banesto, estamos totalmente volcados con Miguel Induráin, que viene a por su tercer Tour consecutivo y es el gran favorito. Y yo, un peón más. A ayudarle en la montaña y a aportar la experiencia.

Llevamos 80 kilómetros de etapa y la tónica es la misma. No hay escapada y se mantienen de forma ininterrumpida los intentos de saltos en cabeza. El pelotón sigue enfilado todo el tiempo y de vez en cuando hay corredores que se resienten y dejan pequeños huecos respecto al que va por delante, pero siempre hay otros que a duras penas tapan ese hueco.

«Pedro, vete para adelante, que esto tiene mala pinta. Como te cortes, ¿qué?», me digo a mí mismo, tratando de ganar posiciones con las piernas a punto reventar.

Aprovecho algunas brevísimas paradas para escalar posiciones en el pelotón. El cuentakilómetros marca que llevamos 80 kilómetros en apenas hora y media. «¡Vamos a 50 por hora! ¿¡Estamos locos!?». Está claro que hoy hay mucha fuerza, ciclistas incansables que quieren coger la escapada, pero entre todos se neutralizan. La serpiente multicolor está hoy muy delgadita, pues no perdemos la formación de a uno durante todo el día.

En pleno fragor de la batalla veo venir un «látigo» realmente duro. Advierto que hay corredores esprintando de forma endiablada. Es como cuando ves que viene la ola en el mar y te preparas para recibirla. ¡¡Bestial!!

Cojo aire profundamente.

Se producen diferentes cortes a partir de la mitad del pelotón. Cuando llega a mi altura, esprinto y esprinto y sigo esprintando, rezando para que el que va delante no se corte. Esprinto como si estuviese en los últimos 100 metros de la etapa. Ha sido un kilómetro terrible, ¡a 60 por hora! No tenía desarrollo suficiente para ir a esa velocidad.

Cuando tengo la situación controlada, pues la velocidad baja brevemente, echo una ojeada atrás a ver qué ha pasado detrás de mí…

«Dios mío, ¡¡pero si voy el último!!».

Me vuelvo a repetir a mí mismo que esta posición es peligrosísima, que tengo que ganar posiciones, al menos llegar a mitad del pelotón, para «suavizar» esos latigazos que llegan a cola.

El cuentakilómetros no baja de los 50 kilómetros por hora, nadie se puede escapar a esa velocidad. En cada parón que se produce yo sigo a tope.

Qué calvario siento en mis piernas, que ya van sin chispa. Es como si docenas de alfileres me pinchasen al mismo tiempo en cada una de ellas.

Y este dolor no es el mismo de siempre, esto ya no tiene nada que ver con aquel de antaño, «¿te acuerdas, Pedro? ¿La fatiga de entonces…?».

* * *

… «Creo que al siguiente latigazo me voy a quedar. Esto es un auténtico infierno».

Estamos en el ecuador del Girino, el Giro de Italia Dilettante de 1980, y no sé…, mi cabeza lleva rumiando, pensando un rato, que esto del ciclismo no está hecho para mí. Quedarán unos 40 kilómetros para el final, pero siendo una etapa llana y sin complicaciones, se está convirtiendo en la peor, al menos para mí. «¿Quiénes la están liando de esta manera?».

La carretera va serpenteando todo el rato al lado del mar. Un mar tranquilo, azul, que invita a perder la vista en ese horizonte infinito, pero mis ojos están más preocupados en ver llegar esos «látigos» y prepararme física y mentalmente para recibirlos. Las curvas, los acantilados, nos hacen ir subiendo y bajando constantemente.

«¡Venga, Pedrito, que son solo 40 kilómetros! Eso es una hora de esfuerzo y se acaba esta tortura. Piensa en la ducha de después, en el masaje que te va a traer de nuevo a la vida. Eso si sobrevivo, claro, ¡porque voy el último! Y encima perdiendo el culo, con el pelotón estiradísimo y a una velocidad altísima. Tengo la sensación de que de un momento a otro me voy a quedar. No puedo más».

«¡Venga, Pedrito, que es una hora! Una hora más y todo habrá terminado».

A cada cambio de rasante ascendente pierdo medio metro. Suaviza la pendiente y lo recupero. Y así llevo los últimos kilómetros. Descolgándome para volver a recuperar poco después, cuando el terreno es más favorable. Deshojando una margarita imaginaria. No sé cuántos petalos me faltan para quedarme definitivamente, pero seguro que son pocos.

Tengo la sensación de que al siguiente latigazo me quedaré. Esto es un infierno.

«¿Quién carajo puede atacar a esta velocidad?».

«Los kilómetros no pasan, es imposible seguir a esta velocidad».

«¿Pero cómo se puede ir tan rápido?».

«¡Si yo soy un "gallito" en España! Uno de los mejores corredores de la categoría *amateur* y en un terreno prácticamente llano casi no puedo ir ni a rueda. Qué desesperación. El pelotón se ha convertido en una máquina de tortura que me está matando a pasos agigantados. Y hundiéndome moralmente».

De pronto veo otro maillot de la selección española perdiendo puestos progresivamente, luchando por la supervivencia igual que yo. Se acerca poco a poco a mí. Detrás de mí, nada. El abismo. El coche de los jueces. Detrás de ellos, esa otra serpiente multicolor que forman los coches de la organización, de los distintos equipos... Pienso en la tremenda vergüenza de quedarme en el llano. Yo, un diamante en bruto listo para empezar a pulirse y con una carrera prometedora por delante. ¡Vaya mierda de diamante!

Según se me va acercando más ese maillot con la bandera de España reconozco a mi compañero. Es Ángel Camarillo. Cuando llega a mi altura, al borde de ese abismo en el que nos movemos los dos, nos miramos con los ojos enrojecidos y cara de impotencia. Me hace el gesto con el pulgar de su mano derecha y el puño cerrado bajo la barbilla de que va con el gancho.

—*Troppo veloce per me* —me dice en ese italiano que a los españoles se nos contagia inmediatamente. Yo ni le contesto, bastante tengo con no quedarme. En un breve respiro, me vuelve a dirigir la palabra—: ¡Pedro! Voy a mandar a la mierda esto del ciclismo. Mira cómo nos llevan estos desgraciados. Cuando llegue a casa, voy a dar una patada a la bicicleta y voy a centrarme en acabar la carrera de Económicas, y al ciclismo que le den...

Yo no puedo más que confirmarle esos presagios:

—Nosotros, que somos buenos en España…, y aquí, unos *arrastraos*. ¡Más nos vale cambiar el chip y pensar en otra cosa fuera del ciclismo!

«Esto no es para mí, definitivamente». Eso es lo que pienso cuando cruzo la línea de meta. El pesimismo se ha apoderado de mí, mi cabeza es un auténtico torbellino. Mi carrera deportiva ha llegado a su fin, lo tengo clarísimo.

Me duele absolutamente todo de tanto apretar el manillar, las piernas, el cuello, los riñones, las manos. El alma. ¿Y para qué? ¿Para qué sufrir tanto? Para no quedarme, solo para eso. Y lo peor es que el dolor físico no es lo que me ha dejado roto, si no el ánimo. Me siento vencido, derrotado.

★ ★ ★

Hace trece años de aquello. Esa fatiga entonces tenía una potencial recompensa en el futuro. De hecho, unos días después de aquella crisis existencial gané la etapa reina del Girino. «Pero, ahora, todo este sufrimiento, con treinta y tres años que tengo, ¿para qué? ¿Qué me puede deparar el futuro deportivo?».

Un nuevo latigazo me aparta de tan inquietantes pensamientos y me devuelve al inicio de este Tour del 93. Este tiene muy mala pinta, un *hors catégorie* (fuera de categoría). «Respira profundamente, Pedro, que ya está aquí».

Vamos por la cuneta izquierda a mil. Debe de haber algún bache en el asfalto, pues los corredores que van delante están avisando con la mano de algún peligro, pero algunos ni lo indican, no pueden, debido a la velocidad. Al llegar a esa altura, hago lo propio, apercibir a los que vienen detrás. Poco después, cuando el ritmo ha bajado un poco, giro la cabeza y miro…

«¡¡Imposible!! ¡Vuelvo a estar el último, y eso que en los dos últimos parones había seguido a tope para ganar posiciones! ¿Pero cuándo me han adelantado?».

Qué desánimo.

Qué desaliento.

«¿Qué habrán pensado desde el coche de dirección de carrera cuando me han visto avisando a los corredores del obstáculo si nadie venía detrás? Se habrán partido de risa».

Y todavía quedan 50 kilómetros hasta Amiens. Y la escapada sigue sin formarse. Hoy no hay tregua, y visto el fracaso de mis intentos de ganar posiciones, me acomodo a cola y a convivir con los «látigos» que vayan llegando.

Y a rezar mientras tanto para que no se corten delante de mí. Es como si fuera una repetición de aquel Girino del 80 que me ha venido a la mente hace unos minutos, pero multiplicada a lo largo de toda la jornada. Eso sí, con trece años más y un montón de batallas luchadas, toda la gloria alcanzada y también mucha miseria. Una vida entera encima de la bicicleta plagada de sangre, sudor y lágrimas, pero también con días gloriosos.

Unos se cortan y otros empalman. Voy que me quedo y no me quedo. Un tira y afloja que no acaba nunca. Los kilómetros, a pesar de la velocidad a la que vamos, se me están haciendo interminables.

Por fin veo al fondo la pancarta de 25 kilómetros para meta y siento que el tiempo transcurrido se me ha hecho eterno. Nadie da su brazo a torcer y a mí se me sale el corazón por la boca. Soy todo impotencia, muchísima. Del querer y ni poder. Angustia también, de estar a punto de quedarme continuamente. «Estoy dándolo todo y no logro siquiera ganar posiciones ante este ritmo enloquecido que lleva el pelotón. ¡YO! ¡TODO UN GANADOR DEL TOUR!».

Por fin cruzamos la meta: 3 horas y 12 minutos, a una media de 50 kilómetros por hora. Una auténtica locura. Todavía no sé cómo he aguantado.

Me duelen las piernas como nunca antes. Tengo la respiración entrecortada, la tos típica de haber hecho un esfuerzo agónico mucho tiempo y el sabor a sangre en la saliva, que se ha ido un poco, pero está ahí retenida en mi boca.

Y entonces lo entiendo.

«Estas velocidades ya no son para mí. Yo sobro aquí».

«Este ya no es mi sitio».

«No puedo volver más al Tour de Francia».

Hoy lo he visto claro. Ya no rindo como antaño. En la Vuelta a España, hace un par de meses, lo pude notar ya, el primer aviso. Así como otros años le iba cogiendo la medida a la carrera poco a poco, esta vez no ha sido así, y en cada cita importante he ido a la defensiva; lo de atacar estaba en mi mente, hasta que las piernas me contradecían.

* * *

Empecé acatarrado, sí, pero eso no es excusa. Porque en la cronoescalada de Navacerrada, en la sexta etapa, ya estaba curado y voy y me dejo más de 2 minutazos. Y cuando llega la montaña, Cerler y la Demanda, sigo perdiendo tiempo. No tengo disculpa. Físicamente estoy bien, por eso no le encuentro una explicación, aunque empieza a haber un ruido en mi cabeza que va tomando cuerpo, y es que ya tengo por encima a muchos corredores, demasiados, que son superiores a mí. En el Tour eran solo Miguel y Bugno, pero ahora, en la Vuelta del 93, también están Alex Zülle y Tony Rominger. Son mejores que yo. Es algo que debo aceptar.

A mi edad ya no se puede creer en cuentos de hadas ciclistas. Porque los mejores momentos de mi carrera han quedado atrás y ya todo es vivir penurias, esperando tal vez tener un día de gloria.

En mi cabeza empiezan las dudas, pues mis piernas, cuando me hablan, es para que levante el pie. La mente puede absorber toda esta fatiga palpable, pero las «patas», en los momentos clave, no giran.

Siempre he convivido con el dolor de piernas, siempre ha estado ahí desde que di mis primeras pedaladas, pero realmente el mensaje que estoy recibiendo ahora me dice cosas diferentes.

Antes merecía la pena que doliesen, la opción de victoria estaba siempre esperándome. Ahora todo ha cambiado.

De esas piernas flacuchas, enclenques cuando era un niño, a las fibrosas de ahora mismo. Y cuánto me sorprendieron aquellas…

* * *

—¡¡Mira qué cacho piernazas!!

Se me escapa una exclamación de emoción a pesar de mi carácter callado. No lo he podido reprimir ante la impresión de tener tan cerca a José Antonio González Linares. «Este tío ha ganado una etapa en el Tour de Francia y también en la Vuelta a España. Campeón de España y míralo, Pedrito, ¡aquí a tu lado!».

Estoy totalmente impresionado, obnubilado. Me parece increíble tenerlo aquí, después de que haya terminado la carrera de profesionales en las fiestas de San Juan y San Pedro, ¡en mi ciudad!

«Míralo, con su maillot amarillo y azul del Kas, hablando con Carlos Melero, ¡ciclistas profesionales! Qué pasada. Míralo qué grande es. Y esas piernas musculadas». Por un momento, bajo la vista a las mías y, acto seguido, regreso con mis ojos a las suyas. «Tan robustas, llenas de venas de distintos grosores para nutrirlas perfectamente. Son espectaculares, largas, con un pisotón ya avanzará como dos kilómetros. ¿Serán así las piernas de los ciclistas profesionales? Porque mi paisano Melero tampoco va a la zaga».

«¿Y yo con estas cañitas adónde voy? ¡Ay, Pedrito! Ahora que llevo un año corriendo como cadete estoy convencido de que nunca llegaré a ser un verdadero ciclista… ¡En la vida! Y menos uno profesional. Para serlo habrá que tener unas piernas y un cuerpo como el de Linares, grandón y brutote, y con la poca cosa que soy yo, no voy a llegar nunca a nada».

«Correré con la bici porque me gusta, para salir de Segovia, conocer diferentes lugares, pero llegar a profesional, ¡imposible con mi cuerpecito tan menudo comparado con el de los profesionales!».

* * *

Yo, que entonces tendría quince años y empezaba a darle a los pedales cuando vi esa figura gigante de piernas majestuosas que era Linares en la carrera de las fiestas de Segovia pensé que no iba a ser nadie en esto del ciclismo… Y, oye, tampoco me ha ido tan mal, ¿no?

Y eso que mi padre nunca paraba de repetirme la misma cantinela cuando me veía ir y venir con la bicicleta:

—Hijo, tú estudia, que de la bicicleta no vas a vivir.

Tenía taladrado en la mente el discurso. Siempre la misma frase. «Estudia, hijo, estudia». Así todos los días. Aunque ya había despuntado y empezaba a dibujar una proyección de algo importante como ciclista, ni por esas mi padre confiaba.

Es verdad que entonces vivir del deporte no era una posibilidad y no me quedaba otra que hacerle caso.

Primero, la enseñanza obligatoria, donde prendió mi afición por la bici y mis primeras carreras.

Recuerdo de juvenil, cuando se instauraron los entrenamientos en piñón fijo al inicio de la temporada, que coincidían con el arranque del año.

Clases por la mañana y por la tarde, sin apenas tiempo para entrenar. Incluso los sábados por la mañana tenía colegio. Y en invierno, al anochecer tan pronto, los madrugones que me pegaba a las seis y media de la mañana para estar al menos una hora encima de la bici. ¡Con el piñón fijo! Con el frío que hace en Segovia y el hielo… Recuerdo un día que no me maté varias veces de milagro, bajando por las calles empedradas y heladas. De improviso, la bici cobró vida propia y empezó a moverse para todos lados. No sé aún cómo hice para no caerme y romperme entero.

El susto fue tan monumental que me desanimé a salir a esas horas, especialmente en invierno, con esas zonas escondidas donde repentinamente te sorprendía alguna placa de hielo. Lo cambié por entrenar por la tarde, después de clase. Lo hacía a las seis. Corría a casa, me cambiaba de ropa y me iba al polígono del Cerro. Aunque era de noche, estaba iluminado por farolas y allí podía dar unas cuantas vueltas. Eso sí, con los cinco sentidos para evitar baches, charcos y demás obstáculos.

Finalizado el colegio, tocaba ir al instituto, donde compaginé los estudios con la bici arrastrando alguna asignatura, pero siempre pasando de curso y sobresaliendo en el ciclismo. Fue una época escolar feliz, con un horizonte deportivo prometedor. Pero los libros empezaron a ser una preocupación: «De la bici no voy a vivir». En Segovia solo se podía hacer o Derecho o Maestría o Enfermería. Opté por lo último, igual que mi hermana Marisa. Las otras dos opciones eran más de memorizar que de aprender, y yo eso lo he odiado siempre. Además, siempre me atrajo más la medicina.

Tenía otra preocupación casi simultánea. El servicio militar. Me tocaba ir a la mili y no sabía cómo podía afectar a mi vida deportiva y a mis estudios.

Lo de vivir de la bici no lo tenía nada claro, la ilusión ya estaba interiorizada, pero dar ese salto al vacío y dejar de estudiar me hacía ser conservador. Veía de cerca a mis compañeros, Eduardo Chozas, Ángel Camarillo, Jesús Rodríguez Magro, que pasaron a profesionales antes que yo. A corredores mayores con los que me había codeado, como Marino Lejarreta y Juan Fernández, que estaban triunfando como profesionales. Pero, aun así, nunca vi que esta pudiese ser mi vida. «Y fíjate, Pedro, lo lejos que has llegado».

¡Si yo solo quería ver mundo! Salir de casa. El niño que nunca se había alejado de Segovia hasta aquel viaje a los once años en camión a Madrid…

* * *

… Mañana es 25 de octubre, San Frutos. Fiesta en Segovia. Papá llega tarde de un viaje con el camión, pero nada más entrar por la puerta nos dice que nadie haga planes para el día siguiente.

—¡Nos vamos a Madrid!

—¿Madrid? —repetimos al unísono todos los hermanos entusiasmados.

—Sí. ¡Todos! Mañana nos vamos de compras a la capital. ¡En el Sava!

La capital. La gran ciudad. Es la primera vez que voy a salir de Segovia. Bueno, y de mi barrio. De las paredes que encierran el mundo de juegos que es el barrio de Pío XII. «¡Qué emoción! ¿Cómo será Madrid?».

Mientras viajamos todos apilados en la parte delantera del camión mamá nos cuenta que es una ciudad enorme, con altos edificios y gente elegante paseando por sus calles. Y coches señoriales. Y ruido, mucho ruido y mucho ajetreo. «No creo que hagan tanto como en nuestro patio, con nuestros gritos y nuestros balonazos», me da por pensar.

Y con gente, mucha gente. Por eso, dice, es importante que no nos perdamos de vista. A mí me pide que no suelte su mano en ningún momento. Hace tiempo que no soy el pequeño de la familia, pero ella sigue estando más pendiente de mí que de ningún otro de sus hijos.

Cuando llegamos tras casi dos horas de viaje, empiezo a vislumbrar de lejos toda la verdad que recogían las explicaciones de mamá. Bloques infinitos que tocan el cielo. Coches y más coches por una carretera con doble carril, todos en la misma dirección que nosotros. Y otros tantos colapsando los carriles del sentido contrario. Huyendo de esta ciudad a la que nosotros nos aproximamos sin remedio. Ya estamos entrando en la capital de España.

—¡Nos os separéis de mí! Todos de la mano. Marisa, Victoria, Julito, Pedrito, conmigo todos, ¡venga!

«¿Pero cómo es posible tanto gentío?», no puedo evitar pensar al ver tanta saturación de personas en las aceras. Cuando llegamos al metro, en los andenes apenas hay espacio para nosotros. Empujones, carreras... Parecemos sardinas aquí, apilados. Mamá nos lleva a un centro comercial. El Corte Inglés de Princesa. Entrar allí es alucinante. Luces y música. Todo resplandeciente, como el propio brillo del suelo que pisamos. Un montón de ropa de todas las clases y todos los colores. Olores de todo tipo: desinfectantes, colonias...

Todos mis sentidos se han activado nada más entrar. Será porque es la primera vez que salgo de casa. Todo es tan diferente aquí... Mamá nos encamina hacia las escaleras bien pegados a ella para que no nos perdamos. «¿Pero esto qué es? ¡Si funcionan solas!». Te montas y te suben sin tener que dar un solo paso. En cuestión de segundos te transportan a una planta más arriba. «¡Qué pasada!». Estoy alucinando. «¡Cómo suben! ¡Maravilloso!».

Me agarro a la barandilla, que también se mueve a la vez que yo, y veo que justo en frente hay otras..., ¡otras que suben, otras que bajan! «¡Qué emocionante es esto!».

El centro comercial está abarrotado, igual que las calles. «¿Es que aquí nadie trabaja?».

Mamá sigue tirando de nosotros hasta la planta de los juguetes. Nunca había visto tantos juntos.

—Mira, Pedrito, los coches teledirigidos. ¿Qué te parecen? —me pregunta mamá.

Tampoco sé para qué. Claro que son preciosos, pero jamás podré tener uno.

Pero aquel año los Reyes Magos trajeron un coche teledirigido por cable. ¡Qué chulo! El problema es que necesitaba pilas, de las gordas. Eso costaba dinero y tuve que acostúmbrame a jugar con él sin pilas. Lógicamente, ese año tampoco llegó la ansiada bicicleta, lo que realmente siempre quise y pedía en mi carta año tras año.

Qué buena idea fue la de ponerme a trabajar repartiendo periódicos con mi hermano Julito para conseguir comprar juntos aquella primera Orbea. Al principio simplemente porque la tenían todos los amigos del barrio y me quedaba colgado en verano, no podía ir ni siquiera al río con ellos. Luego, la cosa se fue tornando más seria al apuntarme a la escuela de ciclismo... «y mira hasta dónde has llegado, Pedro».

Un Tour de Francia, que podría haber sido alguno más. Dos Vueltas a España.

Yo, que lo único que quería era salir a ver mundo. Al principio, eso era lo que realmente me motivaba de la bicicleta.

Qué emocionante fueron aquellos primeros años. Empezar a correr fue empezar a viajar. Salir del mundo de Pío XII y de Segovia, traspasar esa frontera tan inalcanzable y desconocida hasta entonces para mí. Ver otras tierras con mis propios ojos. Salir de España. Todo era nuevo, todo era distinto, pero también muy parecido. Regresar a casa el domingo por la noche y el lunes al colegio. Los compañeros hablaban de lo que habían estado haciendo el fin de semana, con la discoteca como centro de interés, pero yo...

—¡He estado en Pau, Francia!

—¡Hala! ¿Y cómo es?

—¡Feísimo! Todo gris...

Eso recuerdo que les contestaba. Sin darme cuenta, poco a poco esos viajes me hicieron crecer. De cada uno de ellos volvía renovado, crecido. Con más confianza en mí mismo. Escuchaba a mis amigos que si las fiestas de tal barrio, que si la discoteca del otro de al lado...

—Y tú, Pedrito, ¿dónde te has metido que no te hemos visto el pelo?

—¡Pues yo he estado corriendo en Cervera del Pisuerga!

—¿Y eso dónde está?

Qué más daba. Lo importante era salir. La bicicleta me dio eso: ruedas para pedalear el mundo, para verlo con mis propios ojos. Y no es que presumiese. Si con lo tímido que era de pequeño y lo mal que se me daba entrar a las chicas... Pero me sentía plenamente feliz. Y, a veces, encima, con premios añadidos e inesperados.

Recuerdo como si fuera hoy una de mis primeras salidas con la escuela de ciclismo. Fuimos a Salamanca. La carrera era al lado de un hipódromo y al director del equipo le apasionaban los caballos. Después de correr nos metió allí y se nos ocurrió la idea de apostar en las pruebas de saltos. «Venga pues». Tres pesetillas puse de mi bolsillo.

¡Y ganamos! No me lo podía creer. ¡Acertamos con el caballo! La suerte del novato, pues conocimiento de ese mundo, cero.

Cuando volví a casa estaba eufórico. Se lo conté a mi madre con los ojos brillantes por la emoción. Todo lo que me estaba dando la bici... «¡Esto es lo mejor que me puede estar pasando en la vida!».

Viajar era casi tan excitante como correr una carrera. ¡Y a veces hasta más peliagudo!

Ahora se agolpa en mi mente todas esas veces que tenía que ir hasta Valladolid, la sede del equipo Moliner Vereco y el punto de encuentro para todos. En autobús, ¡a las siete de la mañana! «¡Ay, Perico! Cómo te gustaba la bici y todo esto del ciclismo, pero, con lo dormilón que eres, madrugar tanto...».

Yo, en el asiento, medio dormido, y la bicicleta, abajo. La de peleas que he tenido con los conductores porque no me dejaban meterla ahí, junto a las maletas del resto de pasajeros. «¡¡Que aquí no se puede!!», me soltaban con un bufido. Así que en ocasiones la bici tenía que trepar por las escaleras de la parte de atrás del bus hasta el techo. Allí me la subía, la ataba con las cuerdas en la baca y luego tocaba sufrir por si me la rayaban o dañaban.

—¡Cuidado!, que tengo que correr con ella esta tarde —le advertía al conductor en lo alto del autobús.

Así hasta Valladolid cada fin de semana. Llegar, comer y correr por la tarde o al día siguiente.

Y la vuelta a casa... Después de la carrera, en tren, porque los domingos no había autobús directo a Segovia. Bueno, ni autobús ni nada. ¡Qué envidia me daban el Pájaro y Hernández Úbeda, abulenses compañeros en el equipo! Ellos sí que tenían combinación directa a Ávila, y en un abrir y cerrar de ojos ya habían llegado a casa. A mí me tocaba hacer escala en Medina del Campo. Y esperar al siguiente. Y si no cogía el de las 20:30, me tocaba esperar al de medianoche. Y eso no era lo peor, lo peor eran las discusiones con el revisor, pues no me dejaba llevar la bici conmigo, tenía que facturarla y dejarla en la oficina de equipajes para que me la mandasen al día siguiente.

Hasta bien entrada la medianoche no aparecía por casa, eso sí, bien cargado, con mi bicicleta, algún que otro trofeo que ya empezaba a ganar y mi bolsa con la ropa sucia.

¡¡La ropa!!

Qué recuerdos. En la categoría de escuelas corría con la mía, y cuando llegué a juvenil nos daban una equipación completa. Aquello me parecía una pasada: ese primer día de la temporada que llegaba a Valladolid y me daban de todo: el maillot, el *culotte,* el chándal... ¡Qué bien olía a nuevo! Aunque picase el tejido, estrenar ropa era una satisfacción parecida a la de ganar una carrera, pues te veías vestido con ella cruzando la meta brazos en alto. Y fíjate ahora: tenemos hasta un modisto que nos hace los trajes a medida en el Banesto para el día de la presentación.

Qué alivio fue cuando me saqué el carnet de conducir, a la segunda, un 28 de diciembre. Pero no era ninguna inocentada. A partir de entonces mi hermana Marisa me dejó su Seat 600 y todo cambió a mejor. La libertad, la independencia que me dio. ¡Y cómo cogía las curvas! La primera vez que lo usé para ir hasta Valladolid era como si estuviese al volante de un coche de carreras. Hasta que, de tantos viajes, empezó a perder fuelle. Recuerdo cuando fui a Ávila a dormir a casa de Hernández Úbeda. Sesenta y cinco kilómetros de viaje bajo una inusitada tempestad. Un fuerte viento de cara que a veces movía el coche y una lluvia que arreciaba con fuerza hasta transformarse en nieve. En los repechos echaba una ojeada al velocímetro y veía que marcaba 30 kilómetros por hora. «En bici voy casi más rápido», pensaba cada vez que sentía que iba despacio. Conclusión: después de ese viaje lo llevé al taller de un amigo. A mi hermana, que solo lo usaba para moverse por Segovia, le daba igual, pero yo necesitaba un poco más de alegría al volante.

Total, cambiaron las bujías, el delco... y, entonces sí, ¡qué potencia tenía aquello! Cómo corría. Llegaba a los 100 kilómetros por hora. ¡Qué gozada!

Al siguiente fin de semana había quedado con mis compañeros Rodríguez Magro, Camarillo y Barcala en la Venta Juanilla, al pie del puerto de Somosierra, camino de Burgos, para ir juntos hasta Santander, donde corríamos.

Y correr tuve que correr, porque salí un poco justito de casa. Pero con el 600 recién arreglado no iba a haber problema. Disfrutando de cómo respondía el coche, marchaba todo emocionado. Un vistazo al reloj digital Casio me confirmó que iba a llegar a tiempo, pero empezó a llover ligeramente. «No pasa nada, conozco la carretera perfectamente de pasar por aquí entrenando». Una curva a la derecha, otra a la izquierda, una recta y acelero. «Estoy llegando a Casla». Una suave curva a la izquierda, otra a la derecha un poco más cerrada y el coche... se me iba, se me iba...

La parte trasera me adelantó y se metió en el profundo vierteaguas de la carretera...

Chocó contra una piedra y...

¡¡Bum!!

Volqué.

Y ahí me quedé, en Casla, tirado en la cuneta. Mis pacientes compañeros, ignorantes de todo lo ocurrido y sin posibilidad de ser avisados, echaban pestes contra mí porque no llegaba. Hasta una hora más tarde de la concertada, cuando la desesperación les impulsó a seguir viaje a Santander sin mí.

* * *

Cuántos recuerdos inundan mi mente. Y todos con la bicicleta a cuestas. La que me lo ha dado todo, el niño que empezó a ver mundo, el «gallito» *amateur* que ganaba un montón de carreras, el profesional en el que me convertí para ayudar al líder, para forjarme. Para convertirme en un ídolo de masas después. Ahora, un gregario de lujo para Miguel en mis últimos años. En todos los años, un denominador común: el sacrificio y el sufrimiento como único secreto para rendir, para ser mejor.

Pero este sufrimiento ya nada tiene que ver con el de antaño. Estas piernas ya no funcionan como antes cuando les pedía un poco más en los momentos clave.

Y mucho menos en este Tour, que cada día se me está haciendo más largo; cada cuesta parece más empinada y más dura que la que recuerdo del año pasado. Cada día que pasa soy más consciente de que soy un corredor limitado para controlar los ataques en las ascensiones, que me sacan los colores muy a menudo, que ni siquiera soy capaz de aguantar con los mejores para ayudar a Miguel en los momentos más importantes.

Comprendo que para estar con él tengo que meterme en alguna fuga de esas que se hacen al principio de las etapas, la de los actores secundarios, y así tomar ventaja. Porque eso soy yo ahora, un actor secundario.

* * *

«Atacar de salida. ¿Te acuerdas, Pedro?». Es como volver a mis inicios. Después de mi primera victoria me costó levantar de nuevo los brazos. No había manera. Pasaron meses y meses, y nada. Y venga a intentarlo. Y no lo conseguía. Así que adopté una táctica: apretarme las correíllas de los pedales y arrancar como una centella. ¡A mil por hora!

Así conseguí volver a ganar, reencontrarme con esa alegría desbordante que provoca la victoria. Qué ilusión aquel triunfo, cuando me impuse a Monini, el campeón de España cadete, y a un montón de corredores de Madrid, mucha competencia en un circuito urbano en Segovia prácticamente llano. ¡Y yo volvía a ser el mejor!

A partir de entonces mi táctica fue esa: nada más arrancar la carrera yo atacaba, y a tope hasta pasar la línea de meta. Y eso me permitió obtener otra victoria más de la misma forma en Íscar. Me di cuenta de que, al no ser rápido, la única manera de poder ganar en este tipo de pruebas era atacando de salida. Correas apretadas, apoyado en la pared y a tope. Y a esperarles en la meta. Tres veces en 1975 resultó así. ¡Las cosas de no ser un esprínter!

* * *

Voy a tener que volver en cierto modo a esa estrategia en este Tour. Colarme en alguna escapada antes de los puertos para coger ventaja y así estar al lado de Induráin con la carrera ya seleccionada.

La gran etapa reina de este Tour de 1993 es la décima, con final en Serre Chevalier. Atento desde la misma línea de salida a los ataques, voy metiéndome en los distintos grupos que van saltando del pelotón. Poco antes del Glandon, el primero de los colosos del día, ya vamos diecinueve ciclistas encabezando la carrera y hay otro compañero del equipo, José Ramón Uriarte. Todo bajo control, pero qué raro es verme así, aquí, en cabeza de salida, cuando mi puesto siempre me ha permitido esperar a que llegasen los últimos puertos, la hora de los actores principales. Eso que yo era. Pero ya no. Soy consciente de que ni siquiera sirvo en mi terreno en un cara a cara con los rivales de Induráin. Con lo feliz que estaba hasta hace poco cuando llegaba la montaña y, ¡bam!, ahora, si hay guerra entre los buenos, me doy de bruces contra esas moles de piedras, y las rampas en mis piernas cada vez las siento más duras, más empinadas.

La clave de este día es estar por delante en ese maravilloso y criminal Galibier por la vertiente del Telegraphe, punto clave donde los rivales deberían focalizar los ataques con más veneno. Voy como una hormiguita en la fuga, guardando fuerzas y feliz por haber cumplido el primer objetivo del día. Nadie me reclama que releve para dar vida a la fuga, saben que no soy peligroso, y si estoy aquí es para ayudar al líder, Induráin.

Empieza el Telegraphe. Alguno de los diecinueve fugados se empieza a quedar por los distintos ataques del resto. Voy contento, me siento bien físicamente y confiado por cómo se está desarrollando la etapa.

Como si lo hubiese calculado matemáticamente, nada más coronar el puerto nos cazan Rominger y otros favoritos. Estoy orgulloso de cómo he jugado mis cartas. Estoy al lado de Miguel para que se sienta arropado y me pongo a marcar el paso del grupo. Todo está bajo control. Hasta que la cosa se empieza a complicar.

Nada más empezar el Galibier ataca el polaco Jaskuła. Aumento mi ritmo para tenerlo controlado a una distancia prudencial, es un corredor peligroso. Pero se me está yendo. No consigo reducir el hueco y, de hecho, aumenta con demasiada facilidad. Sigo apretando hasta ponerme a tope, exprimiendo todas mis fuerzas.

De pronto, salta Rominger como una moto; a su rueda, Miguel, y a duras penas, Hampsten, y me pasan como almas poseídas por el diablo. La aceleración es durísima. Veo a Miguel aguantando, pero solo.

No me puedo relajar. Queda mucha etapa y los desfallecimientos amenazan a todos a estas alturas de carrera. Dejo a otros corredores que tiren por sus intereses; yo, a rueda, pero manteniéndome lo más arriba que puedo.

Los kilómetros pasan cansinamente. Mantengo un buen ritmo, acompasando la respiración, con miradas hacia arriba buscando una referencia visual de lo que queda, hasta que, de forma silenciosa, siento que mis piernas no van. Poco a poco. Sin un gran dolor al principio, pero cada se va acentuando más. Se me está yendo el grupo. Las piernas no responden a mis deseos. Sigo insistiendo con mi impotencia en luchar por estar lo más cerca de Miguel, aunque ya no lo vea.

«No puedes, Pedro, no puedes. Eres totalmente incapaz de seguir a estos corredores a los que hace poco soltabas cuando tú querías».

Me torturo pensándolo, sí. Pero es la única verdad de todo lo que estoy viviendo.

Me afano, me castigo, hago crujir mis huesos y rechinar mis dientes para apretar el ritmo y conseguir mantenerme lo más adelante posible. Toda la ilusión de estar cerca de Miguel y protegerle de los ataques de Rominger u otros corredores desaparece por ensalmo. Para mí ya se está convirtiendo en una etapa de supervivencia.

«¡Si no puedo ni con mi alma!».

Me olvido de todo y ya solo pienso en mí: coronar este durísimo y eterno puerto. La vista se me nubla por momentos. Me paso el guante para retirar ese sudor que baja por mi frente, que se me mete en los ojos y me provoca un molesto escozor, acentuando aún más la fatiga de esta interminable montaña. Ese escozor que siempre ha estado ahí pero que con un gesto rápido de la mano te lo retirabas, y ahora todo va a cámara lenta. Cae el sudor. Se mete en los ojos. Te molesta. Lo aguantas un poco. Haces un esfuerzo extra con la mano y poco a poco buscas ese sudor para retirarlo. Mientras tanto, el pedaleo no es el mismo, ha disminuido, pues tus fuerzas están al límite y tu mente está dentro de una pesadilla de sudor, fatiga y debilidad extrema que no es capaz de apartar.

¿El declive?

«Esto es lo que hay, Pedro».

Necesito ser claro conmigo mismo y comprender esta nueva realidad que se abre ante mis ojos.

Yo ya no estoy *aquí* para estar *ahí,* ni con los mejores ni casi en el grupo perseguidor.

Levanto el pie y me duele más el alma que las piernas. Pero es así.

«Regula, que estas rampas son durísimas y los más de dos mil metros de altura te están matando». A tramos voy haciendo eses para suavizar, si cabe, estas rampas mortales. No puedo con el piñón grande de 23 dientes. Esto es terrible.

Pienso en mañana, otra durísima etapa alpina, y en guardar fuerzas. Sonrío para mis adentros: «Guardar fuerzas..., ya me gustaría». Siento que más despacio no puedo ir, pero tampoco más rápido. Es supervivencia lo que hace que mis piernas sigan pedaleando. Me motivo en pensar en la cercana bajada y el fin de esta tortura. En la ducha caliente, el masaje en el hotel...

Debo sobreponerme a esto.

Bajando el Galibier, voy pensando en esta vertiente para mí desconocida hasta hoy, que siempre había realizado de bajada. Es lo más duro y salvaje que he escalado en mi vida, 35 kilómetros eternos e infernales.

A medida que mi cuerpo se va recuperando del esfuerzo, mi cabeza se permite el lujo de pensar en cómo habría sido subir este puerto en una época para mí más gloriosa, pero una curva cerrada me aparta de golpe de esos pensamientos fantasiosos.

Hoy es la etapa con final en Isola 2000, de 180 kilómetros, con Izoard (primera categoría), Vars (primera) y Restefond-La Bonette (especial y techo del Tour, con sus 2.804 metros de altitud), y de postre Isola (especial). No quiero pensar demasiado en ellos, pues no me levantaría de la cama. Me gustaría pensar que hoy me habré recuperado bien del esfuerzo del día anterior, pero en este Tour, como en la pasada Vuelta, soy consciente de que mi capacidad de recuperación ya no es la misma y que hoy toca otro duro día de miseria. Mi deseo más intenso es que la gente vaya con un punto de prudencia, aunque no confío mucho en ello. Antes deseaba que la carrera arrancase loca. Desde la salida. Ahora veo con temor estos tipos de arranques, con ataques de salida en una batalla campal, donde todos quieren coger la escapada buena y ser parte de ella. La falta de recuperación que siento en mi cuerpo me preocupa: me puede dejar

K.O. a las primeras de cambio, y el Izoard está nada más empezar la etapa.

Tengo claro lo que debo hacer. Luchar denodadamente por estar en esa fuga y no pensar en fatigas ni en dolor de piernas. Igual que de pequeño, correas apretadas y aguardando con ojos de cazador a que den la salida para atacar, igual que en la etapa de ayer.

Somos bastantes los ciclistas que antes de arrancar ya estamos rodando por los alrededores de la salida para tener el músculo preparado por si se sale «a balón parado», es decir, «a toque de pito», «a mil».

¡Miedo!

Dichoso miedo. Llevamos ya varios kilómetros subiendo el Izoard y nadie se mueve. La gente está reventada. Nadie quiere quemar fuerzas antes de tiempo frente a la dureza del día. Según pasan los kilómetros, se me escapan momentos de júbilo mentales. «¡Bien! ¡Bien! Esto va muy bien, pero no te puedes dejar llevar por la euforia porque todo puede cambiar en un instante». Vuelve a mí el pensamiento de qué diferente es ahora todo para mí, contento de que nadie ataque...

Coronamos Izoard, Vars y... nada. Esto va muy tranquilo. Casi no me lo puedo creer: ni el equipo, ni yo, ni nadie se está exprimiendo realmente y da gusto arropar a nuestro líder.

En el llano que nos acerca al puerto más duro del día, La Bonette, todo cambia. Hay ataques a cargo de varios ciclistas, y, sin pensármelo dos veces, me cuelo con ellos. La ventaja respecto al pelotón es muy pequeña al iniciar la ascensión, pero pienso que «menos es nada». Habrá que ver qué agresividad hay entre los corredores. Mi misión de momento es rodar por delante, y tener cierto margen me consuela ante lo que se viene encima. Robert Millar, mi rival tantas veces, va marcando el paso; sé que es la rueda buena, lucha por la victoria de etapa y eso me va a ayudar a mantener viva la escapada.

Nos vamos metiendo cada vez más entre las montañas, una muralla de piedra donde siempre buscas esas líneas que te indican por dónde va la carretera, pero no se ve paso alguno y los más de 2.800 metros de altitud nos tienen preocupados a todos. Las referencias que nos dan con respecto al grupo donde viaja Miguel se mantienen en torno al minuto.

La carretera se va estrechando poco a poco, el asfalto cada vez está en peor estado y, aunque no hay rampas muy duras, el ritmo del escocés empieza a seleccionar la fuga… hasta quedarnos los dos. Ese cabeceo de Millar sigue incansable y empiezo a sentir que tengo que forzar las piernas más de la cuenta para estar con él. No quiero cebarme, pues en mi cabeza está conservar fuerzas para cuando llegue el grupo de Miguel.

Me avisan desde el coche del equipo que el Clas de Rominger está endureciendo la etapa, y terminan por cazarme. Y ahí sí me tengo que exprimir para mantenerme en el grupo de los favoritos. Me descuelgo de ellos. Cazo más tarde. Un tira y afloja mental y real. Pero lo importante es que estoy al lado de mi compañero con su flamante maillot amarillo antes de culminar la ascensión. No quiero desconectarme de la carrera, pero siento que el Tour está pudiendo conmigo. Y si no puedo con él, tal vez no debo correrlo más.

Llevar algún bidón a Miguel y preguntarle cómo va. Poco más puedo hacer por él en este día, pues al iniciar la última ascensión, las hostilidades empiezan inmediatamente y yo voy fundido. Intento apretar lo máximo para no perder contacto con los favoritos, pero, una vez más, este grupo que coquetea conmigo se me va poco a poco: un pequeño parón, renuevo mi ilusión de llegar a su altura, y una nueva arrancada para volver a verlo alejarse. Este cuento ya lo he vivido muchas veces en este Tour y finalmente me olvido de ellos. Estoy tan agotado, no solo física sino mentalmente, que termino desconectando de la carrera y decido llegar a meta cuando sea, a mi paso.

¡París por fin! Los Campos Elíseos se rinden un año más a Induráin. Mis pensamientos son contrapuestos: la alegría de acabar, el orgullo de que un compañero haya ganado, ese recuerdo siempre presente de aquel día en que sonaba el himno nacional por mí..., pero también hay algo que hoy voy rumiando desde hace días. Me acerco a José Miguel Echavarri:

—Yo no vuelvo aquí. Este ha sido mi último Tour.

—Venga, Pedro —trata de calmarme mi director—. Seguro que es un calentón. Date unos días, descansa bien y seguro que ves la vida de otra forma.

—Que no, José Miguel, que este ya no es sitio para mí. Yo ya sobro en el Tour.

—Bueno. Tranquilo, Pedro. Ya hablaremos.

Pero yo estoy totalmente convencido porque sé la agonía que he vivido. Una agonía para nada. Ni siquiera para poder estar con Induráin. Y hay una idea flotando en mi mente, clara y reveladora. Ya es hora de parar. Correré un año. Trataré de hacer una bonita Vuelta a España y despedirme con un buen sabor de boca, y punto final. Al Tour no vuelvo.

«Tampoco me ha ido tan mal», pienso ahora que pedaleamos dando este paseo de honor con el ganador. Levanto la vista a lo lejos, adonde se agolpa el público tras las vallas y mi mente me retrotrae a un tiempo pasado, cuando pedaleé por aquí vestido de amarillo. Eso ya no va a volver y esto se acaba para mí. Cierro los ojos y aspiro profundamente. Me dejo embriagar por los gritos de los aficionados en las aceras, gran parte de ellos españoles desplazados para vivir este momento histórico. Se respira España en París. Esta ciudad mágica vuelve a ser territorio ibérico. Bonito recuerdo para mi último Tour. Vuelvo a pegar otra bocanada de ese aire calenturiento para interiorizar el momento. Porque esta será mi última vuelta a los Campos Elíseos desde este lado de la carretera.

* * *

He dejado de ser el corredor agresivo y atacante que siempre me he considerado, el que ante la adversidad o un mal día pensaba en un futuro inmediato para buscar cambiar ese sinsabor; en cambio, ahora me he convertido en alguien insípido, calculador. Anodino y simple. Frío. Hasta he perdido el hábito de concentrarme en altura, como era mi costumbre para preparar una gran vuelta. Porque estoy de vuelta.

Y corro no para divertirme, sino para guardar fuerzas para cuando ataquen otros.

Todo lo que no va conmigo.

Tony Rominger demuestra su supremacía desde el principio de la Vuelta de 1994, y su compatriota Alex Zülle es el único capaz de seguir su estela. Atacan y aguanto. Sufro todo lo que puedo y lo alargo un poco más. Pero cuando me sacan de punto, aguanto un poco más con ese dolor de piernas de mil alfileres clavándose en ellas, hasta decidir «que se vayan», sin explotar; sé qué ritmo llevar para minimizar pérdidas. Y al día siguiente, en los momentos clave, igual: no perderlos de vista para tenerlos como referencia, y si sobreviene un parón entre ellos, entrar. Y si no es así, sé que no perderé mucho más de medio minuto. Eso sí, siempre sumando en mi contra. ¡Qué vida más triste!

La alegría es el público, que está volcado conmigo y me da esa energía extra para seguir día a día luchando y no perder el objetivo, que no es otro que estar lo más cerca posible de los mejores, y si se despistan un poco, atacarles. Aunque ya por el espectáculo, pues el daño no es el mismo, pero… ¿y la satisfacción de hacerlo? Un momentazo para mi ego, aunque sea en contadas ocasiones.

Es lo único que me queda: ser frío y calculador.

Qué raro me siento. Pero no tengo otra opción.

Y aceptarlo sé que es una ventaja. Que ganar es ya imposible con un Rominger así. Lo que tengo que hacer es estar lo más cerca que pueda de él. Eso sí, «cuando arranque, como si no existiese, Pedro, a mirar a otro lado, tú a tu paso».

Triste vida la mía. Con lo que yo he sido.

Sueño con un objetivo: el podio en Madrid. Si lo logro, puedo darme con un canto en los dientes viendo la cantidad de ciclistas superiores a mí que hay ahora mismo en el pelotón.

Todo en este final deportivo ha cambiado. En la segunda etapa pernoctábamos en el Parador de Salamanca y, casualidad, todos los periodistas de la Cope, comandados por José María García, también se alojaban allí.

El hacha de guerra estaba ya enterrada desde hacía años, casualmente también cuando el Banesto entró a patrocinarnos. Entonces dejó de llamarnos «el equipo navarro», de hacernos la guerra, de las crueles críticas y los insolentes comentarios. Todo aquello formaba parte del pasado, la figura de Mario Conde en cierto modo nos protegía. El banquero de moda, el hombre con aspiraciones políticas que nos sufragaba el equipo, era alguien demasiado poderoso como para enfrentarse a él. Incluso para el Butano.

Me pilló por la recepción al terminar el masaje.

—¡Hombre, Perico! —Al menos no podía quitarle el mérito de haberme bautizado así, tal y como me conocen todos los aficionados y el mundo del ciclismo en general—. ¿Qué tal? Oye, me gustaría hablar un rato contigo.

—¡Ah! Sí, claro, José María.

—¿No te importa? —vaciló. Quizá se esperaba una negativa rotunda por mi parte. Y no estaba preparado para esto.

—No, no, claro que no. Cuando quieras.

—Estupendo. Pues luego, después de cenar, charlamos un rato.

—Sí, vale.

—¡Oye, me alegro de que estés tan receptivo!

—Bueno, yo siempre estoy receptivo, José María...

En cuanto me levanté de la cena se acercó raudo. Noté que me pasaba un brazo por la espalda y me señalaba uno de los sofás de la misma recepción donde nos habíamos topado por la tarde.

—Oye, ¿es cierto que este va a ser tu último año como corredor?

—Sí, sí. Ya lo tengo decidido del todo. Me siento muy saturado…

—¡Joé! Eso es una pena. Pero me gustaría hacerte un homenaje grandioso, algo importante. Reconozco que me he portado un poco mal contigo… Y tú tampoco te has portado bien conmigo…

—Estoy de acuerdo, José María. Tú te has portado mal conmigo y yo me he portado mal contigo. Pero es que te pasaste.

—Te pido perdón, Perico. De verdad que hablar contigo me está quitando un peso de encima. Y estaba pensando que podríamos hacer las paces. Verás, quería darte un poco de cancha en la radio durante la Vuelta, que entrases alguna tarde en el especial de la carrera y por la noche en mi programa…

—No, José María —atajé de inmediato. Comencé a entender por dónde iban los tiros—. Por mí, fuera de la radio, nos podemos ver y quedar cuando quieras. Pero yo, en la Cope, si conduces tú el programa, no entro.

—¡Pero no seas tan cabezota! Si va a ser beneficioso para ti… Además, ahora estás en un momento muy importante de tu vida, de cambio y transición a una nueva etapa. Y ya sabes que yo tengo mucha gente alrededor…

—Sí, sé perfectamente el poder que tienes para favorecer a una persona, pero yo no quiero cambiar mi actitud contigo en la radio. Hay una cosa que no te perdono, José María: que te metieras con mi mujer y con mi padre. Y como no lo entendí, ni lo sigo entendiendo, no voy a convertirme ahora de repente en algo así como uña y carne contigo. Es que, además, el público no lo entendería.

—¡Pero eso es una tontería, Perico! Hazme caso, que estás en un momento muy importante para ti: debes hacer cosas, abrir caminos. Y yo puedo ayudarte.

Me levanté. Le di las buenas noches y saludos cordiales y me fui a mi habitación. El hacha de guerra podría estar enterrada, pero era incapaz de olvidar el daño que había provocado a los míos. Eso lo llevaré siempre conmigo dentro.

La carrera sigue su rutina rumbo al sur. Primero con Sierra Nevada como punto caliente y luego hacia los Pirineos. Tony Rominger no nos da tregua, se pasea y domina cual tirano. Y yo, mientras, sigo con mi calculadora en la mano, sumando y restando segundos con las fuerzas que tengo para estar lo más arriba posible.

La experiencia es mi fuente de sabiduría y a lo que más me amarro para suplir la chispa que me falta. Lo llevo tan interiorizado que voy salvando obstáculos como Sierra Nevada, o la crono de Benidorm, pero me preocupa la llegada a Ordino Arcalís, décima etapa: aquí no puedo fallar si quiero aspirar al podio en Madrid.

Estamos en el ecuador de la carrera. Ataques y escaramuzas del Kelme, del ONCE, a los que responde sin problema el Mapei de Rominger. Yo me siento en la zona roja. El puerto lo conozco perfectamente desde hace años, pues venía a esquiar por aquí, y sé que lo más duro está al principio, y de mitad al final suaviza.

«Es clave no cebarte demasiado en la zona dura, pues si te fundes, eres hombre muerto», me repito mientras veo con preocupación que tengo que tomar una decisión: ¿obligarme un poco más y seguir con el grupo de los favoritos y esperar a que paren, o dejarles ir y subir a mi ritmo sin explotar? Un arma de doble filo si las piernas no te responden.

La violencia de los ataques me está matando. Finalmente «desconecto» y les dejo marchar. Yo, a tope, como si fuese una cronoescalada. Voy a mi ritmo con el cebo de ver que los hombres de la general están siempre ahí, que no se me van. Llego a la cima cerca de los primeros, dosificando y graduando los esfuerzos.

La alegría de ceder poco tiempo da paso a la reflexión que me persigue desde el año pasado: «Pobre de mí, con lo que yo he sido. Y lo aburrido en que me he convertido».

Noto que todo esto me está suponiendo más un sobreesfuerzo mental que físico. Ahora soy yo solo, contra mí mismo. Y en lugar de pensar en ganar, que me ayudaba a sufrir hasta la extenuación, ahora todo consiste en tratar de perder lo menos posible.

Como tengo claro que es mi último año, esta es mi única y gran motivación: saber que aún puedo sobrevivir a días como este para pensar en lograr algo, una victoria de etapa, un podio, lo que sea, pero irme del ciclismo dejando un último sello con mi nombre.

De lo que sí estoy totalmente impactado es de la gente. Es impresionante cómo me recibe el público en todas partes, salidas, llegadas, al paso por los puertos... Me siento abrumado por los gritos y el apoyo, ¡y eso que voy penando y no ganando! Me da por pensar en qué pasara a partir del año que viene cuando todo esto se esfume, cuando ya no haya gritos para mí, ni carteles con mi nombre o pintadas en mi favor. ¿Cómo llevaré eso?

Ha llegado mi hora, y punto. Me da un poco de tristeza saber que estoy corriendo mi último año, las últimas veces que paso por estos puertos en carrera, mis últimas rúbricas en un control de firmas. Pero también sé lo saturado que estoy de tanta competición. Trece años de arriba abajo. Escasamente cien días al año en casa, entre competiciones y concentraciones. Ha llegado el momento.

No me quiero dejar llevar por la nostalgia y me obligo a mantener la concentración en la carrera.

Al día siguiente de Andorra llega otro punto caliente, un nuevo final en alto, Cerler. La etapa es menos dura y aguanto una vez más. Sigo metido entre los cinco primeros, el cuarto para ser más exacto. Detrás del indestructible Rominger, de Zülle y de mi compañero Mikel Zarrabeitia, un chaval joven y espigado con mucho porvenir. Por detrás, el francés Leblanc y Lale Cubino. Siento que mi sitio es estar entre los cinco primeros, pero ¿por qué no soñar con el podio?

La sierra de la Demanda es otra cita para no fallar en mi lucha por meterme entre los tres primeros. Mi táctica de correr a la contra me está dando resultado, no tengo otro camino para lograr ese objetivo, y siempre cruzando los dedos para no fallar. Rominger sigue intratable, pero hay que probarle. Yo, como últimamente no tengo mucha confianza en mí mismo, incito a Zarrabeitia a hacerlo.

—¡Vamos, Zarra! Que es el momento.

Ahí le veo salir con el piñón grande, el 23, con un pedaleo totalmente revolucionado.

«¡Pero ¿cómo se puede atacar así, con el piñón grande?!». Me llevan los demonios por dentro.

«¡¡Lo mato!! Con la clase que tiene, ¿cómo se puede atacar así? De pie sobre su bicicleta, moviendo los bolsillos traseros del maillot de un lado a otro por la alta cadencia, tan revolucionado».

«Le falta decisión, confianza, y está temeroso de Rominger».

«¡¡Si tuviese yo esa fuerza bruta...!!».

«¡Uf!, me estoy calentando solo de la mala leche que se me está poniendo al verle. ¡Es que me lo cargo!».

Sorprende a Rominger, pero el suizo le neutraliza y le contraataca. Solo le aguanta Zülle, pues «Zarra» cede ante ese cambio de ritmo tan violento.

Yo me quedo. Soy el único del grupo de favoritos a quien pasa factura la aceleración de mi compañero y la posterior reacción del maillot amarillo.

Otro día más de concentrarme en no dejarme llevar por el derrotismo y echar mano a esa «calculadora» que tan poco me gusta. De nuevo, hoy, esa actitud da sus frutos, pues Zülle revienta a rueda de su compatriota y me permite alcanzar al grupo de los favoritos, menos al líder. Sin saberlo, Rominger ha sido mi aliado, pues si Zülle hubiese aguantado su rueda, la diferencia en carrera habría sido insalvable para mí.

Cuando cruzamos la meta, nos llevan a «Zarra» y a mí al autobús de Televisión Española para que nos cambiemos y hagamos la posterior entrevista. Ahí, al abrigo de la intimidad, y cuando ya nadie nos ve, ni fotógrafos ni nadie, exploto. No puedo más.

—¡Aquí hay que atacar con dos cojones, Mikel! ¿Qué es eso de arrancar moviendo los bolsillos del maillot balanceándose de un lado a otro? ¡¡Debes bajar al menos una corona cuando lances el ataque, que vas muy revolucionado y no avanzas!!

Él clava la vista en el suelo, como el alumno al que le echan la bronca en el colegio.

Lo cierto es que Mikel y yo nos parecemos solamente en que ambos llegamos tarde siempre a todas partes. Qué desastre. Con lo pasional que soy yo… A «Zarra» le falta mucha picardía. Aunque también es cierto que mi papel con él es totalmente distinto al que tuve con Miguel Induráin en el Tour, porque Miguel se fue empapando año tras año de todo lo que veía y Mikel está en un curso acelerado. No me canso de repetirle que no tenga miedo a atacar, que no pasa nada si le cogen.

En los Lagos de Covadonga mi compañero lo vuelve a intentar en un par de ocasiones y, aunque Rominger le responde sin grandes problemas, Zülle explota y cede ante el vasco. Yo, como siempre en esos momentos cruciales, descolgado, sigo a lo mío, sin entrar a esos cambios de ritmo. En eso, veo que Zülle pierde terreno, totalmente fundido. Es mi oportunidad. El fallo de mi rival es una realidad. No confiaba en que se produjese, pero ahora sí es el momento de morir sobre la bicicleta. Me cuelo tercero en la clasificación general, 35 segundos por encima del suizo. El podio está más cerca, pero, ante la última crono, sé que no es suficiente, pues él es un especialista. Necesito más de 1 minuto, 2 para ser exactos, si quiero estar en el cajón.

En las siguientes etapas, varios compañeros de pelotón se me acercan y todos llevan el mismo discurso:

—Perico, ¿es verdad que lo dejas este año?

Es la primera pregunta que este año me hace todo el mundo al verme, y más especialmente a lo largo de la Vuelta. Periodistas, público y hasta corredores, que saben cómo es esto del ciclismo y seguro que en más de una ocasión se les ha pasado por la cabeza mandar la bici a paseo.

Siempre la misma respuesta:

—Sí.

—Pero siendo tercero en la Vuelta, ¿lo vas a dejar? ¡Yo seguiría un año más!

Yo me mantengo firme, sé cómo me siento. Sé cómo estoy, sé todo lo que me está costando esto. Estoy tan saturado y me he concentrado tanto mentalmente para este último asalto, esta última Vuelta a España, que no quiero volver a pasar por algo así nunca más.

Se acabó.

Y, además, contradecirme no va con mi carácter. Ya se lo dije a mi director al finalizar el pasado Tour y es lo que respondo a todos los que me preguntan constantemente durante esta Vuelta.

No me gusta correr de manera tan sosa. Sé quién he sido, un corredor vibrante, todo pasión. Y veo en lo que me he convertido: alguien conservador, que se arrastra para conseguir este podio y espera el fallo del rival para ganar un puesto, pero sin poner nada de valentía por mi parte.

La motivación de hacer podio en una grande me estimula, pero, acostumbrado en el pasado a otra actitud, es la hora de colgar la bici. El cajón es un estímulo y será un bonito recuerdo si lo consigo, sí, pero eso no me va hacer cambiar de opinión.

Nos plantamos en Ávila dos días antes de la última y crucial contrarreloj por mi ciudad. Crucial para mí, claro, no para Rominger, que lo que está haciendo es darse un paseo triunfal desde el inicio de la carrera. Pero yo voy a jugarme el puesto frente a Alex Zülle, todo un especialista en la modalidad.

Así que tengo que gastar mis últimos cartuchos para intentar sacarle algo de ventaja antes. Sin embargo, quien ataca es precisamente él, el suizo del ONCE, subiendo el Navalmoral, último puerto de este día. Me acerco a Zarrabeitia:

—Vamos para adelante, Zarra, que no se nos vaya Zülle —apremio a mi compañero justo en el momento en que ataca el suizo.

—Es que... voy un poco justo...

Le miro con cara de póker.

—¡Hay que morir ahora! No se puede escapar a última hora todo lo logrado a lo largo de la Vuelta.

«¿Qué hago?» es la pregunta que me *hago*. «¿Tiro a por Zülle o me quedo con mi compañero? Hay 25 kilómetros desde la cima hasta la meta. Tenemos a Marino Alonso delante en la fuga. Le podemos parar. Zülle va solo». Conclusión: prefiero quedarme con Zarrabeitia y hablar con el coche para que mande parar a Marino. Todo muy lógico, muy calculador en esta nueva versión mía. Pero la lógica no funciona: el suizo va como una moto, le tenemos cerca, pero no llegamos a atraparlo.

Qué cabreo tengo encima. Me he sacrificado por un chico joven, para que coja confianza, educándole, y al final habría sido mejor ser más egoísta y haber ido a por el suizo. Ahora mi podio peligra de manera clara frente a él.

«Qué pena, Pedro. Te va a pasar por encima: 26 segundos de ventaja, 53 kilómetros de crono. Demasiado poco tiempo. Demasiados kilómetros. Además, le han puesto justo después de mí, para evitar que Zarra y yo, del mismo equipo, salgamos uno detrás del otro. Vamos, que me va a doblar seguro. Qué humillación para terminar mi carrera».

«Y en casa, en Segovia».

«Venga, Pedro, con honor hasta el final. Hay que pelearla».

Me deslizo por la rampa de salida. Los gritos de la gente me aturullan y me empujan a la vez. Todo el mundo está totalmente volcado conmigo. Esto tiene que darme alas.

Me acoplo a la bicicleta de crono buscando el ritmo bueno.

«Vamos, Pedro. Pedalea».

«Aunque te doble Zülle, continúa sin venirte abajo», me repito constantemente mientras pedaleo, porque tengo que estar preparado, va a ser inevitable. El recorrido de la crono no es fácil. Me dejaron participar en su trazado y es muy rompepiernas en la primera mitad; luego, los especialistas como el suizo tendrán un terreno más favorable. «Así que a tope de salida, luego Dios dirá».

—Diez segundos. Diez segundos por delante —me comunica Echavarri desde el coche.

Bueno, no es mala señal, pero ya veremos cuando este recorrido revirado desaparezca a mitad de la crono.

—¡Vamos! ¡Vamos! Vamos a conseguir el podio. La gente está contigo. ¡Ánimo, Pedro! —no para de decirme Echavarri en la parte final.

Pasan los 53 kilómetros, cruzo la meta y Zülle no me ha doblado.

Increíble.

Después me cuentan que ha estado discutiendo con Manolo Saiz, su director, sobre los desarrollos y el plato que debía llevar en la misma rampa de salida. «Estas cosas a mí no me pasan, por llegar tarde», pienso. El pobre Zülle saltó al ruedo con los cables cruzados, totalmente descentrado, y encima tuvo que cambiar de bici ¡dos veces!, y hacer dos paradas más por sendos pinchazos. Mala suerte para él, buena suerte para mí. El destino, que a veces juega antinatura. Unas para ayudarte, aunque también he vivido la cara opuesta. Yo ya quiero desconectar de la crono.

«¡Soy tercero en la general! Mañana me subiré al podio en Madrid en mi última Vuelta a España».

Qué alegría más grande. Me siento totalmente pleno de felicidad desde este cajón del podio, en la Castellana. La guinda a mi carrera. El final más deseado. El podio que mejor me ha sabido de todos los que he hecho, porque no estaba nada confiado en lograrlo.

¿Qué más le puedo pedir a la vida?

⋆ ⋆ ⋆

—Pedro, tienes que venir al Tour.

Estoy confuso. Creía que se lo había dejado bien claro.

—José Miguel, ya te dije el año pasado en los Campos Elíseos que no iba a regresar al Tour.

—Pero es que te necesitamos —me ruega.

—A ver, José Miguel... Sé realista. El año pasado, salvo algún día que tuve bueno, el resto no podía ni estar cerca de Induráin. Él necesita a Gorospe, a alguien así. Yo voy muy limitado.

—¿Pero lo tienes claro?

—Sí. Búscate a otro.

Siento la presión. Y no es que haya llegado a dudar, pero empiezo a hacerme preguntas.

«¿Estaré haciendo lo correcto?».

Sé que sí. Porque si supiese que puedo ayudar a Miguel, aunque fuese un poco, iría, pero soy muy consciente de que ya no es así. Que mi tiempo ha pasado ya y es hora de renunciar. De parar. En los titulares quedaría muy bonito, claro que sí: «Pedro Delgado, capitán del equipo». Pero yo no corro para los titulares. Nunca lo he hecho, a pesar del carisma que la gente pueda creer que tengo y de la atracción que siente todo el mundo hacia mí.

Pero esa llama se tiene que apagar ya. Esta vida ha llegado a su fin. Ni siquiera puedo quejarme. La primera vez que me subí a la bici de carreras que me compré con todo mi esfuerzo vendiendo periódicos junto a mi hermano derrapé y me fui al suelo. Vaya golpetazo me metí. ¡Uf! Aún recuerdo el daño. Entre la gravilla y el polvo, la emoción y lo rápido que quería ir, acabé por los suelos y con unas cuantas heridas marcadas a fuego y sangre en la piel. Y lo único que me importó fue que la bici estuviese intacta. Con lo que me había costado comprarla y voy y me caigo.

Cierro los ojos y me veo con nitidez allí, en el patio de Pío XII, con las calles llenas de tierra y yo dándole a los pedales, emborrachado de emoción por tener por fin aquella preciosa bicicleta que acababa de sacar de la tienda y que me llevaba a casa, juntos los dos, pedaleando, sintiendo esa felicidad absoluta emergida del aire que me azotaba la cara y, de repente, ¡PUMMM!

Al suelo.

Y yo gritando:

—¡No, no, noooooo, Dios, nooooo!

¡Que tenga un brazo roto, lo que sea, me da igual, pero, por favor, que la bicicleta no tenga ningún rasguño!

Y por suerte no se llevó ninguno. Fue lo primero que comprobé, cubierto de polvo como me había quedado de pies a cabeza por el revolcón. Estaba como yo, llena de tierra y arenilla, pero nada roto. Y desde entonces no nos hemos separado. La bicicleta y yo. El amor verdadero.

Y ahora que lo pienso, en este momento de la hora del adiós y en medio de toda esta soledad, de gloria y miseria vivida, de esfuerzo y éxitos, de victorias, desgracias y algún que otro despiste, siempre en mi soledad, siempre conmigo mismo, lejos de toda la fama que he alcanzado, del personaje en que me he convertido, del ídolo de masas que soy para la gente...; ahora que lo pienso, creo que para haber empezado así, por los suelos, tampoco me ha ido tan mal, ¿no?

11
26 DE DICIEMBRE DE 2022

Mi cuerpo, ese compañero fiel a lo largo de la vida, empieza a traicionarme. Mi cabeza quiere, pero mis piernas se niegan a obedecer como siempre.

Este cuerpo todavía me da alegrías porque hay días que cuerpo y alma se vuelven a reencontrar y responden como esperaba, al nivel de años atrás.

Es inevitable no echar una mirada al principio, cuando eres joven, impetuoso, valiente, y los errores y aciertos van marcando tu camino. Luego, ajustas todo y la maquinaria trabaja perfectamente. La cabeza te pide más y ahí está tu cuerpo para dártelo. Pero, un día, esa misma máquina perfecta se desajusta un poco, aunque no le das importancia ante un deporte tan exigente. Más tarde, ese día se vuelve a repetir y la frecuencia hasta el siguiente se va acortando. ¿Estás entrando en una nueva fase?

De joven, todas esas fuerzas que tienes se ven frenadas por momentos ante el temor a que tus rivales tengan más que tú. Esa falta de confianza me privó de ser más ambicioso en momentos clave. En cambio, ahora que sé cuál es mi poderío y las capacidades del resto, son las piernas las que me fallan.

La primera vez en todo te deja marcada la memoria para siempre: la primera bici, la primera victoria, la primera vez que vas al extranjero, la primera Vuelta a España, el primer Tour… También conocí el primer día en que sabes que esto se ha acabado y empieza a tomar forma una nueva vida, una nueva etapa que te provoca vértigo y ansiedad.

En cada Vuelta o Tour pierdes un poco la vida. Te asombras por cómo, de un día para otro, las uñas crecen; el pelo y la barba también. Convives con la bicicleta, con los dolores de piernas, el frío, el calor, la sed extrema, las heridas, las llagas en los labios, las largas ausencias... Tu vida es puro sufrimiento físico. Tu rostro, espejo de tu alma, no engaña a nadie, y menos a ti mismo. Las venas de tus piernas afloran entre los músculos los días de calor, o esos ojos enrojecidos por el polvo o la lluvia...

Muchas veces es difícil entender cómo somos capaces de levantarnos al día siguiente de una jornada de alta montaña para afrontar otra incluso más dura. Te cuesta a veces hasta reconocerte delante de un espejo con los ojos hundidos y la cara demacrada. Posiblemente, en la juventud, las ganas de un día mejor y la gloria animan a volver a probar y probar muchas veces. Cuando eres veterano, es tu día a día, es tu trabajo, y lo tienes asumido.

Todas las carreras incluyen dolor y fatiga. Eso no significa que uno esté anestesiado, pero sí aprendes a convivir con él y a escuchar a tu cuerpo constantemente. Y un día, los primeros trazos del final no son trazos gruesos, son de punta fina en una superficie tosca. El corazón, que no sube de pulsaciones; las piernas, más pesadas que de costumbre; tu cabeza, cansada y sin una gran motivación..., y empiezas a entender: el final está ahí, a la vuelta de la esquina. Por un lado, tienes vértigo de ver llegar ese momento, pero, por otro, tu cabeza te insinúa un «¡basta ya!». No está en tu mente esa ducha renovadora o ese masaje recuperador; aparece una invitación a abandonarlo todo. Ese primer pensamiento surge mientras sigues imprimiendo todas tus fuerzas a los pedales. Eres un rebelde, un inconformista, y sigues tirando hacia delante, como siempre. Pero ese «ruido» está ahí. Mejor esperar a llegar a la meta, ducharte, recibir el masaje y ya, después, en la cama, retomar esos pensamientos, reflexionar hasta qué punto son reales.

Si todo lo que sé ahora lo hubiese sabido hace diez años o hubiera crecido en otro entorno con más experiencia o menos miedos que cuando empecé a conocer las grandes carreras como el Tour de Francia, las clásicas, la Vuelta a España o el Giro, ¿qué habría sido de mí?

¡Claro!, ya sé que esto lo pensamos todos, la experiencia es un grado, necesitas que pasen unos años para tenerla. Recuerdo el miedo que tenía al principio de que las fuerzas me fallasen en esas etapas maratonianas de 250 o 300 kilómetros en los Alpes, y trataba de ser cauto en mis movimientos. Ahora ya no es miedo a fallar, ahora es casi terror lo que tienes, porque sabes que las piernas fallan más que la cabeza, porque lees perfectamente la carrera, pero el cuerpo ya no está a la altura.

He disfrutado de momentos únicos sobre la bici, una simbiosis perfecta de cuerpo y mente, perfectamente sincronizada con la respiración, el pedaleo, la motivación…, y a volar. En una borrachera de sentirte invencible, de no querer llegar a la meta para no interrumpir ese misticismo contigo mismo. Vivir esa euforia única, muy íntima, esa soledad de cuerpo y alma, rodeado de miles de aficionados a tu alrededor. Te sientes una máquina perfecta, no eres ni músculos ni mente, eres un ente haciendo kilómetros sin cansancio que no quiere cruzar la meta, pues estás en un éxtasis personal.

El tiempo pasa muy rápido cuando llegas al final. El año a año lo vives tan centrado en los entrenamientos y las carreras que ese tiempo parece estático. Los colores van cambiando poco a poco —ese amarillo de la Vuelta o del Tour de mi época—, se tornan más pálidos y, poco a poco, soñar en un amarillo brillante es algo cada vez más difícil. Pero te gusta esto de la competición y buscas otros objetivos un poco más modestos, tienes tu sitio aún, sueñas con ese golpe de pedal que te hizo famoso y con recuperar ese brillo en los colores que has vivido tantas veces. Volver a experimentar esa exaltación de sentirte el más fuerte, ese misticismo cuerpo-alma.

Me siento un afortunado por haber escogido mi punto final, aspecto que pocos ciclistas pueden hacer, pues lo normal es que de un año a otro el equipo decida no renovarte. Entonces, encontrar un nuevo equipo es muchas veces misión imposible y tus compañeros de fatigas se ven obligados a dejarlo a la fuerza y con un sentimiento de injusticia sobre ellos.

Ahora, en mi soledad, solo tengo agradecimiento por todo y para todos. Momentos grabados a fuego en mi memoria, buenos, malos, regulares, de todos los colores, pero lo que me llevo, y siempre me ha costado asimilar, es el cariño de la gente. Sufrían y disfrutaban de mis momentos más que yo. No lo entendía mucho. Me considero una persona cuyas pasiones las vivo desde la distancia, sin dejarme llevar por la alegría o el derrotismo de ese primer momento, de mantener el foco en mí mismo y no dejarme arrastrar por lo que diga la gente de mí, sea bueno o malo. Intento no enfadarme ni sentirme atropellado por la euforia de cada situación. Vivirlo en mi interior, mejor en soledad que en multitud, y por eso siempre me sorprende, sin haber aspirado a ello, cómo he llegado al corazón de multitud de personas.

Realmente ha sido y sigue siendo un viaje alucinante en la vida, y con mucho afecto.

¡Muchas gracias, amigos conocidos y desconocidos!

Epílogo
La pasión asusta a los miedos

Hay veces que una no escoge las historias sobre las que escribir. Son ellas las que te eligen a ti y te atrapan. O más bien sus protagonistas.

Sucedió en Pau. Primer día de descanso de la Vuelta a España de 2019. El equipo Movistar había convocado en el Hotel Parc Beaumont, su campamento base en esos días, a los medios de comunicación para la clásica rueda de prensa de sus jefes de filas, entonces Nairo Quintana —líder de la carrera— y Alejandro Valverde. Aquel día, el colombiano anunció contra todo pronóstico algo que ya sabíamos todos: que a final de año se marcharía del equipo. Ya estaba liada. Pero a mí me quedaban muchas más emociones fuertes por vivir aquella mañana.

Terminada la conferencia de prensa, y al bajar a la recepción, en uno de los sofás estaban Pedro Delgado, Miguel Induráin y Mónica Guajardo. Dos amigos y una hermana mayor. Los acontecimientos, lo que acababa de suceder, se me agolparon en la garganta y lo solté: «¡Quintana acaba de decir que se va del Movistar!».

Y ellos, recostados en los divanes, recién salidos casi de desayunar, vamos, lo que viene siendo un día de descanso en una gran vuelta, no como el mío, se rieron. ¿Y a quién pilló por sorpresa? A nadie. Pero no era el momento. Así siguió la conversación hasta que, en un momento determinado...

—Ainara, llevo tiempo queriendo hablar contigo porque me gustaría que escribieses un libro sobre mí.

Perico lo soltó así, de sopetón. Silencio. Una mirada a Mónica, la brújula de mi vida, me confirmó que sonreía con los ojos llenos de esa ambición tan nuestra que dice sin hablar: «Vamos, di que sí, porque lo que está proponiéndote es algo increíble».

Bastó ese cruce de ojos para envalentonarme y dar el «sí, quiero».

—Algo que sea sobre mí, de los momentos que han marcado mi carrera, pero desde dentro, lo que yo viví, las sensaciones que tuve, el sufrimiento y la gloria contados desde lo más puro. Con guiños a mi infancia y también a ese otro ciclismo tan diferente que era el mío, a esa otra España tan diferente de la de ahora. —Él continuaba explicando lo que quería de mí—. Me gustaría que lo pusieras con tus palabras, con esa pasión con la que escribes y con esa intensidad con la que vives y transmites las cosas.

—Sí, sí, sí. Venga. En cuanto acabe la Vuelta nos ponemos.

Así se cerró el trato.

Un mes después le dábamos inicio con la primera de las comidas, la primera de las entrevistas largas y en profundidad. La cita, en Pamplona. El tema, cómo no para empezar a lo grande, Luxemburgo y su despiste en el Tour de 1989.

—Lo transcribo, empiezo a dar forma a lo que hemos hablado y te lo paso.

Más o menos así terminó aquel primer encuentro.

Apenas unos días después, cuando quise empezar a escribir, la palabra «cáncer» se metió dentro de mi familia. En el cuerpo de mi madre. Una operación, una metástasis, un pronóstico de apenas dos años de vida como máximo. El día que se maquilló y se pasó las planchas por el pelo para asistir, divina, a su primera quimioterapia, los colegios de todo el país empezaban a cerrar y todos los eventos comenzaban a cancelarse porque un virus venido de China se había convertido en pandemia mundial. Una semana más tarde, el confinamiento total.

Encierro y cáncer.

El libro quedó totalmente desterrado de mi cabeza. Mi tiempo solo era propiedad entonces de mi madre. Todo el que pudiese estar con ella. Aparté todo lo demás. Escribir entonces no tenía ninguna cabida, lo deseché. Si hubiera sido por mí, habría renunciado del todo.

Pero llegó aquella Vuelta a España de 2020, celebrada en otoño y que paraba en Vitoria, y Perico se acordó de llamar. Un simple «¿qué tal estás?» y un «que no estés en la Vuelta se me hace tan raro…». No hubo la más mínima sensación de presión, ni un sola pregunta o mención al libro. Pero yo escurría el bulto. Mi mente y mi alma seguían sin estar presentes en ese libro. Él, mientras tanto, me estaba esperando.

Se convirtió en un lastre. En algo que te sientes obligada a hacer, por quién te lo ha propuesto y porque te ha elegido a ti, pero que no puedes, no sabes, incluso casi no quieres, aunque sabes que debes hacerlo, si bien el verbo deber no conjuga con la pasión.

Ahí va más el querer. Nunca he sido capaz de hacer algo así, de escribir sin ponerle todo el corazón y toda el alma.

Toda una tortura dando vueltas en mi cabeza. Pedro, mientras tanto, me esperaba y me daba todo el espacio que yo entonces necesitaba. En silencio y paciente. Nunca podré agradecérselo.

El declive de mi madre fue cuestión de meses, tal y como habían previsto los médicos. Para febrero, cuando el recorrido de la Vuelta de 2021 se presentaba en Burgos, aparecieron los vómitos, la debilidad. Iba a ser cuestión de tiempo, aunque ella seguía pasándose las planchas, comprándose vestidos hasta el último día o adquiriendo flores que plantar en el jardín, incluso ya casi sin poder moverse. ¿El libro? Quién iba a pensar en eso. «A mí, además, que me viene muy grande alguien tan importante como Pedro Delgado, con tanto carisma, que lo ha vivido todo y que puede elegir a quien quiera para escribir esto. ¿Yo? Yo no estoy preparada, no soy la adecuada. Esto es demasiado para mí».

Pero acabó el acto de presentación del recorrido, se encendieron las luces y el barrido de su mirada desde el escenario donde presentaba me indicó a quién estaba buscando: a mí.

De izquierda a derecha, de arriba abajo. Al final dio conmigo, me señaló, bajó las escaleras y vino derecho hacia mí, a pesar de todas las personas, autoridades, corredores y directores que le interpelaban o le pedían que se parase. En ese instante supe que este libro tenía que escribirlo yo. Que no me iba a quedar más remedio.

Mi madre vivió tres meses más, hasta que el maldito cáncer la devoró del todo un 20 de mayo. El día antes me había obligado a ponerle el último vestido que se había comprado.

Dos semanas después, Pedro Delgado estaba en Vitoria para llenarme de cariño y energía con un abrazo inmenso. Y ahora sí, volver de pleno al libro.

—Que lo escribas con esa intensidad con la que vives y transmites las cosas —me repetía.

Y entonces llegaron los miedos. Porque todo ese ciclismo suyo yo no lo había vivido, ni siquiera como aficionada. Cuando Pedro ganó su primera Vuelta a España yo ni siquiera existía y en el momento en que se enfundaba el maillot amarillo en París como vencedor del Tour de Francia de 1988 yo acababa de cumplir un año.

«¿Cómo voy a hacerlo?». El condenado síndrome de la impostora se apoderó de mí.

El trabajo consistía en un viaje a esa España recién salida de una dictadura y llena de complejos nada más cruzar los Pirineos y que sacó pecho de orgullo patrio con las victorias de un corredor que se convirtió en un héroe nacional. Un viaje a otro ciclismo, el de los rastrales en vez de los pedales automáticos. Y a un ciclista excepcional, carismático y legendario, el ídolo de masas que era Perico y que todo el mundo conoce, más allá de Pedro, la persona, que es el que yo he tenido la suerte de tener cerca desde que comencé mi andadura como periodista de ciclismo en 2008.

La transformación de Pedrito en Perico.

Del niño flacucho y enfermizo nacido en el seno de una familia humilde y con apreturas para todo a una celebridad que trasciende más allá del deporte y al que incluso le perseguía la prensa rosa, llenando páginas de papel *couché* cuando los *paparazzi* le seguían para saber quién era su novia, cuándo iba a casarse, adónde habían ido de vacaciones…, cosas, hoy en día, que de los ciclistas importan más bien poco, pues no son personajes dados al famoseo ni despiertan curiosidad en la sociedad. Él, a principios de los noventa, sí.

El ciclista vibrante y pasional, capaz de lo mejor y de lo peor en ese ciclismo tan de casa, tan de sensaciones, tan de «prueba-error», alejado del absoluto control de vatios y series, de nutricionistas y médicos que todo lo miden y era tan dado a la épica, a los ataques lejanos y alocados, a la gesta… Movido por el corazón como era él y con una vida de película, pues, a medida que me fui dejando atrapar por el personaje y la historia, quedé cautivada por todos esos despistes literarios que lo han hecho magnífico, como el de Luxemburgo (lo hizo pensando en el libro, seguro), por sus proezas históricas como la de Navacerrada en la Vuelta de 1985 o por el simple hecho de que le tocara hacer la mili justo cuando sucedió el golpe de Estado de Tejero el 23 de febrero de 1981. Por la grandeza de un ciclista que residió no solo en sus victorias, sino en todo lo que hizo soñar.

Y por aquel ciclismo pasional sin potenciómetro ni cuentakilómetros siquiera, el ciclismo que en el Tour de Francia hacía noches en albergues o en residencias estudiantiles y llamaba por teléfono a la familia, máximo, una vez a la semana. El ciclismo que para convocarte a la Selección española te enviaba un telegrama. Ni redes sociales ni videollamadas que tan sobresaturados de conexiones y comunicaciones nos tienen en los tiempos que corren y no nos dejan, en cierto modo, disfrutar, saborear del momento presente que vivimos. Entonces se disfrutaba de ser ciclista y se padecía a partes iguales, en todo su esplendor, a lo salvaje y de primera mano.

Este ciclismo al que me he acercado y que tanta envidia me da porque no existían los autobuses que escondiesen a los deportistas y las coladas de la ropa tras cada etapa se las hacían ellos mismos. Gracias a esas indicaciones de Pedro recordando cómo lo hacía él, en el camino de Santiago supe cómo secar más rápidamente maillots y *culottes*.

A él, que, cuando empezó a ser ciclista, ni siquiera le sorprendía tener al lado a Eddy Merckx. «Yo era un ignorante del ciclismo histórico», repite sin cesar. No había toda esa información que hay ahora, cada país vivía en su burbuja, él ni siquiera conoció las clásicas de las Ardenas hasta el final de su carrera. Era ese ciclismo en el que se prefería ir al Giro antes que al Tour porque el viaje a Italia se aprovechaba para comprar material: bicis, zapatillas, ropa... Ellos tenían entonces lo mejor.

Ese lado romántico me ha atrapado del todo y lo miro, como decía, con envidia, ese contacto tan cercano que los corredores tenían con los periodistas, y el poder de la prensa..., aunque desatase en algunos casos una lucha encarnizada, como la que hubo con José María García y que, lo confieso, tanto he disfrutado escuchando y escribiendo.

Ese era Perico, el héroe popular al que le escribían poemas, pero también el ciclista ácido y en muchas ocasiones borde, cortante, con los periodistas. ¿Cómo es posible? Con lo majo que es Pedro...

Ese ha sido también mi viaje.

El ciclista que, hiciese lo que hiciera, nunca pasaba desapercibido. Un fenómeno social al que los aficionados asaltaban, echaban abajo las vallas para tocarle y jalearle, le trasladaban en helicóptero a un homenaje o le enviaban cartas a su casa. El primer héroe deportivo de la España en color. Fascinante, imprevisible, instintivo. Con un carisma sin igual. Y que sigue manteniendo, pues no ha habido comida, cena o encuentro para nuestras entrevistas en las que no se le haya acercado alguien a pedirle una foto, a decirle cuánto le admira o cuánto le emocionaba verle correr. Tampoco ha habido una cita a la que haya llegado puntual en estos cuatro años de trabajo conjunto. Ni una sola. La esencia no se puede perder.

La suya es la de un niño humilde al que los Reyes Magos jamás le trajeron la bicicleta que tanto deseaba y que tuvo que ponerse a trabajar repartiendo *El Adelantado de Segovia* para conseguirla, con las manos manchadas de tinta por el calor. Años después llenaba portadas y titulares con su nombre en ese mismo periódico y en todos los de España y medio mundo con sus gestas. Los mismos que treinta años más tarde han invadido mi casa y me han sepultado. La primera vez que vi todas esas cajas llenas de recortes de periódicos que tuve que pasar a maletas me derrumbé.

Esto es demasiado grande para mí, pensaba.

Demasiado desconocido.

Demasiado todo.

Pero el personaje y el romanticismo de la época, unido a la buena sintonía que se creó entre los dos, una escribía y él otro añadía vivencias más íntimas jamás hasta ahora expresadas, me empujaron hacia adelante. La pasión. Eso fue asustando a los miedos. Y la intensidad. Justo como él entendía el ciclismo y yo el escribir.

Llené la pared de mi habitación con pósteres suyos para taladrarme bien esa imagen, ese crujir de dientes, la cinta en el pelo y los ojos llenos de ambición. Y entonces empecé a disfrutar.

A disfrutar de estar horas y horas revolviendo todos esos periódicos, como cuando en 1985 firmó con Orbea y las críticas eran descarnadas: «Tiene que empezar a justificar de una vez por todas lo que cobra», «Pedro Delgado, un sueldo estratosférico para lo que ha hecho» o «Si es verdad que cobra 18 millones de pesetas, debe obrar como tal y no ofrecer actuaciones dispares», o cuando decidió no correr la Vuelta a España del 88 y lo tildaron de antiespañol y así comenzó esa guerra tremenda con José María García que hoy en día es impensable.

Me encontré tesoros, como su clavícula rota en Morzine en 1984 que ni él sabía que aún guardaba, o telegramas del ahora rey emérito Juan Carlos I y del entonces presidente de España Felipe González felicitándole por su triunfo en el Tour de Francia. Descubrí datos que ni él se acordaba, como que lloró al entrar en la habitación del hotel en Luxemburgo al enterarse del tiempo que había perdido y que era Miguel Induráin su compañero de habitación y no otro.

Y así llegó ese mágico momento que siempre sucede, cuando un libro se te mete dentro y entonces ya no puedes vivir ni respirar sin pensar un solo segundo en él. Te despiertas en medio de la noche y sales corriendo a buscar un papel y un bolígrafo porque te acaba de venir la idea que llevabas días machacándote en tener y no venía. Y a partir de ahí todo lo que no tenga que ver con este libro te estorba, te molesta. Tienes que desprenderte de ello porque es un lastre. Pesa. Y tú ya estás tan impregnada de esta historia que vives por y para ella.

«La soledad de Perico» ha sido la soledad de Ainara. Porque pasé de escribir llena de miedo, sabiendo que no era la adecuada, que pisaba terreno desconocido y que no iba a ser capaz, a disfrutarlo plena y absolutamente. Al inicio escribía una, dos palabras y un punto rápidamente. Como pidiendo perdón. Solo me faltaba esconderme detrás del ordenador. Suerte que desde ahí me han estado vigilando en todo momento Simba y Baloo, mis dos gatos, que con su ronroneo me han dado la tranquilidad y la inspiración que necesitaba al calor de la chimenea y rodeada de mis montañas en Sobrón. Mi refugio.

Para todo lo demás ya estaba mi *aita,* mi padre, el que lo hace todo tan fácil. Mi héroe de verdad, el que con su Orbea (como la de Perico), su peña cicloturista y la televisión encendida para ver a Miguel Induráin en los noventa sembró el germen del amor al ciclismo que tengo desde entonces. El que ha seguido adelante siempre con una sonrisa y me ha llenado de seguridades y tranquilidad incluso en el momento en que el amor de su vida se marchó.

He llegado a disfrutar tanto de escribir este libro, de recorrer una época y conocer a un personaje que marcó tanto a un país entero, que por momentos he deseado que nunca se acabara. Pero la vida son puertos que ascender, retos que superar y páginas que te parecen imposibles de escribir. Libros que cerrar. Y este, lleno de emociones, pasión y toda la intensidad con la que entendemos el ciclismo y la vida ambos, Pedro y yo, es ya todo tuyo.

AINARA HERNANDO